DÖRLEMANN

Marina Rumjanzewa

AUF DER DATSCHA

Eine kleine Kulturgeschichte
und ein Lesebuch

DÖRLEMANN

Marina Rumjanzewa dankt der Eiger-Stiftung
für die freundliche Unterstützung.
Zudem gilt ihr Dank Cornelia Gantner, Dr. Stephen Lovell
und Adrienne Theimer.

Papier (Inhalt): Munken Premium Cream,
FSC-zertifiziertes Papier aus nachhaltiger Produktion
Gesetzt aus der Adobe Garamond
Satz: Dörlemann Satz, Lemförde
Druck und Bindung: GGP Media GmbH, Pößneck
ISBN 978-3-908777-35-9
www.doerlemann.com

Auf der Datscha
НА ДАЧЕ

Eine kleine Kulturgeschichte

ERBLICH UND ANSTECKEND

Ein Wort vorab

Die Diagnose lautet: Datscha-Syndrom. Es ist erblich, es kann ansteckend sein, und ein großer Teil der russischen Städter hat es. Sie heißen Datschniki und führen zwischen Mai und September, während der Datscha-Saison, ein Leben, das mit einem riesigen Zeit- und Energieaufwand verbunden ist: Sie wohnen an zwei Orten – in der Stadt und in deren Umgebung. Laut Statistik leben heute zwischen 40 und 60 Prozent der Bevölkerung so, nicht nur in den großen, sondern auch in den kleinen russischen Städten.

Sie gehen auf die Datscha, egal ob auf die eigene oder die gemietete, ob in eine steinerne Villa oder ein zugiges Holzhäuschen, ob auf eine klassische oder eine »Garten-Datscha«. Was die Datscha ausmacht, ist, dass sie in einer Datscha-Siedlung oder in einem Datscha-Ort liegt, und diese befinden sich in der Nähe der Städte. Denn die Datscha ist kein Ferienort, sondern ein Zweitwohnsitz, zu dem man pendelt.

Man tut es im Wochenendrhythmus oder täglich, je nach Umständen oder je nach Wetter. Immer wieder verbringt man auf der Datscha längere Zeit am Stück, ab und zu vielleicht auch den Urlaub (vor allem, wenn man kleine Kinder hat); Kinder und ältere Leute verbringen hier oft fast den ganzen Sommer. Gewöhnlich fahren Datschniki in den Ferien weg – ans Meer, ins Ausland oder sonst irgendwohin, und nach der Rückkehr pendeln sie wieder weiter zwischen Stadt und Vororten.

Diese Vororte sind natürlich ganz anders als im Westen. Datscha-Siedlungen, ganze Datscha-Gegenden stehen den größten Teil des Jahres beinahe leer. Russische Städter haben keine Tradition, in Einfamilienhäusern als dem einzigem Wohnsitz, am Stadtrand oder in den Vororten zu wohnen. Nur die einheimische Bevölkerung wohnt ständig außerhalb der Städte.

Das ist natürlich ein anderes »suburbanes Konzept«, und auch ein anderes Konzept des Lebens. Die Datscha ist nämlich nicht nur ein Haus, sondern eine Lebensweise, eine Institution und hat ihre festen Funktionen. Dazu gehören nicht nur Erholung, nicht nur Nähe zur Natur, nicht nur »Zerstreuung der Gedanken und Gesundheitspflege«, wie es einmal hieß, sie bietet auch Freiräume in vielerlei Hinsicht, mit ihr verbunden ist eine ganz besondere Art der informellen Kommunikation, jene ungezwungene Geselligkeit, die schon seit drei Jahrhunderten auf der Datscha gepflegt wird.

Und nicht nur das. Die Datscha bedeutet vieles andere mehr, heute ist sie ein Stück russischer Geschichte und Kultur und aus dem Leben einfach nicht wegzudenken. Nicht zufällig kommt die Datscha so oft im russischen Film, in der Literatur und in der Poesie vor, und auch in Liedern – früher in Romanzen und Schnulzen, heute in Rock- und Popsongs. Und es sind nicht nur schwelgerische Töne, die man darin hört. Man geht zur Datscha auf Distanz, betrachtet sie kritisch, man flucht, man lacht und amüsiert sich über sie – und natürlich: man liebt sie.

Die Gabe des Zaren

Einer historischen Anekdote zufolge soll einmal, damals noch der künftige, Zar Alexander I. dem Grafen Lew Naryschkin versprochen haben, nach dessen Tod für ihn ein prachtvolles Mausoleum zu errichten.

»Und was würden Sie dafür ausgeben?«, soll Naryschkin gefragt haben.

»Warum willst du das wissen?«

»Ich würde Ihre Hoheit bitten, mir die gleiche Summe lieber jetzt auszuzahlen. Dafür würde ich zu aller Unterhaltung auf meiner Datscha ein prächtiges Fest veranstalten!«

Was Naryschkin unter einem »prächtigen Fest auf der Datscha« verstand, kann man in einer Juli-Nummer der Zeitung *St. Peterburgskije Wedomosti* von 1772 nachlesen – dort wurde über einen Maskenball auf der Datscha des Grafen, den auch die Zarin Katharina die Große besuchte, berichtet. Zahlreiche Gäste fanden sich zu dem Anlass zusammen, achtzig wurde ein ausgefallenes Festmahl im Haus serviert, zweitausend wurden in Lauben im Park bewirtet. »Alle Gebäude, der Hain und Zäune waren durch mit Wachs gefüllte Ton- und Glasleuchter sowie mit farbigen Glaslaternen … illuminiert.« Es gab Musik und allerlei Darbietungen: »Lebendige Bilder« zu Ehren von militärischen Siegen Russlands stellten verschiedene Schlachtszenen dar; in einer Vorführung gab ein Hügel, vor dem eine Pastorale gespielt wurde, zur Überraschung aller einen darin verborgenen Siegestempel frei … Zum Schluss wurde ein »Feuerbild« verbrannt und »es wurden Tausende von Raketen und Feuerbällen abgeschossen, wobei mehrere feuerwerfende Räder angezündet wurden«. Als um ein Uhr nachts die Zarin das Fest verließ, wurden Salven aus Kanonen abgegeben ... Das ganze soll Naryschkin 300 000 Rubel gekostet haben.

Die Datscha, auf der Naryschkin gefeiert hat, war noch nicht so ganz die Datscha im heutigen Sinn: Damals waren die Datschen ausschließlich Sommerresidenzen der reichen Aristokratie – es war die erste, die sogenannte Adelsperiode der Datscha-Geschichte. Doch viele Züge, die die Datscha bis heute prägen, und auch ihr Name stammen bereits aus jener Zeit. Der eigentliche Ursprung der Datscha liegt sogar noch früher, Anfang des 18. Jahrhunderts. Am Beginn stand ein Akt, der noch zu Sowjetzeiten die Norm war und auch heute ab und zu praktiziert wird – die staatliche Vergabe der Grundstücke für den Bau der Sommerhäuser.

Es war Zar Peter der Große, der das tat. Er gründete 1703 die neue Hauptstadt St. Petersburg und baute bald darauf etwa 30 Kilometer davon entfernt am Finnischen Meerbusen das Sommerpalais Petergof. Die Straße dazwischen, die Petergofskaja Perschpektiwa, war vom Zaren als die Parade-Einfahrt in die Stadt gedacht, die von Parkanlagen und prunkvollen Sommerhäusern gesäumt werden sollte. Letzteres hatte Peter in Europa abgeguckt, wo bereits allerlei Lustschlösschen und Sommervillen bei den reichen Aristokraten in Mode waren. In solchen Residenzen sollten nach der Idee des Zaren seine Höflinge in unmittelbarer Nähe zu ihm den Sommer verbringen. Also ließ er um 1710 herum den Boden entlang der Petergofskaja Perschpektiwa in gleiche Grundstücke – 100 Saschen breit und 1000 Saschen lang – aufschneiden und verteilte sie an seine Günstlinge. Das, was sie bekamen, hieß damals die *Datscha.*

Das russische Wort »Datscha«, das vom Verb *dawat* »geben« stammt, bedeutete damals unter anderem »das Gegebene, die Gabe« und auch das vom Staat gegebene Land (nicht erbbares Bodenlehen), das die Adeligen vom Zaren für ihren Dienst bekamen. Es war eine alte Form des bedingten Bodenbesitzes. Neu war, dass unter vielen »Boden-Datschen« vom Zaren ein (zwar sehr kleiner) Teil für den Bau der Sommerresidenzen bestimmt war. So etwas hatte es in Russland bis anhin noch nicht gegeben. Bis da hatte der Adel auf dem (geliehenen oder geerbten) Land nur Güter gehabt: größere, meist von den Städten recht weit entfernte Ländereien mit Feldern und Wäldern und – Russland war noch ein streng feudales Land – mit Dörfern von Leibeigenen, die das Ganze bewirtschafteten. Ein stabiles Vierjahreszeiten-Haus gehörte auch oft dazu, doch das Gut war in erster Linie eine wirtschaftliche Einheit – es brachte Einkommen und war dafür da, seinen Besitzer zu ernähren. Die neuen Sommerresidenzen, die Peter der Große zu bauen verordnete, waren von wirtschaftlichen Zwecken losgelöst und sollten vor allem dem angenehmen Zeitverbringen in der Sommerfrische dienen.

Die Umsetzung dieser Zaren-Direktive wurde sofort angepackt. Die Häuser mussten auf eigene Kosten errichtet werden, dabei achtete Peter der Große, der an der möglichst schnellen Erschließung der neuen Böden interessiert war, streng darauf, dass die Grundstücke rasch und zweckgemäß bebaut wurden. Wenn das jemand nicht machte, musste er den Boden abgeben. So kam es, dass in wenigen Jahren an der Petergofskaja Perschpektiwa eine, wenn auch recht ausgedehnte, jedoch im Vergleich zu den im ganzen Land verstreuten Gütern immer noch recht kompakte Kolonie von Sommerhäusern entstand – ein Prototyp für alle späteren, auch heutigen Datscha-Siedlungen.

Die ersten Häuser der Kolonie, die zu Lebzeiten von Peter dem Großen auf die Schnelle gebaut wurden (es sollen etwa 60 gewesen sein), waren noch relativ einfach und hatten wenige Räume. Doch bereits in der Mitte des 18. Jahrhunderts wurden sie in einem ersten kleinen Datscha-Boom durch hübsche Villen und kleine Palais ersetzt, zusätzlich wurden auch viele neue Residenzen gebaut. Es waren Holz- und Steinbauten, sehr unterschiedlich, was Größe und Stil anbetrifft: Die einen eher klassisch, die anderen leichtsinnig und verspielt, die dritten holländischen oder chinesischen Häusern oder *Isbas,* russischen dörflichen Holzhäusern, nachempfunden. Sie waren in erster Linie für den Sommer bestimmt, von daher waren die meisten nicht sehr »warm« gebaut und hatten oft wenig Heizmöglichkeiten. Noch bis vor kurzem blieben richtig »warme Datschen« in der absoluten Minderzahl; die meisten waren für Aufenthalte in den kalten Jahreszeiten nicht gut geeignet. Natürlich gab es Leute, die immer wieder dort wohnten. Jekaterina Daschkowa, die Präsidentin der Russischen Akademie der Wissenschaften, verbrachte zum Beispiel den Herbst 1782 auf ihrer Datscha. Ihre Freundin, die Zarin Katharina die Große, soll gestaunt haben, wie man es so lange in einem »kalten Haus« aushält, und machte sich Sorgen, weil das ja für die Gesundheit gefährlich sein könnte.

Auch die Datscha-Gärten und -Parks waren vor allem auf den Sommer ausgerichtet und mit zahlreichen Blumenbeeten, Springbrunnen, Wasserfällen, Orangerien und Lauben geschmückt; auf Kanälen und Teichen schwammen Schwäne, fuhren Flöße und Gondeln. Die Besitzer überboten sich an Extravaganzen – fast jede Datscha hatte etwas zu bieten: künstliche Ruinen oder Höhlen, echte antike Skulpturen,

Zwinger mit exotischen Tieren und Ähnliches. Für ihre besondere Ausgefallenheit waren die Datschen von Lew und Alexander Naryschkin bekannt. Die eine wurde sogar »Ga! Ga!«, die andere »Ba! Ba!« genannt. »Ga!« und »Ba!« waren zu jener Zeit Staunens- und Begeisterungsausrufe. In die heutige Sprache übersetzt würden die beiden Datschen etwa »Wow! Wow!« heißen. So wurden sie übrigens in der Gesellschaft genannt, sie hatten aber, wie die meisten Datschen, auch einen offiziellen Namen, auf den die Besitzer sie getauft hatten. Die Datscha von Lew Naryschkin hieß »Lewendal«, die von Alexander »Krasnaja mysa«.

Das Wort *Mysa* vom estnischen »Haus«, »Gut« (die Gegend von Petersburg war vor der russischen Kolonisation von finno-ugrischen Völkern besiedelt) – wurde am Anfang oft für die Bezeichnung der neuen Sommerhäuser gebraucht, neben dem Wort »Datscha«, das bald nicht nur das Grundstück, sondern auch das daraufstehende Haus bezeichnete. Heute weist noch die Präposition *auf (auf* der Datscha leben, *auf* die Datscha gehen) auf die alte Bedeutung des Wortes hin.

Ein weiteres Wort, das im 18. Jahrhundert auch noch im Gebrauch war, war *sagorodny dom* – zu deutsch Vorortshaus. Es beschreibt ein wesentliches Merkmal der neuen Sommerhäuser – die Nähe zur Stadt. Das war und bleibt ausschlaggebend für die Datscha. Anfangs wurden Datschen oft sogar am Rand oder innerhalb der Stadt gebaut. Die Petergofskaja Perschpektiwa blieb nicht lange der einzige Datscha-Ort, in anderen Vororten standen auch bald Sommervillen, die jetzt von reichen Adeligen auf eigene Initiative gebaut wurden. Die Neuerung von Peter fand bei ihnen großen Anklang, vielleicht nicht zuletzt, weil sie wenigstens zum Teil ihr gewohntes Landleben kompensierte. Bis anhin hatten nämlich viele

Adeligen ständig oder mindestens im Sommer auf ihren Gütern gelebt. Peter hatte sie von dort herausgerissen: Viele übersiedelte er nach Petersburg, das bevölkert werden musste, und verpflichtete sogar alle Adeligen zum staatlichen Dienst. Damit wurde für jene, deren Güter weit weg lagen – und in so einem großen Land wie Russland waren es manchmal Entfernungen von mehreren Reisetagen –, das ständige Wohnen oder lange Sommeraufenthalte auf den Gütern unmöglich.

Dolce-Datscha-Vita

Gerade auf solche an die Stadt gebundenen Adeligen war die Datscha zugeschnitten. Zwar wurde die Dienst-Pflicht in der zweiten Hälfte des 18. Jahrhunderts bereits wieder abgeschafft, doch viele »dienten« oder wohnten weiterhin in der Stadt und konnten oder wollten nicht immer im Sommer auf ihre weit entlegenen Güter fahren. Die Datscha gab ihnen die Möglichkeit, ihren Angelegenheiten in der Stadt nachzugehen und sehr schnell von den Unannehmlichkeiten des städtischen Sommers aufs Land zu fliehen. Doch es waren nicht nur die Natur und frische Luft allein, die die Adeligen auf die Datscha zogen. Sehr schnell kamen sie auf den Geschmack eines völlig neuen Lebensstils, der in gewissem Sinne ein Gegenpol zu dem war, was der Adel von den Gütern her kannte. Dort, von der Stadt und von anderen Gütern entfernt, lebte man ein eher ruhiges, zurückgezogenes Leben – mit dem Gutsbetrieb, mit Unterhaltungen wie der Jagd, mit seltenen Nachbarsbesuchen und mit seltenen Festen. Die Datscha bedeutete dagegen reine Sorglosigkeit und Geselligkeit. Man war schnell erreichbar – für die Datscha-Nachbarn, für Gäste aus der Stadt: Das erlaubte, viel zusammen zu sein und das gesellschaftliche Leben auch im Sommer weiterzuführen. Im eigenen Kreis, aber ohne Hofzeremoniell und ohne die Strenge der städtischen Etikette. Von Anfang an bürgerte sich auf der Datscha ein besonderer lockerer Stil ein: Nicht nur die Kleider waren hier weniger eng und steif, auch der Umgang war hier weniger förmlich. Das Motto des Datscha-Lebens war »ungezwungen und leger«. Und auch: »das Vergnügen in vollen Zügen genießen«. Schon das Stadtleben von Aristokraten war nicht gerade freudlos und von manchen nicht unbedingt steif: »Hier waren immer fröhliche Rufe, lautes Lachen, der Lärm der Gelage, das Donnern der Musik zu hören«, schrieb ein Zeitgenosse über das Haus des Grafen Lew Naryschkin, »den ganzen Tag hat man hier gegessen, gelacht, gesungen, getanzt; dorthin kam man ohne Einladung und ging ohne Verbeugungen: Dort herrschte Freiheit. Aus diesem Nest des Vergnügens, des Sammelortes der leidenschaftlichen und gefühlvollen Herzen, war jeglicher Zwang vertrieben.«

Noch mehr galt dies für die Datscha, wo es a priori mehr Freiheit gab und wo einiges ging, was in der Stadt nicht möglich oder nicht denkbar gewesen wäre: Ausschweifungen, Eskapaden, schräge Streiche. Erinnerungen von Zeitgenossen wimmeln von solchen Beschreibungen. Graf Besborodko soll zum Beispiel auf seiner Datscha einen Harem mit einem Dutzend Odalisken gehalten haben. Bei einem Kartenspiel machte er einmal einen seiner Spielpartner wahnsinnig damit, dass er alle dessen Fehler mit Kanonensalven verkünden ließ. Seine Dienst-Pflichten hat er dabei ziemlich vernachlässigt. Im Juli 1788 schrieb ein Zeitgenosse, dass die Zarin Katharina die Große Unzufriedenheit darüber äußerte, »dass der Graf auf seiner Datscha feiert«, und schickte in seine Kanzlei die Nachricht, er solle möglichst schnell kommen; er erscheine so gut wie nie, dabei brauche man ihn fast jede Stunde. Bei einem anderen Höfling, dem Grafen Stroganow, der gleichfalls auf der Datscha nonstop feierte und bei Hof nicht erschien, verlor die Zarin die Geduld: Sie befahl, die Datscha zu »attackieren«, den Grafen festzunehmen und in ihre Sommerresidenz zu bringen. Doch Stroganow leistete den Gesandten der Zarin bewaffneten Widerstand, und die Gesandten wurden zuerst selbst gefangen genommen. Doch das Ganze war wohl nicht sehr ernst gemeint: Nach einem Gelage ließ sich der Graf »festnehmen«.

Doch die Datscha war nicht nur für solche Exzesse gut, sie bot auch Raum und Zeit für etwas Ruhigeres und Intellektuelleres – für gemeinsame Spaziergänge, lange Gespräche, überhaupt für ein intensiveres und näheres Zusammensein – ein Datscha-Besuch von Freunden dauerte oft Tage und Wochen. Bei Mäzenen und Kunstfreunden wie Nikolai Lwow wohnten längere Zeit Künstler und Dichter; im Sommer kam dort sein literarischer Zirkel zusammen. Einen Spaziergang in Lwows Datscha-Garten beschreibt 1795 der Dichter Gawrila Derschawin in dem Gedicht »An den Freund«. Darin erzählt er, was er und seine Freunde so alles dabei erlebt haben: Sie haben die »wonnige Luft« »geschöpft«; den Schatten der Bäume genossen, die sie selbst einmal mit »Freundinnen des Herzens« gepflanzt hatten; dem »Kasatschok« in der Ausführung von Lwows Dienstmädchen Lisa und Dascha zugeschaut und zum Schluss ein paar Gläser Wein, wiederum von Lisa und Dascha serviert, unter den Bäumen getrunken.

Dieses Dolce-Datscha-Vita konnten sich im damaligen

feudalen Russland natürlich nur die reichsten Adeligen leisten. Sie ließen aber die anderen, auch das einfache Volk, zumindest ein bisschen daran teilhaben. So hing zum Beispiel beim Grafen Naryschkin am Gartentor ein Schild mit der Einladung an alle Städter, seinen Park für einen Spaziergang – »zur Zerstreuung der Gedanken und zur Pflege der Gesundheit« – zu nutzen. Auch viele andere Datscha-Parks standen an einigen Wochentagen oder die ganze Zeit dem Publikum offen. Vor allem sonntags, wenn es Musik und Feuerwerk gab, strömten die Städter in großen Mengen hierher. Hauptsächlich wurde da fleißig flaniert, aber den Besuchern standen auch verschiedene Attraktionen und Spiele, wie Schaukeln oder Kegel, zur Verfügung; im Park von Lew Naryschkin gab es auch Pavillons mit Zeitungen und mit einer Camera obscura für die, die malen wollten. Wer Geld hatte, konnte in Kaffeehäusern oder Restaurants, die in einigen Parks eingerichtet worden waren, etwas essen. Auf den meisten Datschen wurden jedoch kostenlos oder für wenig Geld Getränke, Eis und Imbisse angeboten.

Einer der meistbesuchten Parks war der des Grafen Stroganow. Für die Unterhaltung und Verpflegung des Publikums soll er jeden Sonntag 500 Rubel ausgegeben haben, unter anderem für ein Orchester in der Tanzgalerie, wo alle tanzen konnten. Für Kinder waren da, außer den üblichen Bällen und Reifen, zwei Seile in der Luft gespannt, auf denen Kinder unter Aufsicht von zwei livrierten Lakaien zu balancieren übten. Das Kind, das erfolgreich auf dem höheren Seil balanciert war, ohne zu fallen, bekam aus den Händen der Gräfin ein Geschenk. Stroganow hat außerdem für alle Besucher im Park eine Bibliothek eingerichtet. Wahrscheinlich schwebte ihm ein malerisches Bild vor: das aufgeklärte Volk, unter den

Bäumen und in den Lauben verteilt – vertieft ins Lesen. Die Idylle hat nicht funktioniert: Es wurden ständig so viele Bücher nicht zurückgegeben, dass nach einem Jahr die Bibliothek geschlossen werden musste. Das war die erste bekannte »öffentliche« Datscha-Bibliothek; die letzte – wohl die einzige – dieser Art arbeitet noch heute.

Anfang des 19. Jahrhunderts klang das Leben im großen Stil auf den Datschen der Aristokraten langsam aus. Das lustvolle und verschwenderische 18. Jahrhundert war vorbei, ein neuer, viel vernünftigerer Zeitgeist kehrte ein – auf den Datschen des Adels wurde es um einiges ruhiger, und große Unterhaltungsprogramme fürs Publikum hörten auf.

Zwar stand Stroganows Datscha-Park noch in den ersten Jahrzehnten des 19. Jahrhunderts dem Publikum offen. Die Schriftstellerin Maria Kamenskaja erinnerte sich an Stroganows Park in den 1820er Jahren und an ein Ritual, das von den Stroganows gepflegt wurde. Der Graf saß gewöhnlich mit seinen Gästen auf der Terrasse seiner Datscha und schaute dem flanierenden Publikum zu ... »und sobald sich auf dem runden Weg vor dem Haus genug Leute versammeln, winkt er dem Orchester mit dem Taschentuch; es beginnt den polnischen Tanz zu spielen, und der Graf geht von der Terrasse runter, verbeugt sich vor der ersten besten *Datschniza* und fordert sie zum Tanz auf ... Die Gräfin nimmt sich auch einen *Datschnik* und geht mit ihm nach dem Gatten als zweites Paar ... und bald stellen sich alle Leute paarweise in die lange Reihe. Nach einer Runde verbeugen sich der Graf und die Gräfin vor ihren Tanzpartnern und dem ganzen Publikum; sie bitten sie, sich ohne Hemmungen zu unterhalten, und ziehen sich in ihr Haus zurück.«

Datschnik und *Datschniza,* die hier erwähnt werden (im Plural *Datschniki),* waren Leute, die in der Gegend von Stroganows Datscha selber auf Datschen lebten. Die Wörter, die die russischen Sprache kreierte, bezogen sich auf ein neues Phänomen im russischen Leben – die Tradition der breiteren städtischen Schichten, sich im Sommer einen zweiten Wohnsitz in den Vororten zuzulegen.

Schon Ende des 18. Jahrhunderts begannen einfachere, aber immer noch genug bemittelte Städter – mittelständischer Adel, Kaufleute, Angestellte – die Aristokraten-Tradition zu übernehmen. Zu den Pionieren dieser neuen Datscha-Bewegung gehörten die Eltern des Publizisten Nikolai Gretsch, woran er sich in seinen Memoiren erinnert. Er war ein Kind, als seine Familie – sein Vater diente als Sekretär in einem Departement – 1796 zum ersten Mal auf eine eigene Datscha rausfuhr. Dafür mieteten sie in der Gegend von Stroganows Datscha für 25 Rubel ein Bauernhaus für den ganzen Sommer. Sie waren noch die einzigen Datschniki im Dorf. »Alle wohnten wir in einer Isba. Die Küche war draußen am Flussufer in einer Grube eingerichtet, die mit Sackleinen auf Pfosten eingefasst war. Bescheiden«, schreibt Gretsch, »ärmlich, unbequem, aber fröhlich.« An dieses erste Datscha-Jahr erinnert er sich später als an das glücklichste seiner Kindheit. Obwohl er gar nichts Spektakuläres erlebt hat: Sein Onkel aus der Stadt war öfters gekommen, »er brachte andere Gäste mit. Wir sind in der Gegend spazieren gegangen, Boot gefahren, dabei habe ich gelernt, meisterhaft zu rudern.« Und sonntags gingen alle zusammen in den Park von Stroganow, wo Musik spielte und getanzt wurde. Das Ganze gefiel der Familie so gut, dass sie noch Ende des Sommers für das nächste Jahr im Dorf ein größeres Haus mietete, an das sie eine Terrasse anbauen ließ und eine Küche einrichtete, und kehrte in die Stadt zurück – »in Vorfreude« auf den nächsten Sommer.

Auch zwanzig Jahre später verbrachte Nikolai Gretsch den Sommer praktisch am gleichen Ort, nur stand jetzt hier eine kleine Kolonie von Miet-Datschen, die inzwischen einheimische Bauern auf ihren Böden errichtet hatten. »Nicht große, einstöckige Häuser, etwa 3 bis 4 Fenster breit, standen in einer Reihe, mit der Frontseite zum Fluss«, schreibt Maria Kamenskaja, die als Mädchen in der Siedlung wohnte. »Jedes Haus hatte eine schmale Palisade; ein sehr großer Hof vereinte zwei Datschen, das heißt, auf einem Hof gab es zwei Mieter, außer der Isba des Bauern, des Besitzers. Dahinter zogen sich, der ganzen Dorflinie entlang, die Gemüsegärten der Bauern.«

Kamenskaja erinnert sich auch an das Datscha-Leben dieser Zeit: Die Frauen mit Kindern wohnten ständig auf der Datscha, der Vater, der in der Stadt »diente«, kam gegen vier Uhr nachmittags und »kleidete sich ins russische rosa Leinenhemd. Zum Mittagessen kamen fast immer der Großvater und Onkel aus Petersburg ... Nachdem man schnell gegessen hatte, stürzte die ganze Schar auf den Hof, wo jeder anfing, nach seiner Fasson die Sommerfreiheit zu genießen.« Die Frauen spielten Serso, junge Männer allerlei auch volkstümliche Ziel-, Wurf- und Geschicklichkeitsspiele, oder alle zusammen fuhren Boot, wobei die Damen ruderten, oder alle gingen in den Park von Stroganow – um zu tanzen und um sich zu vergnügen und zu amüsieren.

Datschamania

So oder ähnlich sah Anfang des 19. Jahrhunderts das Sommerleben von immer mehr Petersburgern aus. Die Tradition verbreitete sich rasant nicht nur unter den Begüterten, sondern unter allen mehr oder weniger bemittelten Hauptstadteinwohnern. Sie wurde nicht nur Mode, sondern auch zu einem gewissen Muss für alle, die zur »Gesellschaft« gehören wollten. »Die Petersburger Gepflogenheit«, schrieb 1830 der Publizist Faddej Bulgarin, »verpflichtet jede anständige Familie, auf die Datscha rauszufahren«, und »zwingt sie zum Luxus, zwei eigene Häuser oder Wohnungen zu halten. Vom vornehmsten Adeligen und reichen Kaufmann bis zum kleinen Angestellten und Kontoristen, alles fährt von Mitte Mai an auf die Datscha.« 1834 schrieb der Dichter Alexander Puschkin in einem Brief aus der Hauptstadt: »Petersburg ist leer, alle sind auf den Datschen.«

Diese Datschen waren jetzt sehr unterschiedlich. Die Reicheren hatten eigene Luxusanwesen oder mieteten zum Beispiel in der Nähe von Petersburg liegende Gutshäuser oder Teile davon. Die Ärmeren mieteten das, was die Bewohner der Vorortdörfer und -städtchen von eigenen Häusern für den Sommer frei räumten oder extra bauten. Manchmal waren es recht bescheidene Häuschen, *Datschka* genannt. 1841 hielt die Zeitung *Sewernaja Ptschela* fest, dass nun die »vornehmste Villa« und auch die »einfachste Hütte« Datscha genannt wurden. Laut der gleichen Zeitung ging zu dieser Zeit bereits die Hälfte der Petersburger Familien auf die Datschen. Dabei fuhr der Adel immer noch sehr viel auf seine eigenen Güter, lebte zum Teil dort – üblicherweise oft junge Familien mit kleinen Kindern, bis die Jungen in die Schule mussten. Auch die Kindheit von Puschkin und Turgenjew, Tolstoj und Dostojewski war eng mit dem Gutsleben verbunden. Die Datscha blieb für die Adeligen bis zum Ende des 19. Jahrhunderts eine Zusatz- und Parallelinstitution zum eigenen Gut. Und sie ersetzte ihnen keineswegs die Reisen ins Ausland oder in die russischen Kurorte. So hielten es auch reiche Kaufleute, für alle anderen weniger Begüterten war die Datscha der einzige Erholungsort, zu dem »dienende« Männer nicht nur pendelten, sondern wo sie auch ihren Urlaub verbrachten.

In der ersten Hälfte des 19. Jahrhunderts bestand die Mehrheit der Datschniki aus jenen, die man heute Mittelschicht nennt. – Die Datscha demokratisierte sich definitiv und war nicht mehr etwas Elitäres und Exklusives. »Früher«, schrieb Faddej Bulgarin, »wenn man über jemanden sagte: ›Er wohnt auf der Datscha‹, hieß es so viel wie: ›Er ist reich, hat einen Namen und Macht.‹ … Und heute? … Suchen Sie nicht nach einem Kaufmann in seinem Laden, nach einem Apotheker in der Apotheke, nach einem deutschen Handwerker in seiner Werkstatt! … Alle sind sie auf der Datscha!« Man scherzte sogar, unter den Petersburgern wüte eine Krankheit – die »Datschamania«.

Schon damals versuchte man, dieser Krankheit auf den Grund zu gehen. Man machte das schlechte Petersburger Klima verantwortlich dafür: Die einen sagten, die Stadt sei im Sommer »zu nass und zu kalt«, die anderen, »zu schwül und zu heiß«. Ein anderer Grund, den man immer nannte: Petersburg war zu urban, hatte zu wenig Grün und zu wenig Parks, die der Öffentlichkeit zugänglich waren. Ob das ausschlaggebend war? Moskau – mit seinen vielen Privatgärten und Boulevards – verfiel Anfang des 19. Jahrhunderts, wenn auch in einer leichteren Form, der Datschamania. Der Historiker Nikolai Karamsin berichtet, dass er einmal in einem Dorf in der Nähe von Moskau eine Bauernscheune gesehen hat, die in ein Zimmer mit Diwanen verwandelt worden war. »Hier wohnt in der guten Jahreszeit ein ziemlich wohlhabender Kaufmann mit seiner Familie. In der Stadt hat er ein Steinhaus und einen großen Garten, doch auch er sagt: ›Was kann sich im Sommer mit Annehmlichkeiten des Landlebens vergleichen?‹«

Wie anfangs in Petersburg, wurde die Datscha auch in Moskau sozusagen von oben gefördert. 1836 vergab der Zar Nikolai I., wie einst Peter der Große, Grundstücke an die Moskauer Aristokratie und Prominenz, mit der Verpflichtung, darauf innerhalb von drei Jahren Datschen von »schöner Architektur« zu bauen. Die Grundstücke lagen grad hinter der Stadtgrenze Moskaus in der Nähe vom Zaren-Sommerpalais im Petrowski-Park. Dort entstand ein schicker Datscha-Ort, wo Fürsten und Generäle, aber auch populäre Schauspieler und Schriftsteller ihre Datschen hatten.

Eigene Datschen waren jedoch zu dieser Zeit bereits die Minderheit, in der Regel wurden sie gemietet. Nicht nur die Bevölkerung der Vororte bot jetzt dafür alles Mögliche an, sondern auch Städter bauten immer mehr Sommerhäuser, die sie teilweise oder ganz, zeitweise oder ständig vermieteten. Die meisten dieser Häuser waren immer noch ziemlich »leichte« Holzbauten mit wenig Heizmöglichkeiten. »Petersburger«, schrieb der Schriftsteller Wladimir Sotow über die vierziger Jahre des 19. Jahrhunderts, »bauen sich als Datschen allein Kartenhäuschen, ohne jegliche Anpassung an das eigene Klima, mit mauretanischen und anderen Verzierungen an der Außenfassade, aber ohne Komfort drinnen; mit Veranden und Belvederes, aber ohne Öfen; mit allerlei Schutzeinrichtungen gegen die Sonne, die so selten in Petersburg vorbeischaut, aber ohne jeglichen Schutz gegen den starken kalten Wind, der alle unsere Datschen durchweht, im Laufe unseres sogenannten Sommers.«

Doch auch in Petersburg konnte es im Sommer ziemlich heiß werden. An so einem heißen Sommertag 1831 kam auf der Datscha bei Alexander Puschkin ein Bekannter vorbei und fand den Dichter »beinahe im Adamskostüm«. Puschkin, dessen einer Urgroßvater aus Afrika stammte, soll sich entschuldigt haben: »Es herrscht ja afrikanische Hitze, und bei uns dort in Afrika geht man in solchen Kostümen.« Die Datscha von Kitajewa (Datschen wurden oft nach ihren Besitzern genannt), die Puschkin, ein mittelständischer Adliger, in diesem Sommer zu zweit mit seiner Frau mietete (und mit sechs, sieben Bediensteten bewohnte), lag in Zarskoje Selo neben der Zarenresidenz, deren Parkanlage auch dem Publikum, selbst den einfachsten Leuten offenstand, solange sie saubere Kleidung trugen.

Die Miet-Datscha von Puschkin war ein ziemlich vornehmes Sieben-Zimmer-Holzhaus, das auch stilvoll »städtisch« eingerichtet war. Ein Freund hatte ihm dafür Möbel geliehen, ein Glücksfall. Denn die meisten Häuser wurden ohne jegliche Einrichtung vermietet, man musste alles – von Möbeln und Spiegeln, Teppichen und Flügeln bis zu Bettzeug und Tischsilber – aus der Stadtwohnung mitbringen. Ein mühsames und teures Unternehmen, bei dem auch einiges kaputtging. »Bei diesen Möbeltransporten kann man ja halb Bankrott machen!« schrieb die Zeitung *Sewernaja Ptschela* 1841 und meinte sogar, wenn nicht diese Umzüge wären, würden viel mehr Leute auf die Datschen gehen. Doch so mühsam die

Umzüge auch waren, eine Extra-Datscha-Einrichtung hatte kaum jemand – es war nicht nur zu teuer, sondern wäre auch organisatorisch schwer machbar gewesen, denn nur selten ging man jahrelang auf die gleiche Datscha. Man wechselte sie immer wieder – je nach Lebensumständen, je nach familiärer und finanzieller Situation, je nach dem Bekanntenkreis, der sich im Ort zusammen- oder gerade nicht zusammenfand, oder einfach zur Abwechslung. Die meisten gingen überhaupt nicht jedes Jahr – man ließ immer wieder ein paar Sommer aus, dann ging man wieder – ein Muster, das bei Miet-Datschniki immer gleich geblieben ist. In der ersten Hälfte des 19. Jahrhunderts hatte es sich bereits eingespielt – die Datscha wurde zu einer wechselhaften Angelegenheit, man war an sie nicht fest gebunden und betrachtete sie als Provisorium.

Ein Provisorium, das aber schleichend zu einer Lebenskonstante wurde: Die Tradition verbreitete sich unaufhörlich weiter, auch auf andere große Städte. Und um Moskau und Petersburg herum wuchsen immer neue Datscha-Orte, und diese entfernten sich immer ein bisschen weiter von der Stadt. Seit den 1830er Jahren wurden zu manchen von ihnen Postkutschenlinien verlegt und zu einigen Datscha-Inseln in Petersburg regelmäßige Schifffahrten – vorher waren die Datschen nur mit Kutschen, in Petersburg auch mit Booten erreichbar.

Zu dieser Zeit bildeten sich auch die ersten großen Datscha-Gegenden heraus, die aus mehreren Datscha-Orten bestanden – man siedelte sich immer kompakt, einsame Datschen irgendwo in Bauerndörfern waren (und bleiben) die Ausnahme. Dabei suchte man nicht nur allgemein »Gesellschaft«, sondern blieb in seinen Kreisen. »In Pargolowo leben vorwiegend deutsche Kaufleute, ... Handwerker, Ladenbesitzer«, schrieb 1843 die Zeitung *Sewernaja Ptschela* über die Petersburger Vororte. »Auf der Krestowski-Insel – Schauspieler der französischen Truppe ... Tentelewer Dorf ist ein Beamtennest.« Die ärmeren Schichten gingen im Sommer – um auch am Transport zu sparen – in die Außenquartiere von Petersburg, solche wie *Petersburger Seite*, wo es schon fast ländlich aussah und von wo die Männer zur Arbeit zu Fuß gehen konnten.

Die nobelsten Gegenden, wo sich auch der Adel konzentrierte, lagen um die Zaren-Sommerresidenzen herum: Petergof, Pawlowsk, Ekateringof. Wenn die Zarenfamilie in das Sommerpalais zog (in den 1830er Jahren zum Beispiel nach Zarskoje Selo bei Petersburg), zogen alle, die in der Nähe des Hofes sein wollten oder mussten, dorthin. Manchen Höflingen wurden schon damals, genauso wie manchen »Höflingen« heute, *kasjonnye*, das heißt »staatliche« Datschen zur Verfügung gestellt. Später waren sie im Salär-Paket bei bestimmten staatlichen Posten inbegriffen: Gouverneure, Minister; zu Sowjetzeiten hatten hochrangige Funktionäre und Parteisekretäre *kasjonnye*-Datschen zugute.

Doch nicht nur die Vororte wurden durch die Datscha mehr und mehr geprägt, sondern auch das Leben in den Großstädten. Von Mai bis September »hielt« dieses »an«: Die Städte leerten sich, das Zentrum des Lebens verlagerte sich auf die Datschen. Dort lebten jetzt ständig Frauen mit Kindern und der Dienerschaft, wo natürlich die Frauen für damalige Zeiten sehr viel Freiheit und Selbständigkeit genossen. Die Männer pendelten – sie kamen täglich, oder ein paar Mal in der Woche, oder nur sonntags aus der Stadt, wo sie arbeiteten. Oder zumindest versuchten sie es. »Die Datscha«, schrieb Bulgarin 1837, »nimmt unserem Geschäftsjahr mindestens zwei Monate weg. Auf der Datscha isst es sich mehr, schläft es sich und spaziert sich es mehr – und arbeitet es sich weniger.« Für den Arbeitseifer war die Datscha natürlich nicht gerade förderlich. Hier war Muße angesagt, hier nahm man ein Time-out vom Stadtleben allgemein und konnte, wie Bulgarin schrieb, »viele gesellschaftliche Verpflichtungen bis auf den Umzug in die Stadt verschieben«. Gerade dafür wurde die Datscha auch geliebt. »Ein Kaufmann oder Angestellter«, schrieb die Zeitung *Sewernaja Ptschela,* »hat hier endlich eine Minute, um sich zurückzuziehen und zu denken … Manchmal kommt ihm dann ein Gedanke, der der Börse oder dem Departement fremd ist, und dieser Gedanke ist wie Manna in der Wüste!«

Was Städter an der Datscha zudem sehr schätzten: Das Leben in der Natur. Es galt der *Sewernaja Ptschela* von 1841 zufolge »als außerordentlich gesund«. Dass die Städte im Sommer ungesund und zum Leben ungeeignet sind, war zu dieser Zeit bereits eine gültige Wahrheit. Doch nicht nur gesund – die Datscha galt, wie die Zeitung weiter schrieb, auch als »sehr wohltuend für die Moral«. Denn: »Allein schon die Berührung mit der Natur macht den Menschen besser.« Ob die Datscha viele Menschen besser gemacht hat, bleibt offen, jedenfalls behielten Generationen von Großstädtern, vor allem gebildete Schichten, sicher nicht zuletzt dank der Datscha die Nähe zur Natur. Auch zu jener von der russischen Literatur und Poesie so hoch kultivierten »Liebe zur Natur« wird die Datscha wohl ihr Scherflein beigetragen haben.

Eine weitere wichtige Komponente des Datscha-Lebens blieb weiterhin die Unterhaltung. Die Datscha-Parks der Aristokraten boten sie nicht mehr an, dafür begann man in der ersten Hälfte des 19. Jahrhunderts in vielen Vororten

Sommertheater und *woksaly* (nach dem Vorbild der englischen »Vauxhalls«) zu bauen. Es waren die Vorgänger der modernen Unterhaltungszentren: größere Gebäude, wo unter einem Dach Kaffeehäuser und Restaurants, Konzert- und Lesesäle, Räume fürs Tanzen, Billard und Ähnliches untergebracht waren. Woksaly lagen in einem Park, in dem man flanieren konnte. Sie wurden, vor allem sonntags, auch von Städtern besucht, doch einen großen Teil des Kontingents stellten Datschniki – es war für sie ein gesellschaftlicher Treffpunkt. Der Hauptanziehungspunkt waren Konzerte: Unter den Datschniki war es üblich, sie regelmäßig zu besuchen. Man sah sich »bei der Musik« – *na musyke*.

Doch Woksaly gab es nicht überall, und sie waren sowieso nur das Zusatzprogramm, für die Hauptunterhaltung sorgten die Datschniki selber. Und die bestand in der *Unterhaltung,* im Sinne von Geselligkeit, von Zusammensein mit Verwandten und Gästen. Besonders die Nachbarn wurden auf der Datscha wichtig. Hier, wo man städtische Förmlichkeiten beiseiteließ, machte man leicht Bekanntschaften, kam leicht einander näher und besuchte einander ohne große Umstände – es waren lockere, unkomplizierte, zu gewissem Grade zufällige und zu nichts verpflichtende Datscha-Bekanntschaften. »Diese«, schrieb Faddej Bulgarin, »mussten in der Stadt nicht unbedingt weitergeführt werden. Denn zwei Städte, die Winter- und die Sommerstadt, haben ihre eigenen Bräuche und Sitten.«

Genauso wichtig waren Gäste aus der Stadt – auf den Datschen drehte sich ein regelrechtes Gästekarussell von Freunden und Bekannten, die oft unangemeldet kamen und für längere Zeit blieben. »Wir lebten einige Jahre auf der gleichen Datscha in der Nähe von Oranienbaum«, schrieb in ihren Erinnerungen die Schriftstellerin Awdotja Panajewa. »... 1858 lebte bei uns auf der Datscha der junge Literator N. Zwar verschwand er oft für ganze Wochen auf die Datscha zum Grafen Kuschelew ...« – zum reichen Mäzen, auf dessen prächtiger Datscha ständig verschiedene Schriftsteller lebten, zu dieser Zeit auch Alexandre Dumas, der durch Russland reiste. Bald besuchte der Romancier Panajewa – er wollte ihre beiden »Männer«, die Herausgeber der bedeutendsten liberalen Zeitschrift *Sowremennik,* kennenlernen: den Schriftsteller Iwan Panajew und den berühmten Dichter Nikolai Nekrassow (der eine war ihr Ehemann, der andere lange der Freund der Schriftstellerin, eine Zeitlang wohnten sie zu dritt). Panajewa bestand darauf, dass man Dumas in der Stadtwohnung empfange, »denn unsere Datscha war klein, und überhaupt hatte ich ständig Probleme wegen unerwarteter Besuche, weil es recht schwierig war, Lebensmittel zu besorgen, dafür musste man ins 4 km entfernte Petergof schicken«. Lebensmitteltransporte werden die ewige Datscha-Plage bleiben. Die einheimischen Bauern versorgten die Datschniki nur mit den einfachsten Lebensmitteln, alles darüber hinaus, ob Wein, Käse oder Wurst, musste immer aus der Stadt mitgebracht werden. Wegen Alexandre Dumas, der entgegen der Abmachung unangemeldet in Begleitung von drei Leuten bei Panajewa auf der Datscha auftauchte, musste der Kutscher sofort auf eine Lebensmittel-Notexpedition geschickt werden.

In der Zwischenzeit wurde der Romancier zu einem Spaziergang durch den großen Park der Datscha verführt – zwar erst nach der Versicherung, dass es im Park Bänke und eine Laube gäbe. Der Besuch hat Dumas offenbar sehr gefallen. Denn schon drei Tage später kam er, wieder unangemeldet, mit seinem Sekretär und erklärte »ungeniert, dass er zum

Übernachten bleibt«, denn das Leben auf der Datscha von Kuschelew, »wo alle nur drinnen in prunkvollen Zimmern sitzen«, gefiel dem Franzosen nicht so gut, und außerdem passten ihm auch nicht alle Gäste dort. Und darüber hinaus hatte der Graf einen miserablen Koch, bei dem »alle Gerichte wie Gras schmeckten«.

In ihren Memoiren erinnert sich Panajewa auch an den Sommer von 1848, den sie und die zwei Männer auf der Datscha in Pargolowo verbrachten. Gleichzeitig lebte dort auch Michail Petraschewski. Er war einer der ersten russischen Sozialisten, der die Demokratisierung des Landes und die Abschaffung der Leibeigenschaft propagierte. Zu dieser Zeit begann nämlich in einem Teil der russischen Gesellschaft eine revolutionäre Gesinnung zu reifen. Sie war gegen die absolute Monarchie und den feudalen Ständestaat gerichtet, bei dem die einen – der Adel – so gut wie alles: Reichtum, Rechte, Grund, Leibeigene hatten, die anderen – die Leibeigenen – so gut wie nichts, nicht einmal sich selber »besaßen« (sie konnten verkauft werden), und der Rest über relativ beschränkte Rechte und Möglichkeiten verfügte. Das war die Ordnung, bei der natürlich, auf die ganze Bevölkerung umgerechnet, nur eine kleine Minderheit in Würde und Reichtum, oder auch in minimalem Wohlstand, leben – und sich dabei Datschen leisten konnte.

Das war übrigens nicht die erste revolutionäre Welle in Russland. 1825 waren bereits die Dekabristen, adelige Revolutionäre, mit ihrem Staatsstreich gegen den Zaren gescheitert: Fünf von ihnen wurden hingerichtet, über hundert nach Sibirien verbannt. Nach einer kurzen Zeit begann es in der russischen Gesellschaft wieder zu brodeln: Wieder wurden unerlaubte Ideen propagiert, es wurde hitzig diskutiert und verbotene Literatur gelesen. Im Sommer verlagerten sich auch die »politischen Sitzungen« wie das ganze Leben in die Vororte. Da die Polizeikontrolle hier tendenziell weniger stark als in der Stadt war, waren sie für solche Treffen gut geeignet.

So kamen, wie Panajewa schreibt, aus der Stadt viele junge Leute zu Michail Petraschewski auf die Datscha, einige, darunter auch der junge Fjodor Dostojewski, blieben manchmal mehrere Tage bei ihm – »beim Spazieren konnte man Petraschewski oft umgeben von jungen Leuten treffen«. Er selber »... hatte einen großen schwarzen Bart, lange Haare, trug immer einen Sommermantel und einen weichen Hut mit großen Rändern und hatte einen dicken Spazierstock dabei. Damals wohnten in Pargolowo nicht so viele Datschniki, deshalb kannten alle einander nicht nur vom Sehen, sondern auch die Lebensweise des anderen. Von den häufigen Versammlungen der Jugend bei Petraschewski wussten alle Datschniki.«

Die Tätigkeit von Petraschewski blieb nicht ohne Folgen: Schon im nächsten Jahr wurden er und zwanzig seiner Anhänger – darunter auch Dostojewski – verhaftet und zum Tode verurteilt und im letzten Moment, schon auf dem Hinrichtungsort, begnadigt. In den nächsten Jahren waren ihre Lebensbedingungen vom Datscha-Leben weit entfernt – sie verrichteten Zwangsarbeit in Sibirien.

Zu dieser Zeit lebten in Sibirien auch schon die Dekabristen. Ende der 1830er Jahre kamen einige von ihnen, darunter Fürst Sergei Wolkonski, als Verbannte nach Urik, wo sie ihr Leben einigermaßen nach ihren Vorstellungen einrichten konnten. Urik war ein Dorf, das in den sibirischen Weiten inmitten der Natur lag. Trotzdem bauten sich einige Verbannte etwa zehn Kilometer vom Dorf entfernt am Ufer des Flusses

Angara Datschen, auf die sie im Sommer umzogen und wo, wie der Enkel von Wolkonski schrieb, das ganze gesellschaftliche Leben »aufblühte« … Die Datscha von Wolkonski wurde »Kamtschatnik« genannt (so hießen im damaligen Schüler-Slang die hintersten Bankreihen). »Das Datscha-Haus«, erinnert sich ein Zeitgenosse, »war nicht groß, 4 mal 6 Saschen. Es gab zudem Wirtschaftsgebäude, Diener und ein paar kleine, aber schnelle Pferde, mit denen die Fürstin ausfuhr.« In bester Datscha-Tradition lebte auf der Datscha vorwiegend die Frau mit dem Sohn. »Der Fürst besuchte«, wie der Zeitzeuge schreibt, »im Sommer selten ›Kamtschatnik‹.«

In der ersten Hälfte des 19. Jahrhunderts wurde also die Datscha bereits zu einem Teil des großstädtischen Lebenskonzepts und zu etwas so Selbstverständlichem, dass man in Berichten über die Dekabristen-Datschen nicht die geringste Verwunderung über deren eigentlich im Vorort eines Dorfes gebaute Sommerhäuser findet. Dies gilt auch für Berichte aus heutiger Zeit: Mit einer absoluten Selbstverständlichkeit erzählte 2006 eine Reportage des sibirischen Fernsehens, dass die Dekabristen in Urik »gelebt und gearbeitet« und sich auf den Datschen »erholt« hätten.

ANNA KARENINA AUF DER DATSCHA

In der zweiten Hälfte des 19. Jahrhunderts erlebte die Datscha einen neuen Aufschwung, diesmal löste ihn der technische Fortschritt, und zwar die Eisenbahn, aus. Ab Mitte des 19. Jahrhunderts entwickelte sich um die Großstädte herum ein Liniennetz, was den Datscha-Verkehr wesentlich verbilligte, beschleunigte und vereinfachte.

Zu dieser Zeit taucht auch die Datscha mehr und mehr in der russischen Literatur auf, in den Werken der 1850er bis 1870er Jahre stößt man bereits auf zahlreiche literarische Figuren, die mit der Datscha auf die eine oder andere Weise zu tun haben. Oder eben nicht zu tun haben. So wie der junge Mann, der Hauptheld von Dostojewskis *Weiße Nächte,* der nicht auf die Datscha gehen kann. Er streift Anfang des Sommers allein durch das leer gewordene Petersburg, das »auf einmal auf die Datschen weggezogen ist«.

Oder da ist der Fürst Myschkin in Dostojewskis *Idiot* dabei, bei einem seiner Bekannten eine Datscha im aristokratischen Pawlowsk zu mieten; der Bekannte preist die Datscha an: »... liegt erhöht, es ist grün, billig, *bontonig* und musikalisch.« Und darüber hinaus: »eine gewisse Person«, die Frau, die Myschkin interessiert, wird wohl auch oft in Pawlowsk sein, denn eine Freundin von ihr wohnt dort auf der Datscha. Myschkin nimmt das Angebot an, und die Handlung des Romans spielt nachher zum Teil in Pawlowsk – auf den Datschen und auch »bei der Musik« im Woksal, wo eine der dramatischsten Szenen des Romans stattfindet.

Auf den Datschen spielt sich zum Teil auch ein anderer berühmter Klassiker ab – Gontscharows *Oblomow.* Dessen Hauptheld Ilja Oblomow hat eine für den russischen Adeligen damals typische Biographie: Er ist auf dem Gut aufgewachsen, dann in die Stadt gezogen, hat »gedient« und im Sommer auf der Datscha gelebt. Zum Zeitpunkt, als man ihn kennenlernt, »dient« er nicht mehr, fährt nicht auf die Datscha und tut im Leben, wenn auch aus tief philosophischen Gründen, gar nichts – er liegt auf seinem Diwan und geht immer mehr in Apathie und Untätigkeit unter. Er drückt sich auch, auf sein Gut zu fahren, das inzwischen ruiniert ist und dringend seinen Eingriff braucht. Nur einmal reißt er sich aus seiner Lethargie, als er sich in Olga verliebt. Und diese zieht im Sommer auf die Datscha. »Plötzlich stellte es sich heraus, dass gegenüber ihrer Datscha eine frei steht. Oblomow hat sie gemietet, ohne sie angeschaut zu haben, und wohnt dort. Er ist mit Olga von morgens bis abends zusammen; er liest mit ihr, schickt ihr Blumen, spaziert am Teich, über die Hügel ...«

In der Natur trifft man auch – in Turgenjews *Frühlingswogen* – zwei Datscha-Nachbarn, Bersenew und Schubin. Sie gehen spazieren, sie sitzen, sie liegen in der Landschaft und führen ein inniges Gespräch und philosophieren dabei die ganze Zeit über den Sinn des Lebens, über Kunst und Schönheit, über die Natur und über »... Rührung und Erwarten von etwas, von denen die Seele im Schatten des Waldes, in dessen Tiefe, ergriffen wird, oder am Abend auf offenen Feldern beim Sonnenuntergang ...« usw. Und natürlich sprechen die Freunde über Frauen und Liebe. Schubin ist nämlich in Jelena verliebt, in eine Verwandte, mit deren Familie er auf der Datscha zusammenwohnt; Bersenew ist Jelena gegenüber auch nicht ganz gleichgültig. Doch Jelena verliebt sich in keinen von beiden, sondern in Besenews Freund, der bei ihm auf der Datscha wohnt – in Insarow.

Liebe, glückliche Zeit, Gefühle, die in Bewegung kommen – das sind zu dieser Zeit häufige Motive des literarischen Datscha-Lebens. Darum geht es auch in einem anderen Werk Turgenjews, in der autobiographischen Novelle *Erste Liebe*. Die Handlung dieser Novelle spielt 1833. Der sechzehnjährige Wladimir lebt im Sommer am Rande von Moskau auf der Datscha, die seine Eltern gemietet haben. Ins Haus nebenan zieht die Fürstin Sinaida Sassekina mit ihrer Mutter ein, eine hübsche und reizende junge Frau, die, ständig von einer Schar von Verehrern umgeben, fröhlich den Sommer durchfeiert. Wladimir verliebt sich in Sinaida auf den ersten Blick und wird bald auch zu einem ihrer ständigen Gäste. Als er zum ersten Mal zu Sinaidas Abend erscheint, ist dort »Lärm und Trubel«, »es wurde ununterbrochen gelacht« und verschiedene Spiele gespielt. »Was haben wir alles an jenem Abend nur gemacht! Wir spielten Klavier, wir sangen, tanzten, haben den Zigeunerchor dargestellt. Narimazki haben wir als Bären verkleidet, und er musste Salzwasser trinken. Graf Malewski zeigte uns verschiedene Kartentricks ... Majdanow rezitierte Auszüge aus seinem Poem ›Der Mörder‹ ... Dem Wächter vom Iwerski-Tor stahlen wir die Mütze, und er musste, um sie zurückzubekommen, Kasatschok tanzen; den alten Wontifati zierten wir mit einer Frauenhaube, und die Fürstin selber setzte einen Männerhut auf.« Es herrschte jene »freimütige, beinahe ungestüme Fröhlichkeit«, wie es Turgenjew nennt, also jene ausgelassene Blödelstimmung, die so viele Datscha-Abende in den nächsten 150 Jahre prägte.

Was die Novelle Turgenjews anbetrifft, so endet sie alles andere als lustig: Es kommt heraus, dass Wladimirs Vater mit Sinaida ein Verhältnis hat. Diese Beziehung, die für ihn als eine harmlose Affäre anfing, wurde, so wie auch für den Vater Turgenjews im Leben, zu einer Amour fou mit tragischem Ende.

Auch Lew Tolstoj kommt nicht um die Datscha herum, dorthin bringt er immer wieder seine Helden. Zum ersten Mal in seiner *Jugend* – einem frühen autobiographischen Werk. Dort wird Nikolai von einem Freund auf die Datscha nach Kunzewo mitgenommen – er will ihn seiner Familie vorstellen. Schon wenige Stunden nach seiner Ankunft fühlt sich Nikolai zu der Schwester des Freundes Warenka hingezogen (obwohl er noch auf dem Weg zur Datscha von seiner Liebe zu Sonetschka schwärmte). »Ist etwa sie ... *sie*«, denkt Nikolai. »*Fängt es* etwa *an?*« Bald findet er, dass sie nicht *sie* ist und dass es noch nicht anfängt. »Erstens ist sie nicht hübsch ... und ist einfach ein Fräulein, und ich habe sie auf eine ganz gewöhnliche Weise kennengelernt, und *die* wird eine Außergewöhnliche sein und ich werde sie an einem außergewöhnlichen Ort kennenlernen ...« Einige Jahre, nachdem die Novelle erschienen war, verliebte sich Tolstoj in Sofia Bers, die später seine Frau wurde – sie war nicht übertrieben hübsch, und die Beziehung fing an keinem außergewöhnlichen Ort an, sondern auf der Datscha von Sofias Eltern in Pokrowskoje-Streschnewo, die Tolstoj oft besuchte.

Auch in anderen Werken Tolstojs taucht die Datscha auf – zum Beispiel in *Anna Karenina*. Den Anstoß zu diesem Roman bekam übrigens Lew Tolstoj von einem anderen Text, von einem der ersten Klassiker der russischen Literatur, in dem die Datscha erwähnt wird. Mitte der 1830er Jahre schrieb Alexander Puschkin zwei Prosaskizzen »Wir verbrachten den Abend auf der Datscha ...« und »Die Gäste versammelten sich auf der Datscha«. Beide schildern einen aristokratischen Salon, wo die Petersburger Noblesse am Abend zusammenkommt: Es wird »intellektuell« geplaudert, Karten gespielt, geflirtet – in beiden bahnt sich eine Intrige an, die auf eine darauffolgende Liebesgeschichte hindeutet. Das Lesen der zweiten Skizze hat Tolstoj, wie er selbst in einem Brief erzählt, zum Schreiben inspiriert: »Ich habe mir unwillkürlich, ohne zu wissen, wozu und was wird, Figuren und Ereignisse ausgedacht, habe sie weiterentwickelt, habe natür-

36

lich später alles geändert ...« Mit der ursprünglichen Geschichte hat *Anna Karenina* in der Tat nichts mehr zu tun, aber dafür mit der Datscha. Dort spielt sich zum Teil die Romanhandlung ab – in geradezu klassischen Datscha-Situationen. So wohnt Anna im Sommer »wie üblich« auf Karenins »ständiger« Datscha im aristokratischen Petergof – allein mit dem Sohn, ihr Ehemann arbeitet in der Stadt und besucht ab und zu die Familie. Und Anna trifft sich weiter – noch freier als in der Stadt – mit ihrem Geliebten Wronski, meist bei sich auf der Datscha. Der Ehemann ahnt vom Ganzen, geht trotzdem allein für eine Zeit ins Ausland in einen Kurort. »Nach seiner Rückkehr aus dem Ausland war Alexej Alexandrowitsch nur zweimal auf der Datscha. Einmal hat er zu Mittag gegessen, das andere Mal einen Abend mit den Gästen verbracht, aber kein einziges Mal übernachtet, so wie er es üblicherweise in den früheren Jahren getan hatte.« Dieses »getrennte Leben«, überhaupt die ganze Datscha-Lebensweise, die Männern und Frauen so viel Freiheit gab, lieferte auch in Zukunft der russischen Literatur noch reichlich Stoff und Sujets für weitere Geschichten.

Doch es blieb nicht nur bei Mann-Frau-Beziehungen, und die Datscha war für die russische Literatur nicht länger nur ein Handlungsort, bald setzte sie sich ganz intensiv mit der Datscha als solcher auseinander: Sie reflektierte sie als ein gesellschaftliches Phänomen und nahm eine besondere Spezies von Mensch unter die Lupe – das Datscha-Volk, die Datschniki.

Das Wort Datschniki war schon lange als eine neutrale Bezeichnung der Menschen, die auf den Datschen wohnen, im Umlauf. Es findet sich bereits als Eintrag in einem Wörterbuch der russischen Sprache von 1847. Gegen Ende des

19. Jahrhunderts wurde es aber auch zu einem Nennwort und erhielt einige zusätzliche Konnotationen.

DATSCHA-SIEDLUNG

Aber vorher passierte noch einiges. Erstens wurde in Russland 1861 die Leibeigenschaft und damit die feudale Ordnung abgeschafft und es begann sich der Kapitalismus in raschem Tempo zu entwickeln. Der Adel, schnell verarmt, verlor in der Gesellschaft seine führende Position, und auf die historische Bühne traten neue gesellschaftliche Kräfte – kapitalistische Unternehmer und die *Intelligenzija.* Die Ersten haben den Bau der Datschen zu einem gewissen Grad kommerzialisiert, und die aufsteigende Intelligenzija, die in Russland zur führenden, zur tonangebenden Schicht wurde, hat die Datscha neu institutionalisiert und prägte sie die nächsten hundert Jahre. Die neuen wirtschaftlichen Verhältnisse lösten einen regelrechten Datscha-Bauboom aus – der seinen Höhepunkt zur Jahrhundertwende erreichte und der sich erst mit dem Anfang des Ersten Weltkrieges legte.

Die zweite Veränderung brachte der Datscha eine neue suburbane Form – *datschny posjolok,* die Datscha-Siedlung. Diese Siedlungen wurden zum »reinen Genre«, sozusagen zur Quintessenz des Datscha-Lebens.

Die Entstehung der Siedlungen war die logische Fortsetzung der langen Entwicklung der Datscha-Orte, die spontan aus den Vorortsdörfern und -städtchen herauswuchsen und zu deren Bevölkerung auch Einheimische gehörten. Seit den siebziger Jahren des 19. Jahrhunderts begannen städtische Unternehmer, die für sich die Datscha als Geschäftsobjekt entdeckten, mit der Errichtung von kompakten Siedlungen, die nur aus Datschen (meistens zum Mieten) bestanden, die im Sommer ausschließlich von Städtern bewohnt waren und den Rest des Jahres leer standen. Oft wurden sie am Rande der alten Datscha-Orte gebaut, auf jeden Fall nicht weit von der Eisenbahn, die jetzt zur Datscha-Hauptverkehrsader wurde.

In diesen Jahrzehnten sind zahlreiche Siedlungen entstanden, die auch heute noch als solche existieren, wie zum Beispiel die populäre Sagorjanka bei Moskau. Sie wurde auf den früheren Gutsböden der Brüder Kissel-Sagorjanski gebaut – es war gar nicht so selten, dass die Datscha-Kolonien auf Ländereien der verarmten Adeligen entstanden, die gezwungen waren, ihre Güter zu verkaufen. Genau wie in Tschechows Theaterstück *Kirschgarten,* wo das verschuldete Gut der Ranewskis zwangsversteigert wird. Der Freund der Familie Lopachin, der »neue kapitalistische Unternehmer«, versucht die Ranewskis zu überreden, ihre Böden für den Bau der Datschen zu verpachten, wodurch sie sehr schnell zu Geld kommen könnten – doch sie tun es nicht. Erstens ist ihnen die Vorstellung von Datschen auf ihrem Familiensitz zu »vulgär«, und zweitens müsste man dafür den alten Kirschgarten abholzen. Sie lieben nämlich diesen »unnötigen«, schönen Kirschgarten, und das neue kapitalistische Denken können und wollen sie sich nicht zu eigen machen. So kauft Lopachin das Gut und beginnt selbst mit dem Bau einer Datscha-Siedlung. Was Ranewskis nicht gemacht haben, haben übrigens die Brüder Kissel-Sagorjanski gemacht: Sie wurden selber zu Datscha-Unternehmern – sie verpachteten und verkauften (parzellenweise) ihre Böden.

In den ersten Jahren war Sagorjanka mit seinen 70 verkauften oder verpachteten Parzellen eine mittelgroße Siedlung. Es gab aber auch kleinere mit ein paar Dutzend und großflächige, ausgedehnte Überbauungen mit mehreren hundert Häusern. Sehr viele hatten eine klare regelmäßige Struktur und sahen im Grunde etwa gleich aus: breite, oft auch sehr lange, rechtwinklig angelegte Straßen, an denen hinter den Zäunen mit Bäumen bewachsene Gärten lagen. In deren Tiefe standen, von Bäumen halb versteckt, Häuser. Die Straßen in den Siedlungen wurden anfangs manchmal einfach nummeriert: zum Beispiel der 5. *prosek*. Das Wort in dieser – heute schon veralteten – Form bedeutet Waldschneise, so hießen ursprünglich öfters die Straßen, denn gebaut wurde oft in Waldgegenden und sogar in den Wäldern selber. Zu Baubeginn schlug man darin zuerst als künftige Straßen die Schneisen, aber man ließ auf den Grundstücken viele Bäume stehen. Datschen im Wald wurden populär, in Verkaufsanzeigen warb man sogar: »Grundstück mit wunderschönem altem Kiefernwald«. Mancherorts verbot auch die Baubehörde – »damit die Gegend den Waldcharakter nicht verliert« –, Bäume groß abzuholzen. So entstand jener klassische Datscha-Garten, der nur an einigen Orten, meist vor dem Haus, offen und kultiviert war und sonst einen »Wildwald-Look« hatte. Auch die »kultivierten« Teile waren meist im Stil der legeren Natürlichkeit, die jetzt in der Gartenmode herrschte. In den alten Datscha-Siedlungen ist es heute noch so, und noch heute bezeichnen alle Datschniki ihren »Garten«, sogar wenn er auch ein richtiger Garten ist, sehr oft mit dem Wort *utschastok* – das Grundstück. Das Wort *prosek* für die Straße trifft man auch noch ab und zu – in ganz alten Datscha-Orten.

In den letzten Jahrzehnten des 19. Jahrhunderts entstand

und bei der Massenbebauung der Siedlungen kristallisierte sich auch jener Haustyp heraus, der heute als »klassisch« gilt. Zwar war die Vielfalt von Datscha-Typen groß: Es gab kleine 3-Zimmer-, aber auch monumentale 8- bis 10-Zimmer-Häuser; es gab ziemlich verschnörkelte – besonders um die Jahrhundertwende wurden viele Datschen mit allerlei Türmchen und mit Elementen des Jugendstils verziert; viele wurden im pseudorussischen oder in sonst einem pseudo-retrospektiven Stil gebaut. Neureiche, die damaligen »neuen Russen«, errichteten für sich als Datschen Villen aus Stein oder Phantasieschlösschen. Doch der durchschnittliche, am meisten verbreitete Datscha-Typ war ein ziemlich schlichter zweistöckiger Holzbau mit 5 bis 7 Zimmern, hochräumig, mit großen Fenstern, Balkonen, Terrassen, verglasten Veranden. Wie jedes russische Landhaus steht er auf einem hohen Fundament, weswegen es eine kleine Eingangstreppe gibt – ein sehr beliebter Sitzplatz der Datschniki zu allen Zeiten. Gerade so ein Haus wird von jedem Russen heute als eine Datscha erkannt. Noch lange beeinflusste es die Datscha-Architektur – die besseren sowjetischen Datschen wurden bis zur Mitte des 20. Jahrhunderts in Anlehnung an diesen Stil errichtet.

Die besseren Datschen der Jahrhundertwende besaßen übrigens einen gewissen Komfort, zum Beispiel ein Badezimmer, später auch Strom, manche sogar eine elektrische Klingel für Bedienstete. Sie hatten üblicherweise auf dem Grundstück auch zusätzliche kleinere Bauten: zum Beispiel eine »Sommerküche«, eine Wäscherei, einen bewohnbaren *fligel*. Dieser heißt heute »Häuschen« und ist weiterhin verbreitet.

Die neuen Siedlungen brachten neue Elemente auch in die Organisation des Datscha-Lebens. Jetzt wurden »eigene« Wächter und *Dworniki* angestellt – die Letzteren übten eine Mischfunktion aus Hausmeister und Straßenkehrer aus. An den Ufern von Flüssen, Teichen und Seen waren »eigene« Badeanstalten eingerichtet – scheunenartige Bauten, in denen man auch drinnen, vor fremden Augen versteckt, wenn nicht schwimmen, dann wenigstens planschen konnte. Es gab eigene Miet-Bootstationen, in nobleren Siedlungen Tennisplätze. Zu einem Attribut der Datscha-Kolonien wurde ein gemeinsamer öffentlicher Raum – ein gemeinsamer Park mit Bänken und Lauben und Promenaden, wo die Datschniki zusammen die Zeit verbringen konnten.

Und natürlich gab es in den Siedlungen Einrichtungen für die Unterhaltung. Im Juli 1876 schrieb die Zeitung *St. Peterburgskije Wedomosti* über die Datscha-Gegend Schuwalowo, dass sie die einzige ist, »die ihren Einwohnern außer der malerischen Lage keine Vergnügungen anbietet. Keine Musik, keine Kaskaden-Sängerinnen oder Tänzerinnen … Hier herrschen Stille und tödliche Langweile.« Damit ließen sich offenbar keine Datscha-Geschäfte machen. Jedenfalls setzte sich eine Aktiengesellschaft, welche in Schuwalowo die Ländereien der Grafen Schuwalow aufgekauft hatte und 1877 mit der Errichtung einer neuen Datscha-Kolonie begann, für den Bau in der Nähe eines Woksals-Unterhaltungszentrums ein. Und in ihren Statuten sah die Gesellschaft vor, in der Siedlung selbst unter anderem »Bauten für Musik und Tanz« zu errichten. Solche Bauten standen mit der Zeit in vielen Datscha-Siedlungen: zum Beispiel Holzpodeste zum Tanzen, an die oft auch eine Bühnenmuschel für ein Orchester angebaut war (später nannte man sie Tanzveranden).

Mit der Zeit entstanden auch immer mehr Datscha-Theater. Die Zeitung *Sewernyj Datschasny Listok* schrieb 1904: »Sobald in einer Siedlung zwei, drei Dutzend Datschen gebaut sind, entsteht prompt ein Tempel der Musen.« Zwar war dieser »Tempel« oft eine umgebaute Scheune des angrenzenden Dorfes, aber es wurden auch sehr viel ungeheizte hölzerne »Sommertheater« oder einfach kleine überdachte Bühnen im Freien gebaut. Hier traten nicht nur eingeladene Musiker und Schauspieler, sondern auch Datschniki selber mit Laienkonzerten auf. Am meisten aber wurde hier Laientheater gespielt. Zu dieser Zeit wurde das Datscha-Volk von einem regelrechten Theaterfieber gepackt: Alle »spielten« – Erwachsene, Jugendliche, Kinder. Auf dem Repertoire standen meist leichte und lustige, der Sommerstimmung entsprechende, manchmal auch selbstgeschriebene Stücke.

Das Leben in den Siedlungen, wo Datschniki auf engem Raum und nur unter sich lebten, wurde jetzt noch kollektiver: Jetzt besuchten Datschniki nicht nur ständig einander, sondern probten permanent zusammen für Konzerte und Theater, tanzten zusammen am Abend und trafen sich in den gemeinsamen Parks. Jetzt wollten die Frauen nicht mal allein zu Hause in ihren eigenen Gärten lesen. So wie Natalja Borissowna in Iwan Bunins Novelle *Auf der Datscha,* die sich nach dem Morgentee und »Besprechungen mit der Köchin« mit einer Zeitschrift auf die Wiese des Datscha-Parks begibt. Dort trifft sie Bekannte, nimmt Platz auf der Bank unter ihrer Lieblingseiche und beginnt zu lesen … »Manchmal hob sie still den Kopf, lächelte und wechselte ein paar Worte mit anderen Datschnizy, die unter anderen Eichen saßen, dann senkte sie wieder die Augen auf den Artikel zur Umsiedlungsfrage.

Und die Wiese belebte sich. Es kamen Frauen und Fräulein mit Handarbeiten und Büchern hinzu, Kinderfrauen und stattliche Ammen ... Manchmal, unnötig ratternd, fuhren die Fahrradfahrer vorbei in ihren Kinderanzügen ... Kinder rannten um die Wette, riefen einander laut zu und versteckten sich voreinander hinter den Eichen.«

Ein Teil der Datschniki war zu dieser Morgenstunde aber auf dem Weg zur Arbeit. »... Sie gingen durch den Weg, der durch die Eichen führte, in Richtung der Eisenbahnstation. Fräulein in bunten leichten Kleidern und Männer in Bastseide und weichen Schuhen gingen an Natalja Borissowna vorbei und vertieften sich ... in den Wald.«

Nachmittags, als die meisten Pendler zurück waren, traf man sich wieder im Park, wo man unter anderem Krocket spielte. Das Schlagen der Krocketbälle hört man ununterbrochen in den Datscha-Beschreibungen dieser Zeit: Es war das Lieblings-, überhaupt *das* Datscha-Spiel geworden. Man hat übrigens meist nicht das englische, sondern das russische Krocket gespielt – mit einer anderen Toraufstellung und einem kleineren Spielfeld. Auch in Bunins Novelle spielt Natalja Borissowna am Abend des gleichen Tages Krocket mit ihren erwachsenen Söhnen ... »Neben den Spielern standen bekannte und unbekannte Fräulein und Studenten; dann verstreuten sie sich, und als Zuschauer blieben nur die kleinen Gymnasiasten. Sie verfolgten mit großem Interesse den nicht aufhörenden Streit zwischen Grischa und Ignati.« Ignati ereifert sich, schlägt mit dem Schläger auf das Tor – »Keep your temper, Sir«, appelliert Natalja Borissowna an den Sohn auf Englisch. Am Krocketplatz halten andere Datschniki an, man plaudert, beginnt mit Dazugestoßenen eine neue Partie, streitet wieder, lässt das Spiel sein und geht zusammen spazieren.

An einem Hang macht man Halt, liegt ein bisschen herum –
»ungezwungen, *po-datschnomu* [auf die Datscha-Art], ohne
Hüte«. Dabei bewundert man die Landschaft, spricht über
die Liebe zur Natur und entscheidet wiederum *po-datschnomu*
über den kommenden Abend: Als eine Professorengattin erfährt, dass zu Natalja Borissowna heute zum Abendessen ein
besonderer Gast – ein Tolstojaner – kommt, sagt sie zu ihrem
Mann: »Das ist interessant, Pawel. Gehen wir zu Natalja Borissowna?«

Eine Einladung war eben auf der Datscha nicht nötig.
Auch zu einem Gartenfest konnte man ohne weiteres dazusto-
ßen. Eine Zeitgenossin erinnerte sich an so ein Fest ihrer Familie, wo Gäste im Garten empfangen wurden: »Bekannte,
die am Garten vorbeigingen und vorbeifuhren, begrüßten uns
und kamen in den Garten hinein. Man kam auch mit Kutschen rein und auf Pferden.«

So etwa sah jetzt das Leben der meisten Datschniki aus,
auch in traditionellen Datscha-Orten. Diese verschwanden
keineswegs: Trotz ihrer schnellen Verbreitung blieben die
Siedlungen die Minderheit, sie wurden einfach zu einem Bestandteil der Datscha-Gegenden. Und diese wucherten jetzt.
Es entstanden auch viele neue. Zu einer sehr beliebten Petersburger Datscha-Gegend wurde die Küste des Finnischen
Meerbusens nördlich der Stadt, mit Orten wie Kellomäki,
Kuokkala, Terijoki. Diese nur wenige Kilometer von Petersburg entfernten Orte lagen schon in Finnland, das damals
noch zu Russland gehörte. »Zur Zeit«, heißt es in einem Be-
richt über Petersburger Vororte von 1891, »liegen die belebtes-
ten Datscha-Gegenden an der Finnischen Eisenbahn. Es ge-
nügt zu sagen, dass täglich nicht weniger als fünftausend
Datscha-Ehemänner mit dieser Eisenbahn vom Petersburger

Bahnhof (nach drei Uhr nachmittags) losfahren und (mit Morgenzügen) in der Stadt ankommen. Man muss aber jene Ehemänner dazuzählen, die nicht täglich fahren, und dazu noch zahlreiche Familien, und wir haben fünfzigtausend Menschen beiderlei Geschlechter. Villen, Datschen und Datschki, Isbas und Hütten, inklusive kalte Scheunen, die in eine Behausung verwandelt worden sind, füllen sich im Sommer dermaßen, dass auf jede Quadratsaschen ein Mensch kommt.«

Datschamania par excellence – die Wende vom 19. zum 20. Jahrhundert war eine einmalige Blütezeit der Datschen. Ihre Geographie erweiterte sich enorm – nicht nur alle größeren, sondern auch kleineren Städte waren jetzt von ihnen umgeben. Manche Moskauer, vor allem viele Künstler und Schriftsteller, die den Trubel der Datscha-Gegenden meiden wollten und etwas außer dem Mainstream suchten, gingen jetzt in ziemlich entlegene Orte, zum Beispiel am Fluss Oka oder an der Wolga, die schon bis zu hundert Kilometer und mehr von Moskau entfernt lagen und für ihre ausgesprochene Schönheit berühmt waren. Auf der Datscha an der Oka lebte als Kind die Dichterin Marina Zwetajewa. Der bekannte Maler Konstantin Korowin baute sich ein Haus nicht weit von der Wolga in Ochotino. Nach seinem Entwurf baute sich sein Freund, der berühmte Bass Fjodor Schaljapin, eine Datscha in der Nähe. Doch auch hier wurde das übliche Datscha-Leben gelebt: Laientheater gespielt, oft kamen Freunde auf Besuch aus der Stadt, bei Schaljapin hielten sich Gorki und Rachmaninow auf, Theaterregisseure und Schauspieler.

Auch im Süden, vor allem am Schwarzen Meer auf der Krim, wurden an der Küste viele Siedlungen und einzelne Datschen errichtet. Oft waren es schöne, geräumige Villen aus Stein, welche die Einwohner von südlichen Städten für sich und zum Vermieten – auch an Moskauer und Petersburger – bauten. Auch manche Einwohner von »nördlichen« Großstädten bauten sich eigene »Datschen am Meer«, doch sie blieben immer ein exklusiver Luxus – das konnten sich nur ganz Reiche leisten.

Dabei war eine wichtige Tendenz in der Entwicklung der Datscha jener Zeit ihre weitere Demokratisierung. Auch Vertreter der einkommensschwachen Bevölkerungsschichten, wie man heute sagen würde, wurden immer mehr zu Datschniki. Das machte das immer größer werdende Angebot von billigen Datschen möglich. Nicht selten wurden Häuser (mit separaten Eingängen) an mehrere Familien oder auch zimmerweise vermietet; manche Datschniki nahmen selber Untermieter zu sich. 1915 gewann der Dichter Wladimir Majakowski, damals jung und mittellos, eine kleine Summe in der Lotterie und fuhr nach Kuokkala, wo er sich einmietete. Fürs Essen war aber das Geld knapp – er legte sich, wie er in seiner Autobiographie schrieb, ein »Sieben-Bekannten-System« zu: Er aß an jedem Wochentag bei jeweils anderen Bekannten zu Mittag.

Zur Verbreitung der Datscha trug auch der relativ günstige Verkehr bei – die Eisenbahn hatte sogar Datscha-Saisonabonnements eingeführt, was einer ganzen Armee von Datschniki erlaubte, ständig hin und her zu fahren. Die damaligen kurzen Arbeitszeiten der Angestellten, so etwa zwischen zehn Uhr morgens und drei bis vier Uhr nachmittags, machten es möglich.

Dieses ganz intensive und massenhafte Datscha-Leben brachte schon bald eine eigene, stark ausgeprägte Subkultur hervor. In die russische Sprache kamen jetzt solche Idiome wie *datschnymusch* (Datscha-Ehemann) – der pendelnde Gatte, der bald zur allgemeinen Spottfigur wurde; *datschnye pojesda* (Datscha-Züge) – Vorortszüge, die meist zwischen Mai und Oktober fuhren und vorwiegend Datscha-Gegenden bedienten; *datschnyje platformy* – kleine Datscha-Bahnstationen, die für Siedlungen eingerichtet waren. »Die hiesige Bahnstation, die man seit je aus irgendwelchen Gründen ›platforma‹ nennt«, schrieb eine Lokalzeitung über Ligowo bei Petersburg, »ist ein Treffpunkt der flirtenden Datscha-Jugend, angefangen von Kadetten, Gymnasiasten, Real- und anderen Schülern bis zu einheimischen Burschen.« Später hat der Dichter Alexander Blok dieses Rumhängen um Bahnstationen herum mit viel poetischeren Worten in seinen berühmten Gedichten beschrieben. Bahnstationen haben im Datscha-Leben überhaupt eine wichtige Rolle gespielt. An größeren gab es ein Büfett oder Restaurant; in manchen von ihnen konnte man abends auch tanzen. Außerdem war es ein festes Datscha-Ritual, Verwandte und Gäste vom Zug abzuholen, auch Kinder gingen oft ihre pendelnden Väter abholen. Auf die Gäste wartete man auch bei der *datschnaja pristan* – einer Schiffsanlegestelle bei den Datscha-Orten, die an Seen und Flüssen lagen.

Zu dieser Zeit entstand auch *datschny teatr* – professionelles Datscha-Theater. Viele Schauspieltruppen wurden für den Sommer zusammengestellt, um in den Datscha-Gegenden aufzutreten. Ihr Repertoire war bunt – von gängigen Komödien, Operetten und Vaudevilles bis zu seriösen und experimentellen Stücken, an denen namhafte Schauspieler und Regisseure wie Wsewolod Meyerhold teilnahmen.

Man begann auch *datschnye sprawotschniki* (Datscha-Führer) herauszugeben. Diese sollten Datschniki helfen, sich im

unüberschaubar gewordenen Meer der Datscha-Orte zurecht-
zufinden. Sie enthielten Informationen, angefangen von
Klima und Landschaft, Preisen und Verkehrsmöglichkeiten
bis zu »sozialen Porträts« der Orte. 1892 schrieb der Führer
*Wohin auf die Datscha fahren? Petersburger Datscha-Orte im
Hinblick auf die Gesundheit* über Dudergof: »In einer sehr malerischen Gegend hat es sich an einem Hügel eine kleine Dat-
scha-Kolonie gemütlich gemacht, die vor allem die Familien
von Offizieren bevölkern … Die Zahl der Datschen ist hier
jedoch nicht groß (nicht mehr als hundert), und die Preise
sind viel zu hoch.« Und über eine noblere Gegend in der
Nähe einer Zaren-Sommerresidenz: »Als Ort der Datscha-
Kolonisation hat Gatschina viel Gutes … Die Musik spielt im
Sommer im Palais-Garten und Park, ein Boot kriegt man im
Palais-Garten. Fürs Angeln kriegt man eine Erlaubnis beim
Verwalter des Gartens.«

Ende des 19. Jahrhunderts entstanden auch Datscha-Me-
dien – Zeitungen und Zeitschriften: *Pargolower Sommerblatt,
Datschniza, Datscha-Leben* oder *Datscha-Kurier,* mit dem Un-
tertitel: *Zeitung – Zeitschrift – Buch. Datschniki-Organ* und Ähnliches. Diese »Organe« waren sehr kurzlebig, die meisten verschwanden schon nach einer Saison, doch es entstanden immer
neue. Das Wichtigste, was sie alle vereinte: Sie alle waren be-
tont apolitisch und unterhaltend und völlig auf das Datscha-
Leben konzentriert. Sie informierten über Ereignisse in den
Orten – über die Eröffnung der neuen Post, über Brände, die
gar nicht so selten waren (die meisten Bauten waren ja aus
Holz); sie berichteten über Raubüberfälle und Einbrüche; man
fand hier Anzeigen für Theatervorführungen und Tanzbälle.
Von dem Stadtleben bekam man so gut wie nichts mit, und der
internationale Teil bestand aus Mitteilungen wie etwa: »Die

New York Post schreibt: Wer noch nie Kaffee getrunken hat, ohne hinterher Walderdbeeren zu essen, der kennt weder den echten Geschmack von Kaffee noch von Walderdbeeren.« In manchen Datscha-Blättern fand man auch nützliche Informationen, beispielsweise über den Garten. Bei weitem nicht alle, aber einige Datschen hatten auch einen Obst- oder sogar einen Gemüsegarten. Die wurden selbstverständlich von Gärtnern oder von nahe wohnenden Bauern bearbeitet, doch unter den Datschniki gab es auch Gartenliebhaber, vor allem -liebhaberinnen, die außer der »allgemeinen Anleitung« auch den »praktischen Einsatz«, wie etwa das Gießen oder »Blumen an die Stöcke binden«, pflegten.

Der größte Teil der Datscha-Blätter gehörte aber den literarischen Publikationen – Erzählungen, leichten Fortsetzungsromanen, Poesie und vor allem: Vers- und Prosa-Humoresken, die sich dem Datscha-Leben widmeten. Zu dieser Zeit bürgerte sich in der Gesellschaft allgemein ein »unseriöser«, ironischer Ton in Bezug auf das Datscha-Leben ein – man amüsierte sich praktisch über alle dessen Seiten. So schrieb zum Beispiel eine Petersburger Zeitung über das Theater unter freiem Himmel: »… es ist eine besondere Art des luftigen, leichten Theaters: Wenn es regnet, tropft es Ihnen auf den Hut, der Erdboden wird zu einer Pfütze, die Zuschauer sitzen mit angezogenen Beinen und raufgekrempelten Kleidern. Von den Windstößen schaukelt das Bühnenbild, die Kerosinlampen der Rampe qualmen. Auf der Bühne spielt sich etwas ab, aber was genau, ist schwer zu verstehen wegen des Lärms und Lachens im naheliegenden Büfett, wegen fallender Kegel in der Kegelbahn, wegen der Lokomotivpfiffe …«

Über nichts machte man sich aber mehr lustig als über *datschny roman* – die Datscha-Romanze. Das war ein weiteres

Idiom, das in das Datscha-Lexikon der russischen Sprache kam, und eines der wenigen, das bis heute überlebt hat. Schon über den Datscha-Park von Stroganow berichtete ein Zeitgenosse, dass dessen Bäume »Zeuge von unzähligen feurigen Liebeserklärungen der Datschniki waren, auch deren Schwüre der ewigen Liebe, die jedoch sofort nach der Rückkehr in die Stadt gebrochen wurden«. Ein kurzes, leichtes und zu nichts verpflichtendes Liebesverhältnis war natürlich im Stil des ganzen Datscha-Lebens im gewissen Sinne schon einprogrammiert, doch erst jetzt wurde es zu einem unentbehrlichen Bestandteil der Datscha-Freuden, die ein Vers jener Zeit so zusammenfasst: »faulenzen, im Gras herumliegen, einfach so in die Welt gucken, flirten, Borschtsch essen, Milch trinken und schlafen.«

Natürlich waren nicht alle diese Romanzen unbedingt unseriös und episodenhaft, oft fingen auf der Datscha ernsthafte, tiefe Beziehungen an. Wie zum Beispiel bei Vladimir Nabokov, der den Sommer auf dem »nahen« Gut der Familie bei Petersburg in einer Datscha-Gegend verbrachte und wo eine »Datschniza von nebenan« zu der ersten großen Liebe des Schriftstellers wurde. Noch heute kennen wohl die meisten Großstädter unter ihren Bekannten mindestens ein Paar, dessen Ehe ihre Anfänge in einer Datscha-Romanze hatte.

MASSEN-MUSSE

Wie dieses Datscha-Leben ausgesehen hat, kann man sich heute gut vorstellen – dank zahlreicher Fotos. Das Fotografieren auf der Datscha scheint eine rechte Manie gewesen zu sein. Sicher lohnte es sich auch nicht, einen Fotografen nur wegen ein paar Fotos so weit zu bestellen – jedenfalls sind heute noch sehr viele dieser alten Fotos erhalten geblieben. Darauf: ein kollektives Porträt der Datschniki jener Zeit und Chronik des Lebens, das sie führten: zahlreiche Familien, ganze Sippen, große Datscha-Gesellschaften – sie posieren in Gärten, auf den Stufen des Hauses, sie essen auf Terrassen, trinken Tee unter Bäumen; sie sitzen auf Schaukeln, liegen in Hängematten oder spazieren auf Waldwegen, fahren Fahrrad und Boot, spielen Krocket und Serso. Auf den Fotos sind viele Kinder unterschiedlichen Alters, in Hütchen und adretten Kleidchen, die kleinsten auf dem Arm von Kinderfrauen. Man sieht Datschniki mit Karten, dem ewigen Datscha-Spiel, beim Schach oder beim Angeln, der neuen Leidenschaft, der nicht nur Männer, sondern auch Kinder und sogar manche Frauen nachgingen. Man sieht Datschniki neben einem Teleskop vor dem Haus oder mit Malkasten in der Landschaft – vor allem Frauen übten sich gerne in der Malerei. Man übte sich auch gerne im zu jener Zeit populär gewordenen Sport – auf Grundstücken sieht man *Gimnastika*-Einrichtungen mit Recken und Leitern. Man sieht Tennisplätze, auf ihnen Datschniki – spielend oder einfach posierend, mit Tennisschlägern in der Hand. Zu sehen sind auch Dworniki, posierend mit Besen, und Gärtner mit Schubkarren, Gießkannen oder Schaufeln in der Hand. Oder da ist eine Magd unter Bäumen am Waschtrog oder Dienerinnen mit ihren eigenen Kindern. Und dann sieht man wieder Datschniki mit Gitarre beim Picknick, und dann Szenen aus dem Laientheater, dann blödelnde junge Leute – Männer in Damenhüten, Frauen parodieren einen Tanz.

Doch ein noch viel lebendigeres Porträt der Datschniki hinterließ uns die russische Literatur, die um diese Zeit von Datscha-Geschichten nur so wimmelte. Nie wieder hat sie sich für das Thema Datscha so sehr interessiert: Bunin, Andrejew, Gorki, Awertschenko, Kuprin, Blok – fast alle bedeutenden Schriftsteller und Dichter schrieben über die Datscha. Doch niemand hat sich ihrer literarisch mehr angenommen als Anton Tschechow. Lange Jahre selbst ein passionierter Datschnik, hinterließ er uns eine richtige Enzyklopädie des Datscha-Lebens jener Zeit, nicht nur in seinen Werken, sondern auch in Briefen, in denen öfters Datscha-Angelegenheiten erwähnt werden. Im Brief vom 13. Februar 1885 schrieb der 25-jährige Tschechow an seinen Freund, den Arzt Pawel Rosanow:

Moskau, den 13. Februar 1885

Collega major et amicissime
Pawel Grigorjewitsch!
Ich unterbreche den Gang Ihrer sprühenden Gedanken mit einem Stoßgebet an Ihre Adresse. Mein Gebet lautet wie folgt: Seien Sie so nett, ziehen Sie Ihren Pelz an, setzen Sie Ihre Mütze auf und gehen Sie in das Geschäft »Tee und Zucker« von Kaufmann Staritschenko. Wünschen Sie ihm einen guten Tag und knüpfen Sie ein Gespräch an, ungefähr in dieser Art:
Sie: »Würden Sie, Señor, nicht vielleicht Ihre Datscha, die sich zwischen Swenigorod und Sawwa befindet, mietweise abgeben?«
Er: »An wen?«
Sie: »An den bekannten Moskauer Arzt und nicht weniger bekannten Literaten A. P. Tschechow samt Familie.«

Er (bleich geworden): »Aber ... meine baufällige Hütte ist nicht würdig, daß er eingeht unter ihr Dach!«

Sie erläutern ihm, daß ich ein genügsamer Mensch und bescheiden in meinen Wünschen bin, schlagen dann – im Falle seines Einverständnisses, mir die Datscha zu überlassen – die Augen nieder und erkundigen sich diskret nach dem Preis und so weiter. Die Sache ist die, meine Familie muß den Sommer auf der Datscha verbringen. Woskressensk ist uns verleidet, aber in Swenigorod haben wir noch nie gewohnt, und wir sind geneigt, es zu versuchen. Eine Datscha in der Stadt selbst will ich aus etwelchen hygienisch-ökonomisch-politischen Erwägungen heraus nicht mieten. Außerhalb der Stadt aber gibt es nur eine Datscha, die Ihres Handelsherrn Staritschenko, der eine Tochter im heiratsfähigen Alter mit großer Mitgift hat. Die Tochter und die Mitgift kann ich nicht gebrauchen, die Datscha aber würde ich mit Vergnügen nehmen, natürlich nur, wenn man darin wohnen kann, d.h. wenn es nicht durch die Decke regnet, wenn die Fenster heil sind, wenn es einen Keller gibt usw. Diese Datscha, falls Sie sich entsinnen, liegt am Ufer der Moskwa, auf dem Weg von Swenigorod zu Sawwa, rechter Hand.

Ich selbst werde schwerlich auf der Datscha wohnen, meiner Familie aber muß ich ein Logis für den Sommer besorgen ... Es ist ein Kreuz, wenn man Familie hat! Der Winter ist noch nicht vorbei, da muß man sich schon wieder Gedanken über den Sommer machen.

Diesen Sommer wird Madame Gamburtschicha nicht in Swenigorod sein. Doch die Natur erträgt keine Leere und schickt Ihnen an ihrer statt eine ganze Heerschar Datschniki in Gestalt von Künstlern, Dichtern (Palmin) und so weiter. Eine große, muntere Gesellschaft wird sich einfinden.

Berichten Sie, wie Ihre Verhandlungen mit Staritschenko ausgegangen sind. Verzeihen Sie, mein Bester, daß ich Sie mit solchen Nichtigkeiten belästige. Aber wenn Sie, so Gott will, eine große Familie haben, werde ich für Sie eine treffliche Datscha finden – eine Hand wäscht die andere. Wir mieten die Datscha ab 15. oder 1. Mai. [...]
Bleiben Sie gesund und vergessen Sie nicht Ihren ergebenen Freund

A. Tschechow.

[...]

Mit dem gleichen ironischen Blick schaut der junge Tschechow auf das Datscha-Leben in zahlreichen seiner frühen Erzählungen und Humoresken. Dabei begleitet er die Datschniki auf Schritt und Tritt: bei der Datscha-Suche, bei den Preisverhandlungen, beim Langeweilen, beim Saufen, beim Flirten, beim Fremdgehen usw. Das Letzte findet sich in diesen Erzählungen in jeder nur denkbaren Variante: Da empfängt eine arme Chorsängerin bei sich im Dachzimmer den verheirateten Liebhaber (seine Ehefrau erscheint); ein Ehemann kommt eine Woche lang nicht auf die Datscha, hat aber in der Zeit auch in der Stadtwohnung nicht gelebt; ein verheirateter solider Datschnik geht in eine Parklaube zum Rendezvous mit einer unbekannten Datschniza, von der er einen Liebesbrief bekommen hat.

Besonders nimmt sich aber Tschechow des Datscha-Ehemanns an. Und dieser sieht bei ihm etwa folgendermaßen aus: Er wohnt zum Teil in der Stadtwohnung, wo es »weder Möbel, noch Bedienstete« gibt, isst »weiß der Teufel was«, trinkt keinen Tee, »weil es niemanden gibt, der den Samowar anheizen kann«. Täglich geht er zur Arbeit, wo er mit »Hitze, Schwüle und Fliegen« kämpft und wo nichts funktioniert, da alle Kanzleiangestellten nur »Datschen, Amor und Laientheater im Kopf haben. Alle sind unausgeschlafen, erschöpft, ausgemergelt.« Doch die eigentliche Tortur beginnt erst am Feierabend, als der Mann endlose Besorgungen für die auf der Datscha lebende Ehefrau und deren Nachbarn erledigen soll. »Ehemann, in die Datscha-Sprache übersetzt, heißt ein sprachloses Vieh, auf dem man reiten und unbegrenzt Last fahren kann, ohne Angst zu haben, dass ein Tierschutzverein sich einmischt.« Also läuft der Mann durch die Stadt, kauft Wurst, Seide, Bier, Karbolsäure, Puder, eine Lampe und Rizinusöl; für die Frau muss er zur Näherin und »mit ihr schimpfen, weil sie das Kleid im Mieder zu breit und in den Schultern zu eng gemacht hat«; für die schwangere Nachbarin muss er zum Frauenarzt, um ihn auf die Datscha zu bestellen; ein Nachbarskind braucht zum Geburtstag ein Dreirad, die Tochter einen Mantel, die Frau ein Kupferbecken. Als er das alles endlich beisammen hat, fährt er mit Tüten und Schachteln bepackt zuerst im Datscha-Zug, dann geht er zu Fuß bis zur Siedlung … kommt endlich fluchend, erledigt, vor Hunger sterbend und vom Schlaf träumend an. Auf der Datscha ist aber außer dem kleinen Sohn niemand zu sehen: Die Frau ist bei einer Theaterprobe, die Köchin, die ihr beim Umziehen helfen muss, ebenfalls. Essen wurde nicht gekocht, sogar der Sohn hat nur Milch »gegessen« … Endlich erscheint die Ehefrau, und der Ehemann wird sofort zum Tanzen geschleppt, wo er in die Nacht hinein tanzen muss … Oder die Frau kommt nach Hause mit anderen »Schauspielern«, und es wird weitergeprobt – der Ehemann, der am nächsten Tag zur

Arbeit muss, verfolgt es aus dem Schlafzimmer: Da wird »gezischt, in die Brust geschlagen, geweint und in rauem Bass gelacht ...« Gleichzeitig kämpft der Mann gegen eine andere »ägyptische Plage« und »Inquisition« – die Mücken: Der Mann schlägt sie, er raucht, geht unter die Decke mit dem Kopf ... Sobald er aber endlich eingedöst ist, beginnt unten im Salon ein Tenor Romanzen zu singen. »Die Tenöre«, verzweifelt ein Tschechow'scher Ehemann, »sind so eine Qual, dass keine Mücken sich damit vergleichen können!« Irgendwann ist endlich die Probe vorbei, und die Frau findet, dass es für die Gäste nach Hause »zu weit und zu dunkel« ist, und lässt sie alle bei sich übernachten. Der Ehemann wird geweckt, aus dem Schlaf- in sein Arbeitszimmer auf das Sofa geschickt, doch findet er dort seinen Sohn schlafend. Er geht aus dem Haus auf die Straße und »spaziert«. Dabei trifft er einen anderen »spazierenden« Ehemann – bei diesem ist die Schwiegermutter auf Besuch – mit ein paar Nichten, »sehr netten Fräulein« ...

Mit der Zeit wird das Datscha-Leben in Tschechows Werken immer weniger lustig. In seinen späteren Werken, in denen das Lustige, Traurige und Dramatische immer mehr zusammenkommt, wird auch die Datscha zum Schauplatz ganz anderer Geschichten. In der Novelle *Die neue Datscha* wird zum Beispiel eine Familie, die sich eine »alleinstehende« Datscha neben einem Bauerndorf baut, von den Bauern mit Schikanen einfach »herausgemobbt« – die Datschniki ziehen weg und verkaufen das Haus. Und in der Novelle *Wolodja* wird für den siebzehnjährigen Gymnasiasten seine erste »Frau-Erfahrung« – eine Datscha-Affäre mit einer älteren verheirateten Frau, die ihn als nichts anderes als kurze Unterhaltung betrachtet – zum letzten Tropfen, der das Fass in seinem unglücklichen Dasein zum Überlaufen bringt – er begeht Selbstmord.

Auch andere russische Schriftsteller betrachten zu dieser Zeit immer kritischer die Datscha, dieses Phänomen der Massen-Muße, die jetzt auf ihren Höhepunkt kultiviert war. Dabei kamen Datschniki immer schlechter davon: als eine spektakel- und erlebnisgierige, sich im Zustand des allgemeinen Flirts befindende Vergnügungsgesellschaft, die viel und schön redet – von Gemeinwohl, Arbeit, weltverbesserischen Ideen – und den realen Nöten des Volkes gleichgültig gegenübersteht. Nicht zufällig verpackte Maxim Gorki seine Abrechnung mit der Intelligenzija in das Stück *Datschniki* (deutsch unter dem Titel *Sommergäste* bekannt), wo eine Datschniza in selbstkritischem Pathos in die Runde wirft: »Intelligenzija – das sind nicht wir! Wir sind Datschniki in unserem Lande ... wir tun nichts und reden widerlich viel!«

Dafür zeigte die Datscha-Literatur immer mehr Mitgefühl mit Bauern, Dienern, jenen Leuten, die manche Datschniki bei ihren Fotosessionen so großzügig aufnehmen ließen und dank derer das ganze Datscha-Leben – so wie es war – überhaupt möglich war. In Lew Tolstojs Erzählung »Beeren« und Alexander Kuprins Novelle *Der weiße Pudel* sieht man solche Menschen von der anderen Seite des Datscha-Lebens. Auch in dem Klassiker von Leonid Andrejew *Petjka auf der Datscha* ist der Hauptheld ein zehnjähriger Friseurhelfer Petjka, der mit seiner Mutter, einer Köchin, die mit ihrer Herrschaft auf die Datscha zieht, zum ersten Mal aufs Land kommt und zum ersten Mal so etwas wie Glück erlebt – doch schon nach wenigen Tagen muss er wieder in die Stadt zurückkehren.

Doch alle Schriftsteller, die die Datscha kritisierten, waren natürlich selber Datschniki. Außer Tolstoj, der auf seinem

Gut lebte, und Tschechow, der sich mit 32 Jahren auch ein Gut kaufte und dahin zog, um ständig dort zu wohnen. In einem Brief an einen Freund schrieb er, dass das Gut 213 Desjatinen Land hatte und mindestens eintausend Rubel im Jahr Einkommen erbringen konnte: »... doch die Rentabilität interessiert mich wenig. Denn ich bin als Datschnik und nicht als Gutsbesitzer geschaffen.«

In den letzten Jahren seines Lebens siedelte Tschechow wegen fortschreitender Tuberkulose in die Stadt Jalta auf der Krim um, wo er sich als einzigen Wohnsitz ein gewöhnliches Haus baute. Die Einheimischen, die es für eine Datscha hielten, tauften das Haus »Belaja Datscha« – »weiße Datscha«. Tschechow gefiel der Name, und er übernahm ihn – auch das Museum des Schriftstellers, das sich heute im Haus befindet, heißt so.

Die anderen Schriftsteller, wie Kuprin, Gorki, Andrejew, gingen weiterhin auf die »richtigen« Datschen. Leonid Andrejew baute sich sogar – mit dem Vorschuss für seine literarischen Werke – eine eigene, die berühmte »Villa Awans« (»Villa Vorschuss«). Das riesige Haus von eigenwilliger Architektur (es wurde nach dem Entwurf des Schriftstellers errichtet) lag am Finnischen Meerbusen bei Petersburg. Auf Andrejews Datscha traf sich die ganze hauptstädtische Kulturszene – Künstler, Schauspieler, Schriftsteller, von denen viele selber in der Nähe auf den Datschen wohnten. In den ersten Jahrzehnten des 20. Jahrhunderts wurden die »finnischen« Datscha-Gegenden sehr populär unter der Intelligenzija. Dort lebten Gorki, Majakowski, der wichtigste russische Maler von damals, Ilja Repin. Seine Datscha »Penaten« in Kuokkala, die ihm auch als Atelier diente, war ein weiteres wichtiges Kulturzentrum.

Zur gleichen Zeit lebte in Kuokkala ein kleiner Junge Mitja, der künftige Kulturwissenschaftler und Philologe, in späten Sowjetzeiten eine der Kultfiguren der Intelligenzija – Dmitri Lichatschow. »Was für ein Wunder der Fröhlichkeit, Unterhaltung, ausgelassenen Streiche, Leichtigkeit des Umgangs, der Theater- und Festimprovisationen dieses Kuokkala war!« erinnerte sich Lichatschow. »Kuokkala war ein Reich der Kinder. Die Interessen der Kinder, ihre Unterhaltungen dominierten. Erwachsene nahmen gerne an Kinderspielen teil. Der Schabernackgeist prägte das Kuokkala-Theater ... dort wurden Farcen aufgeführt ... Jungs sangen scherzhafte Lieder, man machte sich über alle bekannten Datschniki lustig. In dieser Atmosphäre blühte scherzhafte Malerei, Dichten (von Theaterstücken und Gedichten), vorwiegend für Kinder.« Für Kinder wurden oft große Feste organisiert, mit eingeladenen Musikern, mit selbst gespieltem Kindertheater. Einige von diesen Festen organisierte Kornei Tschukowski, der mit seinen drei Kindern auch in Kuokkala lebte. Dieser seriöse Literaturkritiker und Publizist schrieb 1916 unerwartet für alle ein ganz unseriöses lustiges Kinderpoem »Krokodil«, das sofort außerordentlich populär wurde. Zwei Jahre zuvor fing er ein anderes scherzhaftes Werk an – *Tschukkokala,* einen handgeschriebenen Almanach – ein Heft, wo Künstler und Schriftsteller lustige Improvisationen eintrugen – Zeichnungen, Stegreif-Gedichte, kleine Prosa. Diesen Almanach führte Tschukowski sein Leben lang, heute ist er ein mehrhundertseitiger Foliant (es wird regelmäßig als Faksimile herausgebracht), in dem sich Eintragungen von Anna Achmatowa und Ossip Mandelstam bis zu Conan Doyle und H.G. Wells finden.

Auch bei Tschukowski trafen sich ständig zahlreiche Literaten und Künstler, die oft bis spät in die Nacht hinein stritten, über Kunst und Literatur, aber auch über Politik – im Land spitzte sich die soziale Lage zu, es türmte sich eine neue revolutionäre Welle auf. Man diskutierte, wie ein Zeitgenosse schrieb, über Revolution und Symbolismus.

LENIN AUF DER »WASA«

Auf den Datschen wurde aber über die Revolution nicht nur diskutiert und gestritten, hier wurde sie auch aufs Aktivste vorbereitet. Datscha-Gegenden wurden ja weniger von der Polizei kontrolliert, und Gärten, Wälder und Parks waren viel schlechter kontrollierbar, haben sich also für jede Art der geheimen Tätigkeit gut geeignet. Vor allem außerhalb der Saison, wenn die Datscha-Orte fast leer standen.

Zu genau einer solchen Zeit, im April 1887, kam auf eine Datscha in Pargolowo bei Petersburg, wo einst schon Dostojewski seine »Revolutions-Stunden« genommen hatte, der Biologiestudent Alexander Uljanow, einer der Führer der »Terroristischen Fraktion« der Revolutionsorganisation »Narodnaja Wolja«. Hier bastelte er eine Bombe, die für ein Attentat auf den Zaren Alexander III. bestimmt war. In einem einsamen Wald hallten Probeexplosionen, sie waren erfolgreich. Die richtige Bombe kam jedoch nicht zum Einsatz – der Attentatsversuch wurde aufgedeckt. Die Anführer der Organisation wurden festgenommen und einige von ihnen, darunter Alexander Uljanow, hingerichtet.

Nicht nur die Probebomben, auch die echten explodierten auf der Datscha. Die eine im August 1906 auf der Petersburger Aptekarski-Insel auf der *kasjonnaja*-Datscha von Premierminister Stolypin. Schon damals arbeiteten Staatsmänner im Sommer zum Teil auf den Datschen. Im Gegensatz zu heute waren aber die staatlichen Datschen damals nicht so gut bewacht, und sie waren von der Bevölkerung nicht ganz so abgeriegelt wie heute. Stolypin empfing zum Beispiel Bittsteller auf der Datscha. Gerade an so einem Tag marschierte in die Empfangshalle der Datscha ein Terrorist und warf eine Bombe an die Tür des Arbeitszimmers Stolypins. Den Premierminister traf er nicht, dafür aber zahlreiche Bittsteller, von denen 27 an Ort und Stelle starben. Nicht sehr gut geschützt war auch der General Min auf seiner privaten Miet-Datscha. Dort wurde er von der Terrasse einer Nachbar-Datscha lange bespitzelt und später auf dem Bahnsteig der Eisenbahnstation, als er auf einen Datscha-Zug wartete, von einer Terroristin erschossen.

Doch nicht alle revolutionären Parteien und Gruppierungen, von denen es damals in Russland eine ganze Menge gab, griffen zum Terrorismus. Der jüngere Bruder des hingerichteten Alexander Uljanow – Wladimir, der sich später den Decknamen Lenin zulegte – betrachtete den individuellen Terror nicht als effektive Kampfmethode. Er führte die revolutionäre Sache des Bruders auf andere Weise weiter. Dafür wurde er 1897 nach Sibirien ins Dorf Schuschenskoje verbannt, wo er mit seiner Frau lebte. Eine Datscha wie die Dekabristen bauten sie sich nicht, doch über das Sommerleben im Dorf schrieb Lenins Frau in einem Brief: »Unser jetziges Leben erinnert förmlich an das Datscha-Leben.« Lenin erhielt als Verbannter vom russischen Staat monatlich einen kleinen Betrag, der für ein Auskommen reichte. Die beiden waren nicht gezwungen zu arbeiten, sie lebten bescheiden, hatten aber eine

Haushaltshilfe. So sind sie im Sommer jeden Tag spazieren und baden gegangen, haben viel gelesen, Lenin hat gejagt und gefischt und weiter an seinen revolutionären Werken geschrieben.

Zurück aus der Verbannung, stürzte Lenin sich wieder in den aktiven revolutionären Kampf, lebte im Untergrund, dabei immer wieder auf Datschen. Vor allem in den finnischen Datscha-Gegenden bei Petersburg, die sich im Einzugsbereich der finnischen Polizei befanden. Gegenüber den russischen »Sozialisten« waren sie sehr tolerant, so wurden diese Datscha-Orte für alle revolutionären Gruppierungen zum »roten Hinterland«: Hier fanden Parteikonferenzen und -sitzungen statt, wurden geheime Druckereien, Bombenfabriken und Waffenlager eingerichtet. Dort auf den Datschen lebten auch zahlreiche Revolutionäre im Untergrund, in der »nahen Emigration«, wie sie es selbst nannten. Lenin fand 1906 in Kuokkala auf der Datscha »Wasa« bei einem Bolschewiken Unterschlupf. »Alles hier«, erinnerte sich später die Tochter des Datscha-Besitzers, »atmete Revolution, alle Gedanken, alle Gespräche konzentrierten sich darauf.« Von der »Wasa« aus hat Lenin praktisch die ganze Bolschewikenpartei geleitet.

Doch auch die Freuden des ganz normalen Datscha-Lebens waren Revolutionären nicht fremd. Wie es zu- und herging, erinnerten sich später die Töchter des Biologen Alexander Genkel, einem roten Dozenten der Petersburger Universität, auf dessen Datscha fast jeden Abend unterschiedlichste Revolutionäre zusammenkamen und wo eine kurze Zeit auch Lenin in einem *fligel* lebte. Es wurde nicht nur gestritten und diskutiert, sondern viel Tee mit Konfitüre getrunken, Schach und Krocket gespielt, wobei Lenin einer der eifrigsten Krocketspieler war, der aber ständig verlor und sich deswegen sehr aufregte. Er fuhr »im englischen Sportanzug« Fahrrad, alle zusammen sangen gern zur Gitarre, wobei Lenin auf Volks- und Revolutionsliedern beharrte, während die anderen ganz banale Romanzen bevorzugten.

In diesen Jahren besuchte Wladimir Lenin immer wieder seine Schwester Anna, die nicht weit entfernt auf einer eigenen Datscha in Sablino wohnte. »Manchmal sind die Abende warm«, schrieb sie in einem Brief im Sommer 1906. »Dann richten wir uns mit dem Tee draußen in der Laube ein. So war es auch am Samstag …« An diesem Tag kamen ihr Bruder Wladimir und seine Frau auf Besuch. »W. ging baden, dann saßen wir in der Laube. Sie blieben auch den nächsten Tag bei uns. W. wollte sogar die ganze nächste Woche bleiben. Doch die Zeitungen am Montagmorgen haben ihn so interessiert, dass er … weggeflogen ist.« Schon bald verkaufte die Schwester die Datscha, dennoch wurde in den 1920er Jahren Sablino in Uljanowka umbenannt, das Haus erhielt später eine Lenin-Gedenkplakette, und 1966 wurde im Hof dieser Datscha, nun Kindergarten sowie Lenin-Gedenkstätte, ein Junge in die Pioniere aufgenommen, der künftige russische Präsident Wladimir Putin.

In der »nahen Datscha-Emigration« blieb Lenin nicht lange, es wurde ihm zu gefährlich, und er ging in die »ferne Emigration« in die Schweiz, wo er mit seinen Genossen an der Vorbereitung der Revolution weiterarbeitete. Im Oktober 1917 war es so weit: Die Bolschewiken ergriffen die Macht im Land. Darauf folgte der Massenterror und fünf Jahre blutiger, gnadenloser Bürgerkrieg. Und dann siebzig Jahre totalitäres Regime, das vieles aus dem russischen Leben eliminiert hat – aber nicht die Datscha.

64

Die Macht der Tradition

Im April 1918, ein halbes Jahr nach der Revolution, brachte die Zeitung *Petrogradskaja Prawda* (Petersburg war in Petrograd umbenannt worden) auf ihren Seiten folgende Mitteilung: »Zur Information der Datschniki teilt das Exekutivkomitee des Rates der Volksdeputierten von Pawlowsk mit, dass Gerüchte, dass Pawlowsk in der kommenden Frühlings- und Sommersaison für Datschniki geschlossen sei, unbegründet sind. Wie auch in früheren Jahren ist Pawlowsk bereit, alle zu empfangen, die von Luft, Park und Vororten Gebrauch machen sowie sich vom hauptstädtischen Leben erholen wollen.« Die Sorge der Datscha-Besitzer, die wohl das Inserat initiierten, ist verständlich: Petersburger hatten zu dieser Zeit sicher andere Bedürfnisse, als sich vom »hauptstädtischen Leben zu erholen«. Im Land war der Bürgerkrieg ausgebrochen, es herrschten Chaos, Mangel, viele hungerten bereits. Ein großer Teil potentieller Datschniki und Datscha-Besitzer war vor dem »roten Terror« in den von den Bolschewiken noch freien Süden oder ins Ausland geflohen. Viele Datscha-Häuser standen leer, wurden ausgeraubt oder zerstört. Die ersten Revolutionsjahre wurden in der ganzen Datscha-Geschichte eine Zeit des größten Tiefs. Doch ganz verschwunden war die Datscha nie, sogar während des Bürgerkriegs gingen, wenn auch weniger, Städter im Sommer auf die Datschen.

In den schwierigsten Revolutionsjahren mietete auch die Familie von Dmitri Lichatschow verschiedene Datschen bei Petrograd, obwohl sie, wie die meisten damals, schlicht ums Überleben kämpfen musste. 1918 als elfjähriger Junge verbrachte Lichatschow den Sommer in Olgino. »Das Datscha-Leben war mit den Sorgen der hungrigen Zeit verbunden. Morgens begab ich mich auf die Suche nach Milch, um sie gegen Geld oder für Gegenstände einzutauschen. Ich trocknete Johannisbeer- und Himbeerblätter für den ›Tee‹ ... In Olgino zu leben, war vielleicht sogar schwieriger als in der Stadt, doch so war die Macht der Tradition: Im Sommer musste man auf die Datscha fahren.«

Die Macht der Tradition galt auch für die Bolschewiken-Führer. Viele von ihnen stammten ja aus der Intelligenzija und konnten sich einen Stadt-Sommer, selbst einen »sozialistischen Sommer« im »Arbeiter- und Bauernstaat«, ohne Datscha nicht vorstellen. Schon 1918 fingen sie langsam an, sich in Vororten Moskaus, wohin die Hauptstadt verlegt wurde, Sommersitze zuzulegen. Es waren leerstehende, von früheren Besitzern verlassene Gutshäuser und Datschen. Zu Datschniki wurden jetzt auch aus dem »Volk« stammende Führer ohne Datscha-Vergangenheit: 1919 zog zum Beispiel Josef Stalin in das 12-Zimmer-Haus der früheren Ölmagnaten Subalow ein. Ihnen hatten früher unter anderem Ölraffinerien im Kaukausus gehört, in welchen Stalin seinerzeit Zirkel unter den Arbeitern und Streiks organisiert hatte. Gerade deshalb, wie Stalins Tochter schrieb, »erinnerte sich« Stalin an den Namen Subalow bei der Lösung der Datscha-Frage.

Alle diese Datschen bekamen die neuen Machthaber nicht in den Privatbesitz, sie standen ihnen als *kasjonnye*, als staatliche, zur Verfügung. Was die Datschen sonst anbetrifft, so blieb ihr Status bis zum Ende des Bürgerkrieges unklar. Viele, vor allem die größeren, wurden nach Revolutionsgesetz sofort expropriiert, genau wie der übrige Besitz der Reichen. Die Idee des Sozialismus war ja die soziale Gerechtigkeit, was in der Praxis als »Gleichheit« verstanden wurde – wie es in einem russischen Witz heißt: »Die Dekabristen wollten, dass es keine Armen gibt, die Bolschewiken wollten, dass es keine Reichen gibt.« Also allen, die etwas besaßen, ob Tafelsilber, Goldschmuck oder ein Haus, wurde es weggenommen.

1917 wurde die Datscha des Malers Konstantin Korowin in Ochotino konfisziert, die ihm auch als Atelier diente. »Lieber Fedja«, schrieb er verzweifelt an seinen Freund, den von den Bolschewiken hofierten Sänger Fjodor Schaljapin. »Zur Zeit hat das Ortskomitee alles versiegelt. Ich bin doch ein Maler, lebe von meiner eigenen Arbeit und hoffe, dass das Atelier nicht dem Dekret über die Enteignung der Böden und des wirtschaftlichen Besitzes untersteht, denn es stellt keinen wirtschaftlichen Wert dar … Ich habe mein Leben lang für die Kunst und Aufklärung gearbeitet und bin kürzlich in die Kunstkommission der Sowjetischen Regierung gewählt worden … Um in Moskau zu bleiben, fehlen mir die Mittel, ich hoffte jetzt in Ochotino zu leben und zu arbeiten. Die Datscha hat nur drei Desjatinen Land, es ist kein Ackerland und kann kein Einkommen bringen … Hilfe, lieber Fedja, ich weiß nicht, an wen außer Dir ich mich wenden kann …« Für kurze Zeit bekam Korowin die Datscha zurück, doch später wurde sie ihm definitiv weggenommen. Noch später emigrierte Korowin, wie auch Schaljapin, ins Ausland.

Doch nicht allen nahm man die Datschen weg – sie wurden, im Gegensatz zu allen städtischen Gebäuden, nicht grundsätzlich verstaatlicht. Eigentlich im Widerspruch zu den bolschewistischen Ideen wurde ausgerechnet diese luxuriöse Zweitwohnsitz-Immobilie als solche erhalten und in die neue Welt mitgenommen. Ideologisch passte sie zwar nur schlecht in das sowjetische System – doch es blieb, wie es war: Die Datscha durfte Privateigentum bleiben.

Zwar war dieses erlaubte Eigentum streng limitiert und konnte bestimmte Grenzen nicht überschreiten. Mit dem Ende des Bürgerkrieges 1921 wurde das gesetzlich geregelt. Ein Erlass von 1922 gab die Kriterien an, nach welchen eine Datscha enteignet werden durfte: wenn es eine »Luxus-Datscha« war, das heißt, »eines der folgenden Merkmale besaß: Komfort (Wasserleitung, Badewanne, Elektrizität, Heizung); Extra-Dienstbauten (Pferdestall, Garage etc.); Garten, Park, größeres Grundstück, luxuriöse Ausstattung der Räume«. Das heißt, die Besitzer durften nur die kleinsten und einfachsten Datschen behalten. Doch wenn diese »in der gleichen Gegend« oder »auf dem gleichen Grundstück« mehrere Häuser hatten, wurde ihnen »nur ein Datscha-Bau« gelassen. So passierte es auch der Familie Rafalowitsch, mit deren Tochter Sofia der Künstler Kasimir Malewitsch verheiratet war. Mehrere Miet-Datschen, die der Familie in der populären Moskauer Siedlung Nemtschinowka gehörten, wurden enteignet, die eine, die sie behalten durfte, wurde für einen Teil der Familie sogar zum ständigen Wohnsitz.

Denn auch nach dem Erlass herrschte große Willkür, oft haben die Vertreter der neuen Macht an Ort und Stelle nach eigenem Gutdünken gehandelt: Datscha-Besitzer wurden vor die Wahl gestellt, entweder das städtische Wohnrecht oder die Datscha zu behalten. Manchen wurden nur ein paar Zimmer im Haus überlassen, die anderen fremden Leuten übergeben – die Besitzer wurden, wie es hieß, »verdichtet«. Es war damals der übliche Vorgang: In der Stadt wurde dies im Grunde mit allen Haus- und Wohnungsbesitzern praktiziert, dabei entstanden »Gemeinschaftswohnungen«, sogenannte *kommunalki,* deren Bewohner Küche, Bad und Toilette teilten.

Einen Teil der konfiszierten Datschen, wie zum Beispiel eine, in der einst Tschukowski lebte, übergab man den *datschnyje tresty,* den Datscha-Fonds, einer Art Liegenschaften, die diese Datschen (später bauten sie auch neue) an die »richtigen« Bürger günstig vermieteten. Für die anderen Datschen fand die Sowjetmacht ganz unterschiedliche Verwendungszwecke: Sie wurden zu Verwaltungsgebäuden, Kulturhäusern, zu Erholungsstätten und Sanatorien (vor allem die Datschen am Meer). Viele wurden zu Kindereinrichtungen – Heimen, Kindergärten, zu Schulen, wie zum Beispiel die Datscha von Korowin, zu Kindersanatorien, wie eine der Datschen von Schaljapin. Viele wurden zu kollektiven Datschen für städtische Kinder. Die Sowjetmacht sorgte nämlich dafür, dass jedes städtische Kind im Sommer aufs Land konnte. Schulen, Krippen und Kindergärten hatten drei Monate Ferien (wie auch heute noch), die Städte waren im Sommer völlig kinderleer. Dafür wurde mit der Zeit ein breites Netz von Ferienanlagen, Kindersanatorien und Pionierlagern aufgebaut. Für die Kleineren waren es Krippen- und Kindergartendatschen. Es waren meist extra gebaute kleine Anlagen aus einem oder mehreren Holzhäusern in den Vororten der Städte, die im Winter leer standen und wohin Krippen und Kindergärten, samt dem ganzen Personal, inklusive obligatorischen Krankenschwestern und Musikerzieherinnen im Sommer umzogen.

Manche der konfiszierten Datschen wurden nach der Revolution zu normalen Wohnhäusern: Man quartierte dort mehrere Familien zum ständigen Wohnen ein. Das passierte nicht selten, dadurch wurden viele Datscha-Siedlungen zu gewöhnlichen städtischen Vororten, in denen man jetzt nicht nur im Sommer, sondern teilweise das ganze Jahr über wohnte. In diesem Status existieren sie noch heute. Und noch heute erkennt man, dass der Ort nicht aus einem Dorf, sondern aus einer früheren Datscha-Siedlung entstanden ist: breite Alleen, auf den Grundstücken viele Bäume, hinter denen hier und da gelbe und rote Scheiben einer Veranda oder ein Türmchen einer verkommenen alten Datscha zu sehen sind. Ein immer seltener werdender Anblick, die Häuser vom Ende des 19., Anfang des 20. Jahrhunderts verschwinden mehr und mehr.

Nach der Revolution blieb also nur ein ganz kleiner Teil der Datschen im alten Besitz. Doch sobald das Leben in halbwegs normalen Bahnen verlief, wurden sie wieder benutzt – entweder verbrachten die Eigentümer dort selbst den Sommer, oder sie vermieteten. Bereits 1920 mietete Majakowski ein Haus bei einem gewissen Rumjanzew. Genau wie früher wurden die Datschen oft nach ihren Besitzern benannt, diesen Vermieter hat Majakowski sogar verewigt – im Titel seines berühmten Gedichtes, das man noch heute in der Schule auswendig lernt, »Das unglaubliche Abenteuer, welches Wladimir Wladimirowitsch Majakowski im Sommer auf der Datscha erlebt hat. *Puschkino, Akulowa Gora,* Datscha von Rumjanzew, 27 Werst von Moskau an der Jaroslawskaja Eisenbahn.« Im Gedicht beschreibt der Dichter, wie er, bei einer beliebten Beschäftigung der Datschniki aller Zeiten, dem Betrachten des Sonnenuntergangs, auf die Idee kam, die Sonne zu sich auf einen Besuch einzuladen. Und sie kam. Forderte sofort Tee und Konfitüre und blieb zu einem »ungezwungenen« Gespräch, während dem die beiden »über dies und jenes plauderten«, Majakowski bald der Sonne auf die Schulter klopfte und diese Majakowski »Genosse« nannte. Sie sprachen über die Schwierigkeiten der Arbeit eines Dichters und einer Sonne, und am Schluss formulierte Majakowski ihr gemeinsames Credo: »Leuchten – immer, leuchten – überall, bis ans Ende der Tage! Das ist mein Motto und das der Sonne!« Die Datscha ging also aus der »alten Welt« nicht nur nahtlos in den sowjetischen Alltag, sondern auch in die sowjetische Kunst ein.

Bereits Anfang der 1920er Jahren begann man wieder neue Datschen zu bauen. Es gab wieder eine kleine Schicht, die sich das leisten konnte – entweder waren es Menschen, die dank ihrer Position im sozialistischen Staat oder dank ihrer »wirtschaftlichen Tätigkeit« einen gewissen Wohlstand erreichten – es war die Zeit der *NEP*, der »Neuen Wirtschaftspolitik«, die sogar einige Elemente des Kapitalismus duldete. Doch die meisten Datschniki mieteten sich jetzt etwas für den Sommer bei den Bauern in Vorortsdörfern. Schon 1923 muss die Zahl der Datschniki wieder recht groß gewesen sein. Jedenfalls machte in diesem Jahr Majakowski zusammen mit dem berühmten Avantgardekünstler und Fotografen Alexander Rodtschenko für den Laden GUM am Roten Platz (das größte »Einkaufszentrum« damals) ein Werbeplakat, das an alle appellierte, »die von Datschen, aus Städten und Dörfern« kamen. Dabei hat Majakowski in der Skizze das Wort »Datschen« mit einem grammatikalischen Fehler geschrieben (das Sprachgenie hat seine Schulausbildung nicht beendet). Es ist ein Zettel des Dichters erhalten, den er Rodtschenko schickte: »Lieber Rodtschenko, ›s datsch‹ [›von Datschen‹] schreibt sich ohne Weichzeichen … Korrigier es bitte.« Mitte der 1920er Jahre war die Zahl der Datschniki so gewachsen, dass man wieder anfing, *datschnye sprawotschniki* – Führer zu Datscha-Orten – herauszugeben. 1928 schrieb der

Führer *Datschen und Umgebung Moskaus* mit einer Auflage von fünftausend Exemplaren über Tscherkisowo: »Der Vorteil dieser Gegend ist der Sandboden, der Nachteil – die Nähe einer Fabrik. Die Zahl der Häuser vom Bauernhaus-Typ beträgt etwa 200, die der speziellen Datscha-Bauten etwa 40. Die Letzten sind alle aus Holz und haben Terrassen und Öfen, viele haben elektrischen Strom. Die Post ist an der Kljasma, das Telefon bei der Fabrik, es gibt einen Laden, die Apotheke ist im Sommer an der Kljasma. Spaziergänge: Bolschewo – 4 km, Puschkino – 5 km ...« Die Führer enthielten auch Angaben über nahe liegende kulturelle Sehenswürdigkeiten oder Informationen wie »der beste Ort zum Angeln« oder »Wälder reich an Pilzen und Beeren«.

Nicht nur diesem Datschaführertext, sondern auch privaten Erinnerungen aus dieser Zeit merkt man den Wechsel der Staatsordnung im Land so gut wie nicht an. So beschreibt zum Beispiel Rodtschenko seinen Besuch bei Majakowski in Puschkino 1924: »Das war am Sonntag. Wir ... kamen am Mittag. Es waren schon etwa dreißig Leute da. Auf dem Tisch – Tee und Übriges. Jemand spielt ›Gorodki‹, auch Wolodja ... Auf dem Balkon waren auch Leute, in den Zimmern, im Garten – überall. Alle setzten sich zum Mittagessen an den Tisch, und als alle beim Eis waren, ging Wolodja raus. Ich ging auch raus ... und sah, dass auf der hinteren Haustreppe ein Eisverkäufer steht, einige Portionen ausgibt und sie auf den Boden stellt. Die Sache war: Skotik [Majakowskis Scotchterrier] hatte sehr gern Eis, und Wolodja schaute, dass der Eiscremeverkäufer nicht betrügt und ihm das ganze, für Skotik bestellte Eis auch gibt. Wolodja steht und schaut mit einer unglaublichen Zärtlichkeit, wie Skotik frisst und sich abschleckt.« Dann nahm Majakowski den Hund auf den

Arm, und Rodtschenko machte die berühmten Fotos von beiden.

Praktisch als Fortsetzung von Rodtschenkos Beschreibung des Datscha-Essens liest sich ein Gedicht von Majakowski selber – »Ein Datscha-Vorfall« –, das er drei Jahre später schrieb. Darin erzählt er, wie sich nach dem Essen die ganze Datscha-Gesellschaft auf den üblichen Spaziergang begibt. Viele Kinder sind dabei, über den Köpfen »Regenbogen-Bögen von Birken« ... Unterwegs erheitern sich alle, beginnen »Unsinn zu treiben« und »anzugeben«, die Männer zücken plötzlich aus den hinteren Hosentaschen Pistolen – »Mauser und Browning« – und schießen auf einen Baumstumpf. Nachher »gehen alle weiter im Klee spazieren, und das Gespräch nimmt wieder seinen Lauf«.

Spaziergänge in der Natur, Zusammensein mit Freunden, Spielen, »Unsinn-Treiben« – das Datscha-Leben ist in seinem Wesen zu Sowjetzeiten gleich geblieben. Auch viele Alltagsrituale blieben unverändert, und an manchen Datscha-Orten sah es beinahe so aus, als ob »nichts passiert wäre«. Die Menschenrechtlerin Jelena Bonner, die Frau von Andrei Sacharow, erinnerte sich an den Datscha-Sommer 1927, den sie als Mädchen im populären Sestrorezk am Finnischen Meerbusen verbrachte: Jeden Tag ging sie, wie schon Generationen von Datscha-Kindern zuvor, zur Bahnstation, um ihre Großmutter abzuholen. »An der Bahnstation wurde Eis verkauft ... Aus dem Bahnhofsrestaurant und aus dem ›Kursaal‹ hörte man Musik. Auf dem Bahnsteig gingen schön gekleidete Menschen hin und her ...« Nachdem die Großmutter angekommen war, gingen sie auf einem Sandpfad zur Datscha. Die Großmutter hatte »einen hellen Bastseidenmantel und einen hell-cremefarbenen Hut und als Spazierstock einen langen

Regenschirm, sie atmet speziell tief ein und sagt, dass es auf der Datscha sehr gut sei und in der Stadt sei es schwül«.

Doch in manchem war jetzt auch das Leben auf den Datschen ziemlich anders. Vieles verschwand daraus beinahe spurlos – professionelles Datscha-Theater, Sonntagsorchester, die zum »Promenieren« spielten, Datscha-Zeitungen. Auch Klingeln für die Dienerschaft sowie die Dienerschaft selber. Zwar konnte sich eine ganz kleine Schicht der neuen sowjetischen Elite eventuell eine Kinderfrau oder eine »Hausarbeiterin« leisten, aber die absolute Mehrheit der Datschniki bewältigte nun selber ihren Erholungsalltag. Dieser wurde aufgrund der Bedingungen der neuen Gleichheit sowieso viel bescheidener, einfacher, improvisierter, und in puncto Komfort – spartanisch. Alle komfortablen Datschen waren ja konfisziert worden – Wasserleitungen im Haus, Badewannen, Telefone verschwanden praktisch aus den Datschen bis zur Perestrojka.

Am Verschwinden waren auch Laientheater und -konzerte. Datschniki hatten jetzt natürlich viel weniger freie Zeit – sie blieben länger am Arbeitsort, und vor allem die früher müßigen Frauen, die immer schon der Motor des Datscha-Lebens gewesen waren, mussten nun auch selbst arbeiten. Aus den Datscha-Ehemännern sind schleppend-pendelnde Datscha-Eltern geworden (die Datscha-Lebensmittelversorgung wurde zu Sowjetzeiten noch schwieriger). Jetzt ließ es sich nun nicht »nach der Besprechung mit der Köchin« Theater proben oder bis drei Uhr morgens Romanzen üben. Nur Kindertheater und -konzerte sind nie ganz verschwunden. Die Erwachsenen stellten aufs Kino um – diese Möglichkeit gab es in vielen Orten.

Auch die Datscha-Fotos wurden allgemein rar – jetzt hatten die meisten nicht die Möglichkeit, einen Fotografen zu einer Session aufs Land zu bestellen, und ein eigener Fotoapparat war selten. In manchen Familienfotoalben, wo aus der Vorrevolutionszeit noch ein gutes Dutzend Datscha-Fotos erhalten sind, findet man aus den 1920er–1940er Jahren, wenn überhaupt, vielleicht ein, zwei Bilder. Mit zum Teil schon bekannten Sujets: Datschniki auf den Stufen des Hauses, im Boot. Und neue Motive: Ein Datscha-Junge posiert zusammen mit Dorfkindern, Datschniki spielen Fußball. Dieser wurde für lange Zeit neben Volleyball, später Federball, ein beliebtes Datscha-Spiel; Krocket und Tennis dagegen, als bourgeois angeprangert, waren so gut wie verschwunden.

Auch die Datscha-Geographie erlebte zur Sowjetzeit einen wesentlichen Einschnitt. Sestrorezk, wo Jelena Bonner als Kind lebte, lag am Finnischen Meerbusen. »Man konnte«, schreibt sie in ihren Erinnerungen, »lange den Strand entlanggehen und zu einer gestreiften Holzbude kommen, neben der ein Soldat mit einem Gewehr stand. Er sprach mit den vorbeikommenden Kindern und Erwachsenen, er schoss nie … Hinter ihm, nicht sehr weit am Strand, stand eine andere Bude, und dort ging ein anderer Soldat hin und her, aber dorthin durfte man nicht – diese Bude war schon ›Ausland‹.«

Dieses Ausland war Finnland. Nach der Revolution 1917 wurde es zu einem unabhängigen Staat, auf seinem Territorium blieben populäre finnische Datscha-Orte wie Kuokkala, Kellomäki, Terijoki. Viele Datschniki waren zur Zeit der Unabhängigkeitserklärung auf ihren Datschen, manche von ihnen, wie der Schriftsteller Leonid Andrejew und der Maler Ilja Repin, weigerten sich, in die Sowjetrepublik zurückzukommen, und sind so im wahren Sinne des Wortes in der Datscha-Emigration geblieben. Leonid Andrejew starb 1919 auf der berühmten »Villa Awans«. Er galt in der Sowjetunion als Emigrant – seine Werke wurden deswegen sehr lange wenig publiziert und mit Vorbehalt behandelt. Auch Ilja Repin blieb in Finnland auf seiner Datscha »Penaten«, obwohl die Sowjetregierung sich sehr um ihn bemühte: Ständig wurden »Gesandte« zu ihm geschickt, die versucht haben, ihn zu überreden, zurückzukommen.

Der Emigrant Fjodor Schaljapin wurde genauso von der Sowjetführung belagert. In den 1930er Jahren brachte man ihm sogar eine mündliche Botschaft von Stalin selber. »Er soll kommen. Wir geben ihm ein Haus, eine Datscha – zehnmal besser, als er vorher hatte!« – »Ihr gebt mir das Haus, die Datscha zurück?« soll der Sänger geantwortet haben. »Könnt ihr mir auch die Seele zurückgeben?« Er blieb im Ausland, wie auch sein Freund, der Maler Konstantin Korowin. Die Sowjetführung versprach übrigens vielen Emigranten, die sie ins Land zurücklocken wollte, neben der Wohnung eine Datscha. Und gab sie dann auch, das heißt, schenkte eine Luxus-Datscha, wie zum Beispiel dem zurückgekehrten Maxim Gorki.

Und denen, die nicht zurückkamen, blieben die Erinnerungen. Und die Nostalgie. Konstantin Korowin schrieb in den 1930er Jahren in Frankreich über die Moskauer Datschen seiner Jugend: »Diese Holzdatschen waren im Sommer poetisch ... Sie schauten wie neue Spielzeuge aus dem Wald heraus. In der Datscha roch es nach Kiefer, aus dem Wald und aus dem Garten kamen Düfte von Blumen und Heu. Es war schön, auf der Datscha zu leben – wie im Paradies.« Und als Fjodor Schaljapin schwer krank wurde, schrieb er an Korowin in einem Brief: »Wäre ich jetzt auf dem Dorf, wo du mir das Haus gebaut hast, wo ich oben mit offenen Fenstern schlief und wo es nach Kiefern und Wald roch, würde ich genesen.«

Auch andere, die im Ausland blieben, hegten ihre Erinnerungen an die Datscha. Viele Schriftsteller schenkten ihren literarischen Figuren, den russischen Emigranten irgendwo in Paris oder Berlin, eine Datscha-Vergangenheit. So beginnt Vladimir Nabokovs »Luschins Verteidigung« auf der Datscha, wo der Hauptheld als Kind wohnt und an die er sich später ständig erinnert. Auch bei Luschins Frau sind immer die Bilder des »Petersburger Datscha-Finnland« präsent, »das in ihrer Seele sogar als etwas noch Russischeres als Russland selbst blieb, vielleicht wegen der Holz-Datscha und Tannen ..., die jetzt als besonders russisch erschienen«.

Auch in Nabokovs erstem autobiographischen Roman *Maschenka,* dessen Hauptheld den Sommer auf einem Gut in einer Datscha-Gegend verbringt, wird wieder die ganze Atmosphäre der Datscha lebendig – mit Datscha-Zügen, Laienkonzerten irgendwo in einer Getreidedarre, mit der ersten Verliebtheit in eine Datschniza von nebenan, mit Rendezvous in Gärten und Parks ... »Da ist der Datscha-Garten, wo wir glücklich waren«, schrieb Nabokov in einem seiner frühen Gedichte.

DIE GABE DER SOWJETS

Und in der Sowjetunion lief das Datscha-Leben weiter. In den 1930er Jahren wurde es trotz der neuen sowjetischen Lebensweise, oder gerade dank ihrer, immer populärer. Vor allem unter der Intelligenzija. Jetzt floh man auf die Datscha nicht nur vor der »Hitze und Schwüle«, nicht nur aus der Enge der immer größer und industrieller werdenden Metropolen, son-

dern auch aus der Enge der überbevölkerten Gemeinschaftswohnungen und des überkollektivierten Alltags. Man floh
auch vor dem immer totalitärer werdenden stalinistischen Regime, vor dem ständigen »Big brother ist watching you«, vor
der Bespitzelung, vor dem Denunziantentum. Felder und
Wälder, die Ufer von Flüssen und Seen waren jetzt in jeder
Hinsicht die freisten Orte, und die Datscha selbst, sogar nur
ein gemietetes Zimmer mit einer Veranda, war für viele immer noch der privateste Lebensraum.

Es gab zwar Versuche, auch die Datscha zu kollektivieren.
Im Sommer 1930 lebte Jelena Bonner auf einer Datscha, in
einem zweistöckigen Haus, »wo in jedem Stock drei oder vier
Familien lebten – alles Parteifunktionäre aus Leningrad. Jede
Familie hatte ein Zimmer (manche zwei), jede hatte eine
kleine Veranda, und auf jedem Stock gab es eine gemeinsame
Küche, das war«, schreibt Jelena Bonner, »eine ›Datscha-Kom-
munalka‹.« Solche »Datschen-Kommunalki« fanden aber
überhaupt keinen Anklang, blieben sehr selten und waren
schnell wieder verschwunden. Auch Parteifunktionäre wollten ein separates Haus mit Grundstück für sich. Und gerade
sie konnten sich das am ehesten leisten.

Denn so gleich alle Sowjetbürger jetzt auch waren, manche
waren bekanntlich gleicher. Am »gleichsten« waren natürlich
die Parteiführung und die Nomenklatura, die viel mehr Möglichkeiten als andere Bürger hatten. Zwar drückten sich diese
Möglichkeiten weniger in Geld aus – unbegrenzt viel Geld
durfte niemand verdienen. Finanziell-materielle Unterschiede
waren, im Vergleich zu heute, wie man sagt, »ein halbes Würst-
chen groß«, die reale Spaltung der Gesellschaft bestand im Vor-
handensein eines ganzen Systems von Privilegien. Zu einem der
wichtigsten Privilegien wurde auch die »eigene« Datscha. Denn

der Staat regulierte jetzt, wer zu einer eigenen Datscha kommen konnte – aller Boden in der Sowjetunion war ja verstaatlicht, niemand konnte sich ein Grundstück kaufen. Man konnte nur es vom Staat »bekommen«.

Damit erhielt das Wort »Datscha«, obwohl kaum ein Sowjetbürger das noch wusste, wieder seinen ursprünglichen Sinn: in der Bedeutung »Boden-Lehen«. Und die Geschichte der Datscha landete wieder dort, wo sie 1710 unter Peter dem Großen angefangen hatte: Der Staat *gab* den Bürgern *zur Nutzung* Land, auf das sie auf eigene Kosten Häuser bauen konnten.

Doch einige mussten sich die Datscha nicht einmal bauen. Die ganze höchste Etage der sowjetischen Führung hatte *kasjonnye* – staatliche Datschen. In den 1930er Jahren wurde das System solcher *gosdatschi,* wie man sie heute nennt, stark ausgebaut. Es waren großzügig gebaute Häuser auf oft mehreren Hektar großen Grundstücken. Zwar konnte eine Gosdatscha jederzeit weggenommen werden, zwar war dort, von den Möbeln bis zum Geschirr, alles staatlich und trug sogar Inventarnummern, doch solange man seinen Posten behielt, konnte man das alles uneingeschränkt nutzen.

Viele dieser Datschen waren immer noch die alten enteigneten Sommerhäuser aus der Vorrevolutionszeit. Zum Beispiel in einer der Villen der Ölmagnatenfamilie Subalow, die sich anfangs mehrere sowjetische Führer teilten, blieb später nur die Familie des Ministers Anastas Mikojan. Noch in den 1950er Jahren blieb dort, wie sich Stalins Tochter Swetlana Allilujewa erinnerte, »alles so, wie es die früheren, ins Ausland emigrierten Besitzer ließen: … Im Haus – Marmorstatuen, die seinerzeit aus Italien gebracht worden waren; an den Wänden – alte französische Gobelins; in den Fenstern der unteren Zimmern – farbige Glasscheiben. Der Park, der Garten,

der Tennisplatz, die Orangerie, die Treibhäuser, der Pferdestall – alles blieb, wie es war.« Auch der Lebensstil blieb wie in
den Vorrevolutionsjahren. Nicht nur weil hier weiterhin geritten, Billard und Tennis gespielt wurde, sondern weil es auf allen
Gosdatschen die dazugehörende Dienerschaft gab, die, je nach
dem Rang des Funktionärs, aus Gärtnern, Köchen, Putzfrauen
und Zimmermädchen bestand, und natürlich aus Wächtern.
Vor allem in der zweiten Hälfte der 1930er Jahre, als die härteste
Phase des Stalinismus begann, wurden die Gosdatschen besonders gut bewacht, sie wurden auch mit den hohen, undurch-
sichtigen Zäunen umgeben, die Datschen bislang nie gehabt
hatten. Bei besonders wichtigen Führern gab es vor den Datschen Patrouillen, und bei ganz wichtigen wurde – durch Miliz
und »Personen in Zivil« – die ganze Gegend kontrolliert. So
konnte auf einer Datscha kein Attentat mehr verübt werden.

Stark kontrolliert wurde auch die ganze Gegend entlang
der heutigen Chaussee, wo viele wichtige Führer wie Mikojan
und Stalin selbst wohnten. Gerade deshalb galt *datschnoje na-
prawlenije,* diese Datscha-Richtung, als »staatlich« und »pri-
vilegiert« – hier, etwa 15 Kilometer von Moskau entfernt, befand sich seit 1919 Stalins Datscha Subalowo.

Zuerst wurde dort ein mehr oder minder gewöhnliches
Familien-Sommerleben gelebt. Dort verbrachte Stalin Zeit
mit seiner Frau und seinen Kindern aus zwei Ehen, es kamen
Verwandte der zweiten sowie der ersten verstorbenen Frau auf
längere Besuche. Das große Haus erlaubte es. Platz genug bot
auch das riesige Waldgrundstück. Dessen ursprünglicher
»Wildwald-Look« gefiel Stalin jedoch nicht, es war wohl zu
unüberschaubar: Er ließ den Wald lichten und verlegte
Schneisen. Außerdem wurden große Flächen mit Obstbäu-
men bepflanzt, man hatte in großen Mengen Erdbeeren,

Himbeeren, schwarze Johannisbeeren. Langsam wurde aus der klassischen Datscha in Subalowo ein kleiner Gutshof: Es wurden Fasane, Truthähne und Enten gezüchtet; man hielt Bienen. Stalin behielt, schrieb seine Tochter Swetlana Allilujewa, sein ganzes Leben lang Interesse an der Natur. Doch »das war ein praktisches Interesse, im Grunde ein tief bäuerliches. Er konnte nicht die Natur einfach anschauen, er musste darin arbeiten, ständig etwas gestalten.« Mit Hilfe der Gärtner, versteht sich. Auch hier hat er nur die Führungsrolle ausgeübt: So etwas wie eine Schaufel, schrieb seine Tochter, nahm er nie in die Hand, nur manchmal schnitt er mit der Gartenschere trockene Äste.

Nach dem Selbstmord seiner zweiten Frau Nadeschda zog Stalin 1932 aus Subalowo aus, er ließ sich eine andere Datscha in Kunzewo am Rande von Moskau bauen. Subalowo, die jetzt die »weite« Datscha genannt wurde, überließ Stalin seinen Kindern. Er besuchte sie sonntags, doch die meiste Zeit wohnte er allein auf der »nahen« Kunzewo-Datscha, wohin er bald praktisch aus dem Kreml umzog und wo er jetzt den größten Teil des Jahres verbrachte. Dort arbeitete er auch meist und ließ für Treffen und Sitzungen den ganzen Apparat zu sich kommen. Ab der zweiten Hälfte der 1930er Jahre regierte Stalin im Grunde das ganze Land von seiner »nahen« Datscha aus.

Mit der Zeit legte sich Stalin immer neue Datschen zu, auch im Süden, so zum Beispiel eine Lieblings-Datscha in Sotschi am Schwarzen Meer. Diese, wie manche andere auch, wurde neu erbaut, andere waren alte, nach der Revolution verstaatlichte Sommerresidenzen. Heutige Historiker zählen etwa 15 Gosdatschen, die Anfang der 1950er Jahre (fast) ausschließlich für Stalin »reserviert« waren.

Doch musste sich keineswegs nur die höchste Sowjetführung die Datschen nicht bauen. Für die niedrigere Etage der Nomenklatura gab es *wedomstwennyje* oder *sluschebnyje datschi* – Dienst-Datschen. Diese baute eine Behörde oder staatliche Einrichtung, zum Beispiel ein Ministerium, und stellte sie ihren Beamten, natürlich solchen, die hohe Posten bekleideten, zur Verfügung. Auf diesen Datschen gab es in der Regel keine Einrichtung und keine dazugehörende Dienerschaft, und man musste dafür meist eine, wenn auch rein symbolische, Miete bezahlen. Aber im Grunde waren sie so gut wie kostenlos – man sagte auch immer: Jemand »bekam« eine Datscha, sie wurde »gegeben«. So fungierte das Wort Datscha wieder in seiner weiteren, zu jener Zeit auch schon veralteten Bedeutung – im Sinne von »das Gegebene«, »die Gabe«. Und sogar in der Bedeutung »Geschenk«: Die Sowjetführung verschenkte auch Datschen – als eine exklusive und seltene Auszeichnung.

Diese ging in den Privatbesitz über. Mit einer Datscha konnte zum Beispiel ein Schriftsteller für ein besonders linientreues Buch ausgezeichnet werden. Zum Datscha-Besitzer wurde auch die Propaganda-Ikone der Sowjetmacht, der Bergarbeiter und Namensgeber der Stoßarbeiter-Bewegung, Alexei Stachanow (zu dieser Zeit holte man ihn nach Moskau, und er arbeitete in einem Ministerium). Ende der vierziger Jahren schenkte die Regierung allen *akademiki* (Mitgliedern der Akademie) Datschen mit allem Komfort, sowie auch einer Gruppe von Atomphysikern, unter anderem dem damals noch loyalen Andrei Sacharow – wie man sich so sagte, für die Herstellung der Atombombe.

Auch Dmitri Schostakowitsch bekam eine Datscha zum Geschenk. Er gehörte zu jenen Starkünstlern, die sich nur schlecht auf die richtige Parteilinie oder mit dem Geschmack der »Führer« in Einklang bringen ließen. Mit ihnen tat sich die sowjetische Führung sehr schwer: Mal wurden sie hochgepriesen, mal kritisiert, mal mit höchsten staatlichen Preisen ausgezeichnet, mal organisierte man gegen sie richtige Hetzkampagnen. Gerade nach so einer Verfolgungszeit, als Schostakowitsch seine Arbeitsstellen in Konservatorien verlor und seine Werke in der Sowjetunion nicht mehr gespielt wurden, zeigte Ende der 1940er Jahre Stalin dem Komponisten wieder einmal seine Gunst: Schostakowitsch bekam wieder die Möglichkeit zu unterrichten, eine gute Wohnung und eine Datscha in Bolschewo. »Das war ein unansehnliches Holzhaus«, erzählte Schostakowitschs Tochter Galina, »doch der Vater liebte diesen Ort, dorthin konnte er sich zum Arbeiten zurückziehen.« Galina erinnerte sich, wie ihr Vater einmal in Bolschewo eine Filmmusik komponieren musste, hatte aber, wie es so oft allen Datschniki bei ihrem ständigen Hin- und Herfahren zwischen zwei Wohnorten passiert, etwas vergessen, nämlich den Schnittplan des Filmes. »Er musste zu Hause anrufen, ich habe dieses Blatt gefunden und diktierte: ›Also, … ein Trolleybus auf einer Moskauer Straße – sechs Minuten. Die weiße Stille – drei Minuten …‹ Diese ›weiße Stille‹ hat den Vater besonders amüsiert. Er sagte: ›Wie soll man bitte in der Musik so etwas wie die weiße Stille ausdrücken?‹«

Schostakowitsch verbrachte seine Sommer auch auf verschiedenen, meistens Miet-Datschen bei Leningrad, wo er teilweise lebte. Diese Datschen waren ganz schlicht – fließendes Wasser gab es keines, wie eben auf den meisten Datschen damals. An eine der Datschen erinnerte sich Galina: »Jeder Morgen … fing damit an, dass der Vater mit einem nicht sehr großen Eimer zum Brunnen ging.« In Bolschewo gab es aber richtige Probleme mit dem Wasser. »Trinkwasser«, erzählte Galina, »wurde von irgendwo weit weg hergebracht, neben dem Haus grub man Brunnen, aber ohne Erfolg. Und dem Vater war Sauberkeit wichtig, er wusch sich ständig die Hände und hatte überhaupt eine besondere Beziehung zum Wasser.« Als Schostakowitsch 1960 beschloss, eine Datscha mit allem Komfort (auch damals noch eine Seltenheit) zu kaufen, begann er deshalb im Badezimmer mit der Besichtigung des Hauses. »Er probiert den Hahn, Wasser läuft ins Becken. Er schaut ins WC, zieht an der Kette – Wasser rauscht. Nachher erklärt der Vater: ›Ich kaufe diese Datscha.‹ Er stieg nicht in den zweiten Stock, schaute nicht, wie es mit dem Dach, mit dem Keller steht.« Die Datscha, die Schostakowitsch kaufte, gehörte übrigens zuvor einem Atomphysiker, der sie vom Staat geschenkt bekommen hatte. Auch Schostakowitsch hätte seine »geschenkte« Datscha in Bolschewo verkaufen können, doch er gab sie, obwohl er das gar nicht musste – und das ist der einzige bekannte Fall dieser Art – an den Staat zurück. Und zog nach Schukowka um, damals schon eine Prominenten-Datscha-Siedlung.

Nicht nur die Datscha als solche, sondern auch so eine traditionelle Einrichtung wie die Datscha-Siedlung hat die Sowjetunion vom »alten Leben« geerbt. Man baute sie bereits seit Mitte der 1920er Jahre. Wie alles, musste auch diese »administrativ-territoriale Einheit« in das sowjetische System eingeordnet werden. Eine Bestimmung von 1927 gab ihr die nötige juristische Legitimation und ideologische Rechtfertigung. »Als Datscha-Siedlungen«, hieß es darin, »werden Wohnorte anerkannt, die außerhalb der Stadtgrenze liegen und deren Hauptaufgabe in der Bedienung der Städte als Sanatoriumspunkte besteht, oder als Orte der Sommererholung.« Die meisten Siedlungen wurden als vom Sozialismus tolerierte Genossenschaften organisiert, als *datschno-stroitelny kooperativ* – Datscha-Bau-Kooperativen. Um die Städte herum wuchsen wieder Orte, die nur im Sommer besiedelt waren und im Winter leer standen.

Die sowjetischen Siedlungen wiederholten nicht nur das »Vorrevolutionsmuster«, sondern rückten sogar den Ursprüngen der Datscha in einer Hinsicht näher: Genauso wie Peter der Große an der Petergofskaja Perschpektiwa allen gleich große Landpartien »aufschnitt«, bekamen alle in den sowjetischen Siedlungen in der Regel etwa gleich große Grundstücke. Im Vergleich zu Peters Zeiten waren sie jetzt natürlich alle gleich »klein«. Im besten Fall (bei der sowjetischen Elite) konnte ihre Größe etwa einen Hektar betragen, die üblichen waren viel kleiner.

Als eine der ersten entstand 1926 die »Datscha-Kooperative der Arbeiter der Wissenschaft und Kunst«, abgekürzt RANIS – in Nikolina Gora bei Moskau. Deren Mitglieder waren die Intelligenzija-Prominenz – bekannte Schauspieler, Musiker, Maler –, aber auch bekannte Rechtsanwälte, Professoren sowie später auch hohe Parteifunktionäre. In den 1940er und 1950er Jahren lebte hier der aus der Emigration zurückgekehrte Sergei Prokofjew, später der Pianist Swjatoslaw Richter.

Doch solche bunt gewürfelten Siedlungen waren nicht sehr typisch, die meisten entstanden auf der Basis von Arbeitgeberorganisationen, Gewerkschaften und Ähnlichen. Diese bekamen vom Staat das Land und verteilten es unter ihren Mitgliedern und Mitarbeitern weiter. (Als Einzelperson war es schwieriger, an Boden zu kommen, wenn auch möglich.) Manchmal wurden von Arbeitgeberorganisationen, wie zum

Beispiel von der populären Zeitung *Literaturnaja Gaseta*, auch eigene Miet-Datscha-Siedlungen gebaut.

In der Sowjetzeit blieb man auf der Datscha nicht nur, wie früher, in seinen eigenen Kreisen, jetzt bekam das Leben in den Siedlungen sogar einen Zunftcharakter. In den kompakten Kolonien wohnten Ärzte, Künstler, ganze Zeitungsredaktionen und Fachleute der Schwerindustrie. Es gab Siedlungen »Der alten Bolschewiken«, des Ministerrates, des ZK der KPdSU. Die »Mitschurinez« baute die Landwirtschaftsakademie, »Trjochgorka« die gleichnamige Textilfabrik. An die alte Sagorjanka-Siedlung wurden die Datschen einer Kugellagerfabrik angebaut. Doch die Siedlungen der Arbeiterkollektive blieben relativ selten. Die meisten gehörten auch nicht der Nomenklatura, sondern der Intelligenzija. Und es war auch fast ausschließlich die Intelligenzija, die die Datschen mietete.

Was das Leben in den sowjetischen Siedlungen und Datscha-Orten anbetrifft, war es nicht viel anders als immer schon, nur die traditionelle Infrastruktur wurde jetzt weniger ausgebaut. Vielerorts gab es, vor allem anfangs, so gut wie nichts oder nur rudimentär eingerichtete Kinderspiel- und Sportplätze für Fußball und Volleyball. Getanzt wurde, wenn überhaupt, öfters auf einer Wiese zum Koffergrammophon oder Akkordeon, später zum Schallplattenspieler und Tonbandgerät, wie zum Beispiel in Mitschurinez auf dem *pjatatschok,* einer Wiese am Rande der Siedlung, auf der die Jugend bis zu Anfang der 1960er zu tanzen pflegte.

Doch es gab Orte, wo die Datscha-Traditionen weiter intensiv gepflegt wurden. Ende der 1930er Jahre gab es zum Beispiel in Sagorjanka gut eingerichtete Fußball-, Volleyball- und Tennisplätze, Tanzveranden, ein Sommertheater für etwa

300 Plätze – wohin mit Konzerten und Aufführungen Moskauer Künstler kamen. Auch in Nikolina Gora war ziemlich viel los – es gab ein Klubhaus mit einer angebauten offenen Konzertbühne, wo Musiker der Siedlung, unter anderem Richter, mit Datscha-Konzerten auftraten. »Einheimische« Datschniki traten auch mit Vorlesungen zu Wissenschafts- und Kunstthemen auf. Es gab auch eine öffentliche Datscha-Bibliothek und für Kinder Mal-, Fremdsprachen- und Ballettgruppen. Zu Sowjetzeiten sah das »öffentliche« Datscha-Leben überall ein bisschen anders aus – es kam sehr auf die Leute an. Denn die Datscha war nicht von oben organisiert und war völlig der Initiative der Datschniki überlassen. Die Datscha war im Grunde einer der wenigen Lebensbereiche, wo die Kommunistische Partei ihre Führungsrolle nicht ausgeübt hat und der Staat auch nicht den Anspruch hatte, alles vorzubestimmen.

Das Einzige, was der Staat vorgab: Die Datschniki mussten sich erholen. Sie durften nicht arbeiten, die Datscha als wirtschaftliches Objekt benutzen, das heißt keine Profite und Einkommen gewinnen, das hätte eine zweckentfremdete Nutzung der Datscha bedeutet. Die zutreffende staatliche Bestimmung betonte ja, es sei ein »Erholungsort«, und räumte ein, »nicht mehr als 25 % der erwachsenen Bevölkerung durfte landwirtschaftliche Tätigkeiten ausüben«. Das war natürlich schwer kontrollierbar, aber die »landwirtschaftlichen Tätigkeiten« hatten sowieso keine große Datscha-Tradition. Die Gartenarbeit gehörte auch in den ersten Jahren der Sowjetunion nicht zu den verbreitetsten Hobbys der Datschniki. Die meisten von ihnen wohnten ja auf Miet-Datschen, wo sie sowieso kein Nutzland zur Verfügung hatten.

Und auf eigenen Datschen wuchsen gewöhnlich Apfelbäume, vielleicht ein paar Pflaumen- oder Sauerkirschbäume, einige Stachelbeer- und Johannisbeersträucher. Das brauchte keine besondere Pflege und wuchs bei vielen mehr oder weniger von allein. Manchmal gab es auch pflegeintensivere Pflanzen – Himbeeren, Erdbeeren, Gurken, Dill, Petersilie. Doch meist blieb das ganze recht amateurhaft, nur wenige betrieben es mit Sachkenntnis. Wie zum Beispiel der frühere Bergarbeiter und spätere Funktionär Alexei Stachanow: »Der Vater hatte starkes Dorfblut. Was alles bei uns auf den Beeten im Gemüsegarten wuchs! Alle kamen es bewundern«, erinnerte sich seine Tochter. Aus seinem Heimatdorf brachte Stachanow sogar ein Ferkel auf die Datscha. »Der Vater sagte: Ich werde es erziehen …, und umzäunte für es auf der Datscha ein großes Stück Land.« Ein Schwein auf der Datscha, das war natürlich sehr extravagant …

Nicht weniger ausgefallen wirkte auf seine Umgebung der Schriftsteller Boris Pasternak, auch ein leidenschaftlicher Hobbygärtner. »Da steht er vor der Datscha auf dem Kartoffelfeld, in Stiefeln …, im Hemd mit hochgekrempelten Ärmeln, den Fuß auf eine Schaufel gestemmt, mit der er den Boden umgräbt. Dieser Anblick passt überhaupt nicht zusammen mit der Vorstellung von einem raffinierten modernen Poeten«, schrieb ein Datscha-Nachbar von Pasternak und unterstellte ihm sogar ein gewisses Kokettieren mit seiner Gartenarbeit. Dieser Nachbar war ein anderer Schriftsteller – Valentin Katajew. Beide wohnten in Peredelkino, der berühmten Datscha-Siedlung der sowjetischen Literaten.

In dem Kultroman von Michail Bulgakow *Der Meister und Margarita,* den er in den 1930er Jahren schrieb, gibt es eine Szene, wo Mitglieder der Verwaltung der Schriftsteller-Organisation MASSOLIT, an einem heißen Frühlingstag in Moskau schmachtend, über einen »wunden Punkt«, über »ihre« Datscha-Siedlung sprechen. Ihr Gespräch ist eigentlich ein Gemecker, weil die meisten Anwesenden keine Datscha dort haben. Man soll nicht neidisch sein, meint eine Schriftstellerin, denn »es sind nur 22 Datschen, und noch 7 sind im Bau, und bei MASSOLIT sind wir dreitausend … Was soll man da machen? Es ist klar, dass die Datschen die talentiertesten von uns bekommen haben …« »Generale!« mischt sich ein Drehbuchautor in den Streit. Worauf ein Schriftsteller »künstlich gähnte und aus dem Zimmer ging«. »Ist allein in fünf Zimmern«, sagte jemand in seinen Rücken. »Lawrowitsch ist allein in sechs!« schrie der andere. »Und das Esszimmer ist mit Eichenholz getäfelt.«

Ziemlich genauso hat es auch in der Realität ausgesehen. 1934 wurde auf Gorkis Initiative und auf Stalins Befehl die Schriftsteller-Datscha-Siedlung Peredelkino in der Nähe von Moskau gegründet. Das soziale Prestige einer Gruppe in der Sowjetunion konnte man immer den Datschen ansehen. In so einem literaturzentristischen Land wie Russland, was auch die Sowjetunion blieb, war das gesellschaftliche Renommee der Schriftsteller etwa mit dem der Admirale vergleichbar: In der Tat standen in Peredelkino auch einige Datschen von Admiralen. Nur eine Matrosenwache am Tor, riesige Antennen und Meuten von Wachhunden, die jeden Vorbeigehenden von unterhalb des Tors ausbellten, verrieten dies – sonst würde ein Fremder diese Datschen von denen der Schriftsteller nicht unterscheiden.

Von den Schriftsteller-Datschen gab es, als *Der Meister und Margarita* geschrieben wurde, etwa 30 sehr großzügige, im klassischen Datscha-Stil gebaute Häuser von 5 bis 7 Zimmern, die auf nicht weniger großzügigen Waldgrundstücken standen. Sie alle gehörten dem LITFOND, einer »wirtschaftlichen Struktur« des Schriftstellerverbandes, die den Schriftstellern die Datschen für eine symbolische Miete lebenslänglich zur Verfügung stellte. Dort wohnten wirklich die »Generäle« der sowjetischen Literatur – Literaturfunktionäre höchsten Ranges; die linientreusten »Ingenieure der Menschenseelen«, wie Stalin oft wiederholte.

Doch den Ruhm verdankt Peredelkino natürlich nicht ihnen, sondern Schriftstellern und Dichtern wie Pasternak, Ilf und Petrow, Katajew, Jewtuschenko und anderen, die wirklich als »talentierteste« galten. Und die natürlich, wenigstens anfangs, der Macht gegenüber ausreichend loyal waren. Der Dichter Ossip Mandelstam, der es nicht war, bekam nicht eine fürstliche Datscha, sondern wurde in den Gulag geschickt, wo er starb. Auch so ein »Unangepasster« wie Bulgakow konnte mit Peredelkino nicht rechnen.

Doch Boris Pasternak, der – wie viele – anfangs die Revolution und die neue Macht unterstützte, der lange auch als der sowjetische Dichter Nummer eins galt und sogar Lobgedichte Stalin widmete, bekam in Peredelkino eine der schönsten Datschen. Sie lag am Rande der Siedlung vor einem Feld, an dessen anderem Rand der Wald zu sehen war, und dort zwischen den Bäumen die goldene Kuppel einer Kirche. Dort lebte er fast drei Jahrzehnte, in den letzten Jahren praktisch ständig, das ganze Jahr hindurch, dort schrieb er einen großen Teil seiner Gedichte und den Roman *Doktor Schiwago*. Dort las er ihn seinen Freunden vor, woran sich Valentin Katajew erinnerte: »Alles war in den Traditionen der alten guten russischen Literatur: die verglaste Datscha-Terrasse, die verstrubbelten ergrauten Haare des Schriftstellers, Zuhörer, die am langen Teetisch sitzen und hinter den Scheiben der Terrasse – mehrere schon recht gereifte, hochgewachsene Sonnenblu-men mit schwarzen Antlitzen ...« In Peredelkino erfuhr Pas-ternak, dass sein Roman als nicht linientreu in der Sowjet-union nicht publiziert werden durfte, aber auch von der Verleihung des Nobelpreises. Hier bekam er Gratulationen, hier wurde er durch öffentliche Hetze an den Rand eines Ner-venzusammenbruchs gebracht und schrieb den Brief an das Nobelpreiskomitee, in dem er auf den Preis verzichtete. Trotzdem wurde er aus dem Schriftstellerverband ausge-schlossen, was gleichzeitig ein Publikationsverbot und den Verlust der Datscha bedeutete. Gleich nach der Nachricht über seinen Ausschluss fragte Pasternak seine Datscha-Nach-barin, Lydia Tschukowskaja: »Meinen Sie, sie werden mir jetzt die Datscha wegnehmen?« Doch das tat man nicht. Nach dem Tod des Schriftstellers konnte sogar seine Familie, was nur selten geschah, in der Datscha bleiben.

Lydia Tschukowskaja lebte in der Schriftsteller-Siedlung bei ihrem Vater Kornei Tschukowski, der über 30 Jahre eine der wichtigsten Figuren und eines der »Lebenszentren« von Pere-delkino war. Er zog 1938 hierher, als er schon nicht nur ein be-rühmter Literaturkritiker, Übersetzer und Publizist war. Er war eine legendäre und allgemein hochrespektierte »literarische Persönlichkeit« und – vor allem – der beliebteste, der popu-lärste, obwohl immer wieder scharf kritisierte, Kinderdichter. Seine Kinderpoesie, mit der er noch in Kuokkala begann, ist heute noch A und O der russischen Kinderliteratur – es gibt wohl keinen Russen, der damit nicht aufgewachsen wäre.

Dmitri Lichatschow sagte über Tschukowski, dass er sei-nen »schlingelhaften Kuokkala-Charakter« bis zum Ende sei-nes Lebens nicht verloren hat. Der Kuokkala-Geist lebte bei

Tschukowski auch in Peredelkino, das er zu seinem ständigen Wohnort machte. Hier führte er seine *Tschukkokala* weiter, wo viele seiner berühmten Gäste und Nachbarn, von Solschenizyn bis Jewtuschenko, ihre nicht seriösen oder lustigen Stegreifgedichte eintrugen. Sogar der Nachbarshund, der Tschukowski immer auf Spaziergänge begleitete, hinterließ im Almanach ein längeres Gedicht – »niedergeschrieben« von einem Dichter.

Tschukowski pflegte auch die alte Kinder-Datscha-Tradition: Er führte bei sich im Garten jährliche Sommerabschlussfeste durch, zu denen Kinder aus der ganzen Gegend zusammenkamen. Dort traten bekannte Schauspieler, Sänger, Kinderdichter auf, es wurde gesungen und getanzt – am Schluss um ein großes Feuer herum; für dieses brachte jedes Kind als Eintrittsgebühr einen Tannenzapfen mit. Tschukowski baute auf seinem Grundstück auch eine Kinderbibliothek, die gleichzeitig ein Kinderkulturzentrum war, dort fanden Lesungen statt, Malwettbewerbe und Ausstellungen.

Doch vor allem lebte der alte Kuokkala-Geist in Tschukowskis Kinderpoesie weiter – in seinen schlingelhaften, vor Phantasie und Aberwitz sprühenden Gedichten und Versmärchen. »Ich lebe auf der Datscha in Peredelkino, das liegt nicht weit von Moskau« – beginnt sein Märchen »Bibigon«. »Mit mir lebt ein winziger Liliput, Daumen-Junge, der Bibigon heißt. Woher er gekommen ist, weiß ich nicht. Er sagt, er sei vom Mond runtergefallen …« Dieser Bibigon ist ein gutherziger Junge, aber ein Bengel und Angeber und ein unermüdlicher Abenteurer – er kämpft gegen den bösen Truthahn, schwimmt in einem Gummischuh im Bach und erlebt eine Reihe von Datscha-spezifischen Geschichten: Einmal verschwindet er bei Nachbarn, tanzt dort den ganzen Abend

mit einer grauhaarigen Ratte und mit einem jungen Spatzen-
fräulein, dann spielt er mit Mäusen Fußball, kommt erst
beim Morgenrot zurück und schläft in einer Hundehütte ein.
Wo er die Nacht verbracht hat und was er gemacht hat, dass
er es gerade bis zur Hundehütte geschafft hat, wird ver-
schwiegen.

TIMUR UND SEIN TRUPP

Nicht nur Tschukowski, auch andere Kinderschriftsteller haben die Datscha geliebt und ließen dort Mädchen und Jungen
zahlreiche lustige Datscha-Abenteuer erleben. In der Erzählung »Mischkas Brei« von Nikolai Nossow, einem Klassiker
aus den 1940er Jahren, versuchen zum Beispiel zwei Jungen,
die für ein paar Tage allein auf der Datscha geblieben sind,
sich Brei zu kochen. Sie schlagen sich damit vom Abend bis
fast zum Morgengrauen rum: Zuerst legen sie in den Topf zu
viel Graupen, die sie wegen ihres Anschwellens stundenlang
aus dem Topf löffeln müssen; dann geht ihnen das Wasser
aus, und sie versuchen, es in der Dunkelheit – mit Müh und
Not – aus dem Brunnen zu holen. Dabei versenken sie einen
nach dem anderen einen Eimer, dann einen Teekessel. »Womit sollen wir denn jetzt Wasser holen?« fragt der eine. »Mit
dem Samowar«, sagt der andere. »Nein, es ist besser, den Samowar einfach so in den Brunnen zu werfen, mindestens er-
spart man sich so die Mühe …« Bis zum Ende der Nacht erleben die Jungen noch einiges.

Auch später wird die Datscha-Kinderliteratur oft lustige

Abenteuer erzählen, ob die sehr populären Erzählungen von Wiktor Dragunski in den 1960er Jahren oder die Novellen von Waleri Medwedjew in den 1970ern. Sie alle knüpfen an die Tradition der Datscha-Geschichten aus den *Erzählungen für Kinder* von Michail Sostschenko aus den 1930er Jahren. Ihre Handlung spielt Anfang des 20. Jahrhunderts in der Vorrevolutionszeit, doch auch heute noch werden sie immer neu aufgelegt und gelten als Klassiker.

Das berühmteste Datscha-Kinderbuch ist aber *Timur und sein Trupp* von Arkadi Gaidar aus dem Jahr 1940. Nach diesem Buch (und dem Film, der im gleichen Jahr herauskam) entstand im Land eine ganze Timur-Pionierbewegung, und in die russische Sprache ging das Wort *timurowez* ein, das bis heute, zwar meist ironisch, gebraucht wird. Die Novelle wird heute noch in vielen Schulen als Hauslektüre gelesen, ist aber auch für Erwachsene empfehlenswert, denn es ist ein spannendes literaturhistorisches Dokument – ein einmaliger Hybrid aus der sowjetischen Erziehungs- und Propagandaliteratur und einem klassischen Datscha-Text. Sie veranschaulicht auch, wie der kulturelle Code der Datscha an die Kinder weitertransportiert wird. Und außerdem ist es eine kleine Enzyklopädie des sowjetischen Datscha-Alltags und der Datscha-Sitten der 1940er Jahre.

Zwei Schwestern – Olga, 18, und Schenja, 13 –, die Töchter eines »roten Kommandeurs«, der im Krieg kämpft, leben allein in Moskau und fahren auch allein für den Sommer auf die Datscha. Die Datscha-Saison beginnt, womit sie schon vor hundert Jahren begonnen hat – mit einem Umzug (jetzt mit dem Lastwagen), dann mit langem Hausputz. Dafür engagiert die junge Datschniza Olga eine »alte, aber noch muntere« einheimische Frau. Olga selbst geht inzwischen in den

»verwilderten alten Garten«. »Auf den Stämmen der von Spatzen abgepickten Kirschbäume glänzte heißes Harz. Es roch stark nach Johannisbeere, Kamille und Wermut. Das mit Moos bewachsene Dach der Scheune hatte Löcher ...« Löcher weist auf der Datscha des sowjetischen Obersten auch der Zaun auf. Durch eines kommt, wenn Olga in der Dämmerung auf dem Akkordeon zu spielen beginnt, ein junger Mann und hört begeistert aus dem Gebüsch zu. Olga entdeckt ihn und schickt ihn fort, bittet jedoch zugleich, sie zur Bahnhofstation zu begleiten, von wo sie die Schwester abholen muss. So ungezwungen ist inzwischen die Datscha-Lockerheit geworden – man kommt nicht nur uneingeladen durch Zaunlöcher rein, sondern auch erst unterwegs erfährt Olga, dass der Mann Grigori heißt. Er ist Ingenieur und ein Nachbar.

Und bei ihm auf der Datscha wohnt sein Neffe Timur. Der Junge hat Datscha-Kinder in einem Trupp organisiert, der allen Hilfsbedürftigen insgeheim hilft: Sie bringen Wasser aus dem Brunnen, schichten Brennholz in Beigen. Gleichzeitig kämpfen sie gegen eine Hooligan-Clique der Einheimischen, die nachts in den Datscha-Gärten Äpfel klaut. Für Kinder ist es ein Abenteuer pur: nächtliche Einsätze, Zusammenstöße mit der verfeindeten Clique, die geheimen Stabstreffen ... Die 13-jährige Schenja stößt zu den *timurowzy* dazu und beteiligt sich an den guten Taten.

Und als Hintergrund dazu läuft das übliche Datscha-Leben: Es wird im Garten herumgesessen, musiziert, gesungen, spaziert, gebadet, Volleyball gespielt. Es wird Theater geprobt, zwar nicht für das Datscha-Theater, sondern für die Fabrik-Laienoper – Grigori übt die Arie eines alten Grenzsoldaten: »Ich schlafe am Wachposten die dritte Nacht nicht. In der Stille kriechen Feinde. Schlafe nicht, mein Land!« ...

Es gibt auch ein Laienkonzert im Sommertheater, jetzt organisieren es Komsomolzen der Siedlung – anlässlich eines Sieges-Jahrestages der Roten Armee. Zu diesem Konzert will übrigens auch ein Besoffener, welcher, wenn er nicht reingelassen wird, stotternd sagt (Gruß an Tschechow), er sei ein Tenor.

Auf das Konzert folgt ein Fest mit Tanz im gemeinsamen Datscha-Park, geschildert im Einklang mit Stalins berühmten Worten »Das Leben ist besser, ist fröhlicher geworden«: »Es war laut im Park ... Es kamen Lastwagen mit belegten Broten, Semmeln, Flaschen, Wurst, Pralinen, Honiggebäck. In Kolonnen kamen Trupps der blau gekleideten Trag- und Karren-Eiscremeverkäufer. Auf den Wiesen schrien Koffergrammophone, um welche es sich fremde und ›einheimische‹ Datschniki mit Getränken und Imbiss bequem machten. Es spielte Musik.« Und es wurde getanzt: »Es flimmerten bunte Blumenkleider, Blusen, Röcke«, die »in einem verwegen-fröhlichen Tanz sich drehten und kreisten« ... Neben dieser Beschreibung wirkt die Sonntagsvergnügung irgendwo in Stroganows Park geradezu lahm und bescheiden.

Das Buch lässt auch ein weiteres Attribut des Datscha-Lebens nicht aus: Datscha-Romanzen. Da flirten hemmungslos von Anfang an Grigori und Olga. Einmal, als sie auf Grigoris Motorrad in der Gegend herumfahren, inszeniert er eine Panne. Seine Reparatur besteht vor allem aus dem Abklopfen des Motorrades mit dem Schraubenschlüssel, wobei er immer näher an Olga heranrückt. »Irgendwie reparieren Sie die Maschine seltsam«, bemerkt Olga und rückt von ihm weg ... Doch bald schon gehen die beiden Hand in Hand durch die Siedlung. Das Gleiche tun auch Timur und Schenja. Und am Schluss wird es noch richtig romantisch: Als

Schenja den letzten Datscha-Zug verpasst (sie will nach Moskau, um ihren Vater zu sehen), klaut Timur das Motorrad des Onkels und bringt damit Schenja nachts in die Hauptstadt. Und verdient sich dafür einen Kuss ... So sah nun eine Datscha-Romanze der sowjetischen Pioniere aus.

Und für Erwachsene blieb die Datscha ohnehin ein amouröser Ort. Nicht zufällig wurden in der populären Liebeskomödie *Herzen der Vier* (1940) die Helden – zwei Paare, die ihre Partner am Schluss »wechseln« – im entscheidenden Moment auf die Datscha geschickt. Dort ließ es sich so gut zu zweit im Boot fahren, sich zu zweit unter dem Boot vorm Gewitter verstecken, zu zweit angeln und sich dabei küssen ... Aus diesem Film stammt auch eines der bekanntesten Liebeslieder der ganzen Sowjetzeit. Es wird von der Hauptheldin auf der Datscha gesungen – in der Hängematte.

Wenn man heute *Herzen der Vier* anschaut (und der Film wird regelmäßig im russischen Fernsehen ausgestrahlt), vergisst man, dass die Geschichte in den Zeiten des grausamen stalinistischen Terrors spielt. Millionen von Menschen mussten sterben oder kamen in den Gulag – es war der Höhepunkt der Massensäuberungen und Repressionen, die besonders stark die Intelligenzija trafen. Schon 1928 kam Dmitri Lichatschow wegen »konterrevolutionärer Tätigkeit« in den Gulag. All die Sommer vorher verbrachte er auf der Datscha, was ihm, wie er schrieb, geholfen hat, die schlimmen Jahre im Gulag durchzuhalten. Als er dort an Flecktyphus erkrankt war, fragte ihn der Arzt, woher er denn nach einem Gefängnissommer die Bräune hätte. »Und diese Bräune war zwei Jahre alt. Ich glaube, meine Gesundheit, mein Interesse an Menschen, mein Optimismus verdanke ich der Datscha.«

Doch mit der Zeit konnte man auch auf den Datschen

immer weniger Optimismus tanken. In Prominentensiedlungen waren bis zu einem Drittel der Datschniki Repressionen ausgesetzt. In den schlimmsten Fällen wurde »Volksfeinden« der ganze Privatbesitz, auch die Datschen, enteignet. In so eine enteignete Datscha in Nikolina Gora zog der gefürchtete Generalanwalt der Sowjetunion Andrei Wyschinski ein – der Chefankläger der Moskauer Schauprozesse. Den früheren Besitzer der Datscha hat Wyschinski vorher öfters besucht – man sagte ihm nach, er habe das Haus schon lange im Auge gehabt und dem Besitzer ins Gulag »geholfen«.

Erst nach der Perestrojka kam die Wahrheit über diese Zeiten auch in die russische Kunst. *Die Sonne, die uns täuscht,* ein mit einem Oscar ausgezeichneter Film (1994) von Nikita Michalkow, erzählt über die Festnahme des hohen Militärs Kotow. Dieser hat in eine Intelligenzija-Familie eingeheiratet und verbringt den Sommer mit der ganzen Sippe auf deren alter Datscha, wo ein traditionell offenes und chaotisches Datscha-Leben geführt wird. Das macht Kotow nur wegen seiner Ehefrau mit, er selbst würde lieber – wie er der Frau sagt – auf eine *kasjonnaja*-Datscha umziehen, die er zugute hat. So eine Datscha wäre eben bewacht und »in Ordnung gehalten«.

Der ganze Film erzählt eigentlich nur einen langen, anfangs noch so glücklichen Datscha-Tag – mit ewigem Herumsitzen auf der Veranda, mit endlosem Schwatzen, Blödeln, Tanzen, Singen, Fußballspielen, Bootfahren, Baden. Plötzlich taucht die frühere Liebe von Kotows Frau auf, der inzwischen Mitarbeiter von gewissen »Strukturen« ist, und der den Auftrag hat, Kotow festzunehmen … Michalkow, der selbst in Nikolina Gora aufgewachsen ist, drehte dort auch die Außenaufnahmen im Film.

Im realen Leben wurden Festnahmen auf den Datschen

nur selten durchgeführt. Vielleicht, weil es dort mehr Flucht-möglichkeiten gab und es überhaupt schwerer war, dort so eine Aktion durchzuführen. Eine Legende erzählt, dass es einen Versuch gab, den Liebling des Volkes, den Marschall Semjon Budjonny, auf der Datscha festzunehmen. Er soll aber die Wache so lange auf die »Boten« schießen gelassen haben, bis er am Telefon Stalin erreichte, der den Befehl widerrief.

Erst mit dem Überfall des faschistischen Deutschlands und dem Anfang des Vaterländischen Krieges 1941 hat sich die Ter-rorwelle gelegt – die Sowjetführung hatte andere Sorgen. Zwar führte die Sowjetunion vorher schon einen Krieg, den »Finni-schen«, 1939–1940. Jenen Krieg, in dem vermutlich in *Timur und sein Trupp* der Vater von Olga und Schenja kämpfte. Das Eroberungsziel der Sowjetunion war ein Grenzgebiet Finn-lands, wo unter anderem Vorrevolutions-Datscha-Orte lagen. Der Krieg wurde natürlich nicht wegen der einst populären Datscha-Gegenden geführt, sondern um die Staatsgrenze, die sonst »zu nah« an Leningrad lag, weiter weg zu »schieben«. Das gelang auch – Kuokkala, Terijoki, Kellomäki und andere Orte in Finnland wurden annektiert. Und umbenannt – in Repino, Selenogorsk, Komarowo. Bis heute sind sie ein Teil Russlands und sehr beliebte Datscha-Orte.

Der Vaterländische Krieg war wieder ein großer Einschnitt im Datscha-Leben. Die Datschniki waren entweder an der Front oder evakuiert oder arbeiteten bis zu 10 bis 12 Stunden am Tag – nur wenige gingen auf die Datschen. Und jene, die das taten, versuchten jetzt, die Gärten zu nutzen. In der Hungers-not und in den ersten Jahren nach seinem Ende half der Dat-scha-Garten vielen, die schwierigen Jahre zu überstehen.

Nur die sowjetische Führung spürte von den Nöten der

Nachkriegszeit nichts. Besonders Stalin, der gerne den Asketen spielte, führte ein immer »ausgelasseneres« Leben. Auf die Datscha in Kunzewo bestellte Stalin jetzt regelmäßig den ganzen Apparat nicht nur zum Arbeiten, sondern auch zu seinen berühmten »Mittagessen«. Man aß da oft bis zum frühen Morgen.

»Die Gelage der letzten Jahre in Sotschi und Kunzewo waren menschenreich und versoffen …«, erinnerte sich Stalins Tochter Swetlana Allilujewa. »Der Vater trank nicht viel, aber es machte ihm Spaß, wenn die anderen viel aßen und tranken und, nach üblicher russischer Art, bald ›außer Betrieb‹ waren. Einmal hat der Vater jedoch viel getrunken und Volkslieder mit dem Gesundheitsminister Smirnow gesungen, der kaum mehr auf den Beinen stand, aber außer sich vor Glück war. Der Minister wurde mit Mühe und Not beruhigt, ins Auto geschleppt und nach Hause geschickt. Gewöhnlich gegen Ende des Mittagessens mischte sich die Wache ein, jeder ›Bewachende‹ schleppte seinen sich sträubenden ›Bewachten‹ weg. Die außer Kontrolle geratenen Führer amüsierten sich mit groben Streichen … auf den Stuhl legte man plötzlich eine Tomate und wieherte laut, wenn jemand sich darauf setzte. Man schüttete löffelweise Salz ins Weinglas, mischte Wein mit Wodka.« Manche wurden irgendwo im Badezimmer aufgelesen, wo sie erbrochen hatten, danach wurden sie praktisch bewusstlos abtransportiert.

Auch am letzten Februartag 1953 lud Stalin einige Männer seiner nächsten Umgebung zu sich auf die »nahe« Datscha in Kunzewo zu einem Mittagessen ein. »Es endete etwa um 5–6 Uhr morgens«, erinnerte sich Nikita Chruschtschow, »Stalin war danach angesoffen und in einer sehr aufgeheiterten Stimmung.« Alle gingen in guter Laune weg. Doch am nächsten

Tag wurden sie von Stalins Wache nach Kunzewo gerufen – Stalin war schlecht geworden, er hatte einen Schlaganfall. Einige Tage später starb er auf der Datscha.

Bald darauf wurde Nikita Chruschtschow zum Generalsekretär der KPdSU, und in der Sowjetunion begann eine neue Ära – eine im Vergleich zum stalinistischen Regime viel freiere und liberalere. Auf das Datscha-Leben hatte der Machtwechsel im Kreml im Grunde keine Auswirkung. In den Nachkriegsjahren lief es wie früher weiter, noch einfacher und improvisierter. So etwas wie Lauben, »offene Bühnen« und Tanzveranden gab es in den Datscha-Orten kaum noch – die letzten, die es vor dem Krieg noch gab, waren endgültig verfallen und verkommen und wurden nicht mehr neu gebaut. Doch aus dem russischen Leben sind sie nicht verschwunden. Sie waren schon lange Attribut von allen städtischen Vergnügungsparks, auch in den Vororten der Städte gab es noch viele von ihnen – sie standen in zahlreichen Ferienanlagen. Diese erbten von den alten Datscha-Siedlungen noch einiges mehr, vor allem die Vorstellung davon, wie Erholung aussehen sollte.

Der verbreitetste Typ der sowjetischen Ferienanlage war *dom otdycha,* die Erholungsstätte. Die ersten wurden 1921 per Lenins Dekret eingerichtet, befanden sich anfangs nicht selten in enteigneten Datschen und wurden manchmal auch so genannt, zum Beispiel die Datscha der Medizinergewerkschaft oder Ähnliches (alle Ferienanlagen gehörten auch »Strukturen«). In der späten Sowjetzeit lag so eine typische *dom otdycha* oft in der Nähe der Stadt, auf eigenem »Territorium« in einem bewaldeten Park mit Bänken und Lauben, wo einige größere Ferienhäuser mit Zimmern für mehrere Leute standen (sie waren nicht für Familien gedacht, in solchen Ferienanlagen verbrachten Eheleute meist jeder für sich den Urlaub). Im Erholungspaket inbegriffen war Vollpension und ein Unterhaltungs-, Sport- und Kulturprogramm: Es gab da eigene Sportplätze, Tennistische, Badeanstalten, Bootstationen, aber auch eine kleine Bibliothek, Spiele wie Kegeln, Schach, Serso, Billard, abends konnte man im Freien tanzen. Auf offenen Bühnen, oder bei schlechtem Wetter im Klubgebäude, wurden Filme gezeigt, dort fanden auch Konzerte von »Wandertruppen« statt – von professionellen Sängern, Tänzern, Rezitatoren oder Zirkusartisten. Es wurde auch für eigene kulturelle Aktivitäten der Erholenden gesorgt – es gab eigens dafür angestellte Personen: Es wurden Chöre und Tanzwettbewerbe organisiert, Laienkonzerte und Ähnliches veranstaltet.

Etwa ähnlich lebten in den Ferien sowjetische Schulkinder in Pionier-Sommerlagern. »Junge Pioniere«, die staatliche Organisation, die zur »Erziehung der Kinder zu treuen Kommunisten« gedacht war, entstand in den ersten Jahren der Sowjetmacht und wurde nach dem Vorbild der Scouts-Bewegung aufgebaut. Sie übernahm von ihr, mit minimalen Veränderungen, fast alles – vom Halstuch und den Begrüßungsformen, von Erziehungsmethoden und Aktivitätenprogrammen bis zum Gelöbnistext, in dem nur »duty to God« auf »Treue zur Kommunistischen Partei« ausgetauscht wurde. Auch die ersten Pionier-Sommerlager unterschieden sich nicht von denen der Pfadfinder. Doch in dieser Form existierten sie nur kurz, schon bald wohnten sowjetische Kinder nicht in Zelten, sondern in Holzhäusern mit Terrassen und Veranden, die auf eigenem »Territorium« in bewaldeten Parks standen und wo es Bänke und Lauben gab, Schaukeln, Karusselle, Spiel- und

Sportplätze. In den späten Sowjetjahren blieb in diesen Sommerlagern von den Pfadfindern nur der Morgen- und Abendappell mit dem Fahnenhissen übrig, vielleicht einmal im Monat wurde eine Wanderung mit Zelten gemacht, und es wurde oft ein altes Lied der russischen Pfadfinder aus der Vorrevolutionszeit gesungen, »Kartoschka«. Von der kommunistischen ideologischen Erzieherei blieb zu dieser Zeit auch nicht viel, und sie war auch oft rein pro forma. So spielten die Kinder die meiste Zeit auf dem »Territorium«, spazierten in der Gegend und im Wald, badeten, es gab eine Bibliothek, in den »Zirkeln« wurde gemalt, gebastelt, Schach gespielt, es gab auch allgemein viele Tisch- und Sportspiele. Zum Pionierlager gehörte auch eine offene Bühne und ein Klub mit Klavier, wo Theaterinszenierungen und mindestens zweimal im Monat Laienkonzerte stattfanden. Es gab Feste – mit großem Feuer, mit Masken, mit Sackhüpfen, einander mit verbundenen Augen füttern etc. Fast jeden Tag wurde ein Film gezeigt, und abends gab es für alle, nicht nur für die Ältesten, die 14- bis 15-jährigen, sondern auch für die Kleinsten, Tanz – wenn es nicht regnete, draußen auf dem Tanzplatz. Dieser war nicht selten die alte klassische Tanzveranda – ein Holzpodest mit einer kleinen angebauten Bühnenmuschel.

Gerade auf so einer Tanzveranda eines Pionierlagers spielt zum großen Teil der Film von Sergei Solowjow 100 *Tage nach der Kindheit* (Silberner Bär der Berlinale 1975), der vom Erwachsenwerden und von der ersten Liebe eines vierzehnjährigen Jungen erzählt. Nicht nur diese Tanzveranda, sondern auch das übrige Bühnenbild des Filmes könnte zum großen Teil ohne weiteres für die Verfilmung einer Datscha-Geschichte vom Anfang des 20. Jahrhunderts gebraucht werden. Auch viele *Mise en scenes* des Films könnten aus so einer Geschichte stammen: am Klavier blödeln, zu zweit angeln, im Boot sitzen, Theater inszenieren, der Vortrag über die Kunst, das Essen auf der Veranda, das Laienkonzert, das Tanzen am Abend im Freien.

Einige Episoden des Films fallen natürlich aus dieser Reihe, besonders die Szene, wo die Kinder auf einem Kolchosenfeld arbeiten – helfen, Kohl zu ernten. Solche Kolchose-Einsätze der Städter, vor allem der Erwachsenen, waren zu jener Zeit üblich und hatten damit zu tun, dass die kollektivierte Landwirtschaft in der Sowjetunion dermaßen schlecht funktionierte, dass sich die Lebensmittelversorgung im Land ständig verschlechterte. Mit dieser Tatsache hing ein völlig neues Kapitel in der Geschichte der Datscha zusammen.

Sechs Sotok

Im Theaterstück *Kirschgarten*, das Tschechow 1903 schrieb, ließ er Lopachin über die Zukunft der Datscha sagen: »Heute trinkt er [der Datschnik] nur Tee auf dem Balkon, doch es kann passieren, dass er einmal anfangen wird, auf seiner Desjatine Land zu wirtschaften.« Ein halbes Jahrhundert später passierte es in der Tat, zu wirtschaften begann der Datschnik zwar nicht auf einer Desjatine, sondern nur auf sechshundert Quadratmetern und nicht von sich aus, sondern auf Geheiß von oben. Die sowjetische Führung kam auf die Idee, mit Hilfe der Datschen die miserable wirtschaftliche Lage auszubessern.

1955 erließ der Ministerrat die Bestimmung »Zur weiteren Entwicklung des Gartenbaus und der Winzerei der Arbeiter und Angestellten«. Damit wurden *sadowodtscheskije towarischtschestwa,* Gartenbau-Kooperativen, ins Leben gerufen. Ihre Idee war derjenigen der europäischen Kleingärten bei ihrer Entstehung 150 Jahre zuvor ähnlich: den notbedürftigen Städtern die Möglichkeit zu geben, sich zu Obst und Gemüse zu verhelfen. Zu den Notbedürftigen zählten nämlich immer mehr Bewohner der sowjetischen Städte. Und zwar nicht, weil sie kein Geld hatten (davon hatten sie natürlich auch nicht viel), sondern weil die Läden immer leerer wurden.

Dabei existierte etwas Ähnliches wie Kleingärten in der Sowjetunion zu dieser Zeit bereits. Das war aber eine marginale Erscheinung, vor allem in der Provinz und den sozial schwachen Schichten. Der Staat brauchte aber einen Masseneinsatz der Bevölkerung – und in Russland gab es nur eine Idee, die die Massen der Städter aufs Land locken konnte: die Idee der Datscha. Die Berechnung war einfach: Man gibt breiten Schichten der Bevölkerung die Möglichkeit, sich kleine Datschen zu bauen, und verbindet das mit der Pflicht, Obst und Gemüse anzubauen. Damit die Städter der Idee ihres landwirtschaftlichen Einsatzes nicht auswichen, erschwerte man zu dieser Zeit den Erhalt von gewöhnlichen Datscha-Grundstücken. Ende der 1950er Jahre begann also der Staat, an Arbeitgeberorganisationen – Betriebe, Fabriken und Strukturen jeglicher Art –, in großen Zügen Grundstücke für »Garten-Kooperativen« zu vergeben: Die Größe der Parzelle wurde dabei landesweit auf *schest sotok* festgelegt, sechshundert Quadratmeter.

Die Rechnung ging auf: Sehr viele Städter »nahmen« diese Grundstücke. Viele machten das mit Hinblick auf die Bereicherung des mageren Menüs mit eigenen Erdbeeren etc. Es gab auch solche, die sich von der Gartenarbeit als Hobby angezogen fühlten. Doch die meisten machten es ganz schlicht aus dem Wunsch, den Sommer auf dem Land zu verbringen, den engen Wohnverhältnissen in der Stadt auszuweichen, vor allem aber aus dem Wunsch, endlich zu einer »eigenen Datscha« zu kommen.

Zwar war es jetzt fest geregelt, was man auf dieser »eigenen« Datscha tun durfte und musste. Zum Beispiel durfte Anfang der 1980er das Haus nur einstöckig und nicht größer als 25 m² sein. Diese Datscha war natürlich vom Staat nicht als Sanatoriumsort gedacht, sondern als Unterkunft für einen Gärtner. Anfangs hat man streng darauf geachtet, dass nicht »mehr« gebaut wurde, man konnte sogar gezwungen werden, das »Überflüssige« abzutragen.

Auch pflanzen durfte man nicht mehr, aber vor allem auch nicht weniger, als es vorgegeben war. Es sollten etwa 6 Apfel-, 2 Pflaumen- und 2 Kirschbäume und so weiter sein. Und das alles musste irgendwie noch zum Gedeihen gebracht werden. Wie – davon hatten die meisten Garten-Datschniki keine Ahnung. Nur die Städter der ersten Generation, die vom Dorf stammten, hatten, wenn nicht die Erfahrung, dann wenigstens eine Vorstellung davon. Für die anderen waren ihre Gartengrundstücke Neuland, im direkten wie im übertragenen Sinne. Es hieß: Learning by doing.

Für viele waren die ersten Jahre ihres Datscha-Lebens unerquicklich. Das Bauen des Häuschens, nicht selten ganz oder zum Teil mit eigenen Kräften, lief parallel zum Kampf mit dem Garten. Schon für die Arbeiten der Kolchosebauern gebrauchten die sowjetischen Medien ständig den Ausdruck »die Schlacht um die Ernte«, für die Gartenkooperativen traf es dann noch mehr zu. Es vergingen einige Jahre, bis dieser

Einsatz die ersten Früchte brachte. Das waren Äpfel und Gurken, Tomaten und Beeren, Kartoffeln, vielleicht Zucchini. Um diese waren die neuen Datschniki dann wirklich sehr froh – denn in den 1970er bis 1980er Jahren kollabierte die Lebensmittelversorgung endgültig. Sogar in Moskau, das immer einen Sonderstatus hatte, wurde die Auswahl an allen Produkten, sogar bei Obst und Gemüse, in den Läden sehr klein, ihre Qualität schlecht, und das Einkaufen auf Märkten, wo es zwar alles gab, es aber teuer war, konnten sich viele nicht leisten.

Diese neuen Datschen wurden die ersten Jahrzehnte fast nur »Gartengrundstück« genannt. Noch heute sagt man zu ihnen oft *sadowyj ustschastok* oder einfach *schest sotok,* obwohl sie inzwischen allgemein auch Datschen genannt werden. Denn mit der Zeit sind sie auch zu diesen geworden. Nachdem man nach einigen Jahren das Haus gebaut, den »Garten« einigermaßen »besiegt« und in den Griff bekommen hat und man zu freier Zeit gekommen ist, hat sich auch in diesen Siedlungen das übliche Datscha-Leben eingebürgert – mit Spaziergängen, mit Pilze- und Beerensammeln, mit Angeln, Volleyball und Schach, mit einer Hängematte im Garten und einem Buch am Nachmittag: mit ständigem »Beim-Nachbarn-Vorbeigehen«, mit spontanen »Schaschliks«, mit Festen zu Anfang und Schluss der Saison und mit dem turbulenten Kinderleben. In der Gartenkooperative »Schwalbe« bei Moskau zum Beispiel, wo Kinder sehr oft kleine, improvisierte Theater- und Konzertvorführungen organisierten, überließen Erwachsene schließlich die frühere, nicht mehr bewohnte Wächterhütte den Kindern und bauten eine kleine Terrassenbühne daran an, die Kinder für ihre Auftritte benutzen konnten.

Doch den Löwenanteil der Zeit verbrachten die Garten-Datschniki natürlich bei der Gartenarbeit. Mit den Jahren wurden übrigens viele, auch solche, die anfangs damit nichts am Hut hatten, zu passionierten Hobbygärtnern. In der Sommerzeit besprachen sie nun auf den Arbeitsplätzen das »optimale Gießregime« und die Konstruktionen der Treibhäuser, tauschten Samen aus und beschenkten Kollegen und Freunde mit »eigenen« Äpfeln und Beeren. Das steckte an. Sogar klassische Datschniki, sogar solche, die in ihrem Leben nicht mal eine Blume gepflanzt hatten, spielten jetzt mit dem Gedanken, »irgendwas, ja mindestens Grünzeug« – Dill, Petersilie oder Salat – anzupflanzen. Was für Gespräche wurden da in Familien geführt, was für Worte sind da herumgeflogen: »Muskelfreude!«, »Nähe zur Erde!«, »Gymnastik für die Blutgefäße« – im Sinne, wie gesund Körperbeugungen sind – »Bauern haben früher ja nie einen Schlaganfall gehabt« und so weiter. Jeder nächste Sommer fing mit diesen Gesprächen an. Und der nächste. Und der übernächste. Man kaufte weiterhin »Grünzeug« und anderes bei Einheimischen und sprach immer mehr von »Überstrapazierung von Gelenken«, »ungesunden Mengen von Ultraviolett« und »statischer Belastung in unnatürlichen Posen«. Irgendwann wurden die »Dillbeete« vergessen.

In vielen Familien legten sich irgendwann auch anfangs so heftige Diskussionen darüber, ob man ein Grundstück für eine Garten-Datscha, das relativ leicht zu kriegen war, nehmen sollte. Viele taten es nicht. Nicht nur, weil sie mit der Gartenarbeit nichts anfangen konnten, sondern auch weil das Bauen des Hauses sie abschreckte. Denn in der Sowjetunion der 1960er bis 1980er Jahre brauchte so ein Unterfangen nicht nur Geld und nicht nur eine ausgeprägte praktische Ader. Die französische Schauspielerin russischer Herkunft und Cannes-Preisträgerin Marina Vlady, die mit dem Schauspieler Wladimir Wyssozki verheiratet war, erinnerte sich, wie sie Ende der 1970er eine Datscha bauten. Wyssozki war in der Sowjetunion gerade ein inoffizieller Superstar – er war Autor und Sänger von sehr populären nonkonformen Liedern.

Erst einmal konnte das Ehepaar keine Datscha-Kooperative finden, die einen »unangepassten« Künstler, der noch dazu mit einer Ausländerin verheiratet war, aufnehmen wollte. Ein Freund, ein bekannter Drehbuchautor, der in einer Datscha-Kooperative ein großes Grundstück hatte, gab ihnen dort unerlaubterweise Platz – zwei Bauten durfte jedoch niemand besitzen, also gab er an, er baue ein Archiv- und Bibliothekshäuschen.

Die richtige Odyssee begann dann aber erst. »In diesem Land kann man auf gesetzlichen Wegen nicht mal den elementarsten Nagel oder ein gewöhnliches Brett anschaffen«, schreibt Vladi. Es gelang nur über Beziehungen oder für mehrfache Bezahlung oder dank der Konzerte von Wyssozki, Baumaterial zu kriegen. »Die Rede geht gewöhnlich nicht ums Geld, sondern um Tausch. Ein Konzert – zehn Meter Bodenbelag« und so weiter. Der Publikumsliebling trat in Fabriken und Lagern auf, für einen Gasanschluss im Klub der Gasindustrie. Für das Fundament gewann man Arbeiter eines benachbarten Sanatoriums; das Dach machten Bühnenbildner des populären Moskauer Taganka-Theaters; einen Kompressor holte man vom »Mosfilm-Studio«. »Den ganzen Sommer koche ich riesige Töpfe Borschtsch für die Arbeiter«, schreibt die Schauspielerin. »Sie wohnen auf dem Grundstück, und jeden Morgen bringe ich ein volles Auto Lebensmittel« … Gerade deshalb standen viele Datschen viele Jahre in halbfertigem Zustand. Und gerade deshalb hat ein Teil der Intelligenzija, die sich eine Datscha zu bauen hätte leisten können, es nie getan. Man blieb Miet-Datschnik.

»Und wir mieten wieder eine Datscha« – so begann eine Schnulze der 1980er Jahre, gesungen von Popsänger Waleri Leontjew. Auch in den 1950er bis 1980er Jahren blieben in der ganzen Masse der Datschniki solche, die sich etwas für den Sommer mieteten, die Mehrheit. Alle Vorortsdörfer in den Datscha-Gegenden waren voll von ihnen, in populären Orten war in jedem Haus eine Datscha-Familie, in manchen sogar zwei bis drei. Ein ganzes Haus für sich allein war selten der Fall, in der Regel vermieteten die Dorfbewohner die Hälfte oder einen Teil ihres Hauses mit einem separaten Eingang oder ein »Häuschen« – ein, zwei kleine Zimmer plus Veranda, gebaut irgendwo am anderen Ende ihres Grundstücks.

In den meisten Vorortsdörfern gab es auch Privat-Datschen, manchmal recht viele, oft aber nur ein paar. In der Nähe von den Dörfern lagen reine Datscha-Siedlungen, später immer mehr Gartenkooperativen – mancherorts wuchs das alles im Laufe der Zeit zu riesigen Agglomerationen, von denen viele heute noch in gleicher Form existieren. Wie zum Beispiel Peredelkino an der gleichnamigen Bahnstation. Da liegt zuerst ein Dorf, das grenzt an die Datscha-Siedlung Mitschurinez, diese geht nahtlos in die Datscha-Siedungen der *Literaturnaja Gaseta* und die der Schriftsteller über, die letzte grenzt an ein weiteres Vorortdorf. Nur in solchen von Einheimischen bewohnten Dörfern loderte im Winter das Leben, die Siedlungen standen vom Herbst bis Frühling praktisch leer. Erst Anfang Mai kamen langsam die ersten Städter, die ersten Umzüge begannen. Jetzt räumte man nicht mehr die ganzen Wohnungen für den Sommer aus, doch man nahm immer noch genug Sachen mit, so dass man – vor allem Miet-Datschniki – den Umzug mit einem Lastwagen machen musste: »Die Borde wurden runtergeklappt«, erinnert sich der Schriftsteller Lew Rubinstein an seine Kindheit Ende der 1950er Jahre. »… ich überwand, so gut wie ich konnte, das Begeisterungsfieber und versuchte erfolglos, beim Laden von Sofas und Kisten nicht zu stören. Kühlschränke? Nein, damals gab es sie noch nicht. Fernseher? Bringen Sie mich nicht zum Lachen. Sofas und Kisten. Gläser und Töpfe. Decken und Kissen. Eine Schachtel mit Medikamenten, die Katze, ich.«

Es war meist ein einfaches Leben, ob auf eigenen, ob auf gemieteten Datschen: in den Zimmern – alte, aus den Stadtwohnungen ausgemusterte Möbel, das klassische Datscha-Chaos – aber drinnen war man ja auch kaum. Wasser war im Brunnen oder kam aus dem Hahn im Garten, irgendwo neben dem Wildrosengebüsch. Im Garten war auch das Plumpsklo, vielleicht auch eine kleine Holzdusche, mit einer Tonne auf dem Dach – gegen Abend nach einem sonnigen Tag war das Wasser darin gerade warm geworden: »Bescheiden, unbequem«, wie Nikolai Gretsch von seinem ersten Datscha-Sommer 1795 schrieb, »aber fröhlich.«

»Fröhlich« blieb auch jetzt eines der Datscha-Schlüsselworte. Für Kinder, für die die Datscha endlose Spiele und Abenteuer bedeutete – im Garten, irgendwo draußen – auf den Straßen, am Teich, am Fluss. Drei lange Monate konnte man sich außerhalb der Sichtweite der Erwachsenen herumtreiben. Es war üblich, niemand machte sich Sorgen – Datscha-Orte und -Siedlungen, wo alle alle kannten, waren eben »geschützte Räume«. Dabei sehr große Räume, mit sehr viel

Freiheit. Noch mehr waren sie es für Teenies und junge Leute, die nach ungeschriebenem Datscha-Gesetz bis spät in die Nacht hinein wegbleiben, überhaupt ihr eigenes Leben führen durften: die erste Liebe, die klassischen Küsse im Gebüsch. »Und zum Tanzen läuft Celentano, und bis zum Morgen gibt es keine Ruh, ach, diese Datscha-Romanzen, ach unsere siebzehn Jahre«, wie es in der Schnulze von Waleri Leontjew hieß. In den lockeren Cliquen, in denen die meisten einander von Kindheit an kannten, ließ sich dies und auch vieles andere ausleben, was in der Stadt nicht denkbar oder nicht möglich wäre – wildeste Streiche, unmöglichste Blödeleien, mit einer starken Neigung zum Theatralischen, zur Performance, zu »Auftritten« – die Datscha war eben ein Freiraum in jeder Hinsicht. Das Gleiche galt für die Erwachsenen. Nirgendwo waren die Feste so versoffen, so ausgelassen, so überbordend, nirgendwo verwandelten sie sich in Spektakel wie hier.

Doch die Datscha war natürlich nicht nur für solche Exzesse gut, sie war – und das vor allem – der Ort der Ruhe, des Lebens in der Natur, wo man ein Time-out von der Alltagsroutine und von der Stadt nahm. Und auch vom Staat. Denn hier gab es nichts Öffentliches, nichts »Sowjetisches«, auch keine Miliz – im Grunde überhaupt keine Macht. So nahe zur Stadt manche Orte und Siedlungen auch lagen, sie waren trotzdem von den »Machtzentren« weit entfernt. Nicht zufällig lebte Solschenizyn Ende der sechziger Jahre, als er Probleme wegen seiner Dissidententätigkeit bekam, auf der Datscha bei Kornei Tschukowski in Peredelkino, später auf der Datscha von Rostropowitsch. In einem Witz aus jener Zeit klagte die Kulturministerin Furzewa dem Pianisten Swjatoslaw Richter: »Unmöglich, dass dieser Solschenizyn auf der

Datscha bei Rostropowitsch wohnt.« – »Genau«, antwortete Richter, »Rostropowitsch hat doch so wenig Platz. Solschenizyn soll zu mir auf die Datscha ziehen ...«

Das Politische drang jedoch eher selten auf die Datscha, es war auch nicht unbedingt der Ort der hitzigen politischen Diskussionen wie die berühmte Küche in der Stadt. Auf den Veranden und an den Gartentischen spielte man eher Schach oder pokerte, Feld und Wald verleiteten eher zum Meditieren und zur Selbstreflexion oder zu einem innigen Gespräch, und wenn man zusammenkam, dann war man nicht zur politischen Auseinandersetzung geneigt, sondern eher zum Lachen und Blödeln und zu einem Gelage. Das alles gilt im Grunde für die Datscha auch noch heute, obwohl sich im russischen Leben in der letzten Zeit so viel veränderte. Auch auf der Datscha.

KIRSCHKONFITÜRE

Der zurückgekehrte Kapitalismus krempelte das ganze russische Leben um und machte auch viele Stadtvororte innerhalb von wenigen Jahren nicht wieder erkennbar. Sehr viele von ihnen, vor allem bei Moskau, waren in den neunziger Jahren eine durchgehende Baustelle – die Perestrojka brachte einen neuen Datscha-Bauboom mit sich, wohl den größten in der Geschichte. Alle, die zu etwas Geld kamen, bauten ihre alten Datschen aus und machten sie komfortabel und »warm«. Doch all die Leute, die zum großen Geld kamen, bauten sich neue Sommerhäuser, dabei in einem völlig neuen Stil: Es sind monumentale, zwei- bis dreistöckige Häuser aus Stein, die fast immer – nach westlicher Art – auf ausgeholzten, »nackten« und designten Grundstücken mit Rasen stehen. Diese sind heute nur selten groß, denn den Boden muss man jetzt kaufen, und er ist inzwischen teuer. Die Häuser haben dafür 5 bis 10 Zimmer und darüber hinaus Swimmingpools, Kinosäle, Banjas (russisches Dampfbad), Saunas, Billardzimmer.

Diese »Neureichen-Datschen« haben mit den alten Datschen nicht mehr viel gemeinsam, eher schon vom Geist her mit den ganz alten, mit denen des 18. Jahrhunderts. Jedenfalls in einer Hinsicht: Sie haben Anspruch an Prunk und Extravaganz. Vor allem die Neureichen der ersten Stunde versuchten einander darin zu überbieten: Marmorbäder, Kristalllüster in der Garage, 200 Quadratmeter große Flure, Pfauen in den Gärten – manche dieser Datschen hätten wieder »Wow! Wow!« heißen können. Oder schon eher: »Meine Güte!«

So wurde Mitte der neunziger Jahre zum Beispiel auf einer Datscha, grade neben Stalins »weiter« Datscha Subalowo (die weiterhin eine Gosdatscha war), ein Zoo mit exotischen Tieren eingerichtet. Jeder Passant konnte Strauße und irgendwelche unidentifizierbaren Großvögel in Volieren erblicken; es gab einen Bären, einen Affen und, wie es hieß, einen Python, den zwar niemand gesehen hat, weil er nach seiner Ankunft in den Wald getürmt sein soll. Auch in puncto Architektur waren die ersten Neureichen-Datschen von einer besonderen Ausgefallenheit: Da fanden sich Phantasieschlösschen, Pseudo-Fachwerk oder Villen mit Säulen und Portika im pseudo-palladianischen Stil – bei deren Anblick Palladio weinen würde.

Beinahe geweint, doch viel mehr geflucht und sich hilflos aufgeregt haben anfangs die alten Datschniki – nicht nur weil sie diese »steinernen Monstren« und »aggressiven Ungeheuer-

Mutanten«, wie die neuen Datschen genannt wurden, vor die Tür bekamen, sondern auch, weil sie sich plötzlich in einer völlig neuen Lebenssituation fanden. Überall hohe Zäune, die frühere Spielwiesen, gewohnte Wege verschlangen und den Zugang zu den Flüssen versperrten. Auf einmal verwandelten sich nahe liegende Bäche und Flüsschen durch die plötzlichen Abwassermengen der neuen Nachbarn in schäumende Kloaken, wie zum Beispiel in der Umgebung von Subalowo, wo sehr viel gebaut wurde. An solchen Orten verwandelten sich auch Waldränder sehr schnell in Müllhalden. Und überall gab es fremde Leute – vor allem zahlreiche, aus den früheren Sowjetrepubliken stammende Bau-Gastarbeiter. Von den alten »geschützten Räumen« keine Spur mehr – man wagte sich nicht mehr allein in den Wald und begleitete die Kinder zu den Nachbarn. Besonders betroffen davon waren manche nahen, sehr gefragten alten Datscha-Orte.

Doch die neuen Datschniki berührte das alles nicht, sie verließen ja kaum ihre bewachten und von hohen Zäunen umgebenen »Territorien«. Sie lebten hinter Zäunen, dort spielten ihre Kinder, dort empfingen sie ihre Gäste und dort feierten sie. Jetzt waren wieder »prächtige Datscha-Feste« im großen Stil angesagt, mit illuminiertem Garten, mit Feuerwerk und ausgesuchtem Catering, mit livrierten und weiß behandschuhten Kellnern.

In diesem Stil lebte nach wenigen Perestrojka-Jahren fast das ganze Rubljowskoje Chaussee – Rubljowka, die alte privilegierte Datscha-Richtung aus der Sowjetzeit, wohin jetzt besonders viel Prominenz, Neureiche und hohe Vertreter der Macht zogen. Auch die Gosdatschen von Jelzin und Putin lagen dort. An der Rubljowka befindet sich auch die von Medwedjew. Inzwischen verfügt die Rubljowka über eine eigene Infrastruktur: Restaurants, Sportzentren, Galerien, einen Konzertsaal, Läden und eine Einkaufsmeile »Luxury Village« mit Boutiquen von Gucci, Armani, Tod's, Prada. Mit *Rubljowka* bezeichnet man heute allgemein den Lebensstil der Neureichen.

Es gibt noch ein weiteres neues Wort im Umgang: *kottedsch*, so werden die Steinhäuser der Neureichen und der entstandenen Mittelschicht genannt – auch offiziell, zum Beispiel in Verkaufsangeboten. Doch meist nennt man sie inzwischen auch Datscha. Mindestens in einer Hinsicht sind sie das auch: Fast alle Kottedschy sind Zweitwohnsitze – nur wenige Besitzer wohnen ständig darin, und wenn, dann behalten sie in der Regel eine Stadtwohnung.

Diese Kottedschy werden heute weiterhin gebaut, vielleicht in einem ein bisschen »ruhigeren« und weniger aggressiven Stil und viel weniger in Datscha-Orten, sondern in eigenen Siedlungen – *kottedschnye posjoloki de luxe*, wie viele in der Werbung angepriesen werden. Diese Siedlungen haben oft einen Wachposten und einen Schlagbaum an der Einfahrt, eigene Kinderspielplätze, manche auch eigene Miniparks mit Sitzmöglichkeiten, die besonders »de luxe« sind, auch eigene Swimmingpools oder Tennisplätze. Viele dieser Siedlungen haben klangvolle Namen: »Alpental«, »Belgisches Dorf«, und eine in der Nähe des populären Datscha-Ortes Nemtschinowka heißt »Malewitsch«. Sie wurde nicht von Fans des großen Künstlers gegründet, auch sind die Häuser hier nicht suprematistisch oder in der Tradition der russischen Avantgarde gebaut, sondern im üblichen Neureichen-Modern. Doch mitten in der Siedlung steht die einzige Gedenkstätte für Kasimir Malewitsch, die es gibt. Es ist ein Kenotaph – ein Grabmal ohne Grab, ein suprematistischer Kubus mit einem roten

Quadrat darauf. Den haben die Bauherren beim Kauf des Bodens sozusagen dazubekommen.

Dieser Kubus wurde kurz nach der Perestrojka von Fans von Malewitsch aufgestellt, anstatt des alten, der einmal am Grab des Künstlers stand – auf einem offenen Feld unter einer Eiche, neben dem alten Datscha-Ort Nemtschinowka. Anfang des 20. Jahrhunderts war es eine klassische Datscha-Siedlung, wo Malewitsch zusammen mit seiner Frau Sofia die Sommer verbrachte. Wie alle Datschniki war auch Malewitsch sehr viel in der Gegend unterwegs, fast täglich machte er weite Spaziergänge, die über das Nemtschinowka-Feld führten. Das war sein Lieblingsort, und er wurde auf seinen Wunsch hin 1935 hier begraben. Doch zu dieser Zeit galt Malewitsch in der Sowjetunion als »volksfeindlicher Künstler«, niemand kümmerte sich um sein Grab – der Kubus wurde mit der Zeit zerstört, die Urne mit der Asche des Künstlers wurde von Kindern aus den Nachbardörfern ausgegraben und ausgeschüttet ... Auch die Eiche, vom Blitz getroffen, verschwand – nach der Perestrojka, als der Künstler »rehabilitiert« wurde, konnte niemand die Stelle seines Grabes finden. So wurde ein ähnlicher Kubus an einer ähnlichen Stelle auf dem Nemtschinowka-Feld aufgestellt – gerade dieser Teil des Feldes wurde später von der Ortsbehörde für den Bau einer Siedlung verkauft. Immerhin behielt man den Kenotaph, und man nannte sogar die Siedlung nach dem Künstler. Wenn man heute die Wache bei der Einfahrt fragt, so wird man zur Besichtigung des Kubus in Malewitsch eingelassen. Das tun immer mehr Fans des Künstlers.

Gepilgert wird auch in andere Datscha-Orte – in einer ganzen Reihe der früheren Datschen sind heute Museen. Bei Petersburg in denen von Puschkin im früheren Zarskoje Selo, dem heutigen Puschkin, von Dostojewski in Staraja Russa, von Repin im früheren Kuokkala, dem heutigen Repino. Bei Moskau wurde in der Siedlung der *Literaturnaja Gaseta* in der früheren Datscha vom Dichter und Sänger Bulat Okudschawa ein Museum und ein Kulturzentrum eröffnet – mit einer kleinen offenen Bühne im Garten, wo im Sommer musikalische und literarische Anlässe stattfinden. Wohl das meistbesuchte Datscha-Museum ist das von Kornei Tschukowski in Peredelkino, in das auch viele Kindergruppen kommen. Hier arbeitet noch eine Kinderbibliothek, unter den hohen Kiefern hinter der Datscha stehen ein kleines Holzpodest und Bänke: Hier werden weiterhin Kinderfeste durchgeführt. Und beim Hauseingang steht ein Baum, an dem viele Kinderschühchen hängen. Das ist der »Wunderbaum« aus einem Gedicht von Tschukowski. Im Gedicht wachsen daran allerlei Schuhe, von denen, sobald sie gereift sind, sich alle bedienen können. Vom Baum im Datscha-Garten darf man sich nicht bedienen, dafür kann man sie, wenn man selbst ein Paar Kinderschühchen mitgebracht hat, am Baum aufhängen lassen.

Nur fünf Minuten von Tschukowskis Datscha-Museum entfernt steht ein anderes – von Boris Pasternak. Viele *Doktor-Schiwago*-Fans, auch aus dem Ausland, kommen hierher und zum Grab des Schriftstellers, das auf dem Friedhof im Wald liegt, gerade hinter dem jetzt schon bebauten Feld gegenüber Pasternaks Datscha. Hierher pilgern auch viele Prominente. 2004 schrieben russische Medien viel über den Friedhofsbesuch von Quentin Tarantino: Nach den Pressefotos am Grabstein bat der Regisseur, ihn allein zu lassen – er legte sich auf den Boden neben Pasternaks Grab, machte die Augen zu und lag so eine Weile da.

Doch die Datscha ist keineswegs museal geworden. Sie lebt und entwickelt sich – wie nie zuvor – weiter. In den letzten zwanzig Jahren wurden sehr viele neue Datschen gebaut, jetzt vorwiegend nicht entlang den Eisenbahnlinien, sondern den Autobahnen; die sind heute die wichtigsten Datscha-Verkehrsadern. Wie Pilze sprießen neue Datscha-Siedlungen und ganze Datscha-Gegenden, und sie entfernen sich immer weiter von den Städten – der Boden in den nahen Vororten ist nicht nur sehr teuer, sondern auch knapp. Besonders in den alten Datscha-Orten ist alles verbaut.

Dort stehen noch viele alte Holz-Datschen, nicht selten in einem jämmerlichen Zustand. »Wohnzimmer in einer alten, heruntergekommenen Datscha ... Von den Farbglasscheiben der Terrasse ist fast nichts übrig geblieben – an manchen Stellen sind sie mit Brettern zugenagelt, an manchen mit Plastikfolie zugeklebt. Büfett. Tisch. Bücherschrank. Tisch mit Computer. Klavier. Schaukelstuhl. Antike Nähmaschine. Ab und zu hört man das Miauen einer unbefriedigten Katze. An der Wand – Tschechows Porträt.« Das ist die Beschreibung des Bühnenbildes zum Theaterstück von Ljudmila Ulitzkaja *Russische Konfitüre*, das die Kritik in *Kirschkonfitüre* umbenannte. Das Stück ist auch zum Teil eine Paraphrase von Tschechows *Kirschgarten* – seine Helden sind die Ranewskis von heute, eine verarmte Intelligenzija-Familie, die sich an die neuen kapitalistischen Verhältnisse nicht anpassen kann. Auch ihr Familiensitz wird verkauft – jetzt ist es nicht das Gut, sondern die Datscha mit einem Hektar Land. Dieses Sujet ist aus dem Leben gegriffen – viele Besitzer verkaufen heute ihre alten Datschen, um an Geld zu kommen. Dabei ist nicht das Haus interessant (es wird abgerissen), sondern das Grundstück. Damit kaufen sich die Neureichen (und nur sie können es sich leisten) in die alten, sehr begehrten Datscha-Siedlungen wie Nikolina Gora ein. Solche Orte bezeichnet man heute mit dem Adjektiv *starodatschny*, ein neues Wort, das die russische Sprache kreiert hat. Mit diesem Adjektiv, »zu alten Datschen gehörend«, bezeichnet man zum Beispiel auch die Atmosphäre, *starodatschnaja atmosfera.*

Es ist auch ein altes Idiom in die Sprache zurückgekehrt: *datschnyje gasety.* Es gibt heute wieder Zeitungen und Zeitschriften, solche wie *Datschnik* und *Auf der Datscha;* eine Datscha-Ausgabe der populären *Argumente und Fakten.* Die meisten sind für Garten-Datschniki gedacht und enthalten vorwiegend praktische Informationen. Aber es gibt auch solche wie die Zeitung *An der Rubljowka,* die nur lokale Meldungen enthält – über die Eröffnung von neuen Läden und Restaurants, über neue Kinderspielplätze und Yogastudios, über Vernissagen in Rubljowka-Galerien oder auch darüber, dass »in den Wäldern bei Moskau die ersten Pilze gekommen sind«, mit der Beschreibung, wo und welche gesichtet wurden.

Doch das wichtigste Datscha-Medium ist heute das Internet. Auf den Immobilienseiten findet man hier zahlreiche Datscha-Angebote zum Kaufen oder zum Mieten – von neuen, möblierten Kottedschy bis zu bescheidenen 6-Sotok-Häuschen. Die Kaufpreise betragen ein paar tausend bis zu ein paar Millionen und die Mietpreise ein paar hundert bis ein paar tausend Euro im Monat. Die einen Inserate trumpfen mit Komfort – Waschmaschinen und Parkplätze für Gäste –, die anderen mit der Natur: »Man öffnet die Gartentür praktisch in den Wald« oder »Grundstück mit Kiefern« oder »Auf dem Grundstück wachsen 42 Birken«. Auch Datscha-Suchende gehen heute ins Internet, je nach Preislage sind ihre

Wünsche recht unterschiedlich: Die einen wollen eine Siedlung mit »bewachtem Territorium«, eine Familie »mit einem Kind und Airedaleterrier« stellt die Bedingung: »Zaun ohne Löcher«.

Im Internet gibt es auch andere der Datscha gewidmete Seiten – die russische Suchmaschine Yandex listet etwa 340 auf, von denen die meisten spezifischen Garten-Datscha-Bedürfnissen gewidmet sind. Doch darunter haben sich auch richtige Datscha-Foren etabliert, wie »Unsere Datscha«, »Geliebte Datscha«, wo sich neben den praktischen Rubriken (Pflanzen, juristische Fragen, Architektur, technische Einrichtung) gewöhnliche Sozialnetzseiten befinden, auf denen man Kontakte knüpft und über alles Mögliche kommuniziert: Man stellt Datscha-Fotos ins Netz, erzählt lustige Geschichten, spricht über Hobbys und Gesundheit. Es finden sich auch speziellere Themen, zum Beispiel in dem Forum »Unsere Datscha« eine längere Diskussion unter dem Titel »Wie kämpft ihr gegen Kater?«. Da wird alles Mögliche empfohlen, vom besonderen Tee bis zur Tropfeninfusion. Ein Teilnehmer mit dem Benutzernamen »Datschnik« berichtet über seine eigene Erfahrung: »Ich bin letzte Woche ein paarmal mit dickem Kopf aufgewacht (lebte allein auf der Datscha, die Frau war in Moskau, nebendran ein toller Nachbar ...). Also: Jeden Morgen ging ich in die Pilze ... zwei, drei Stunden durch den Wald gehen, ist ein ausgezeichnetes Mittel! Es bleibt nicht die geringste Spur, man könnte grad neu einschenken ...«

In den letzten Jahren ist dank des Internets auch ein völlig neues Phänomen entstanden: Die Suche nach entfernten »Nachbarn«. Da werden auf speziellen Seiten der Datscha-Foren Kontakte unter den Datschniki von bestimmten Datscha-

Gegenden und -Richtungen geknüpft. Die meisten Internetgespräche laufen hier auf das Gleiche hinaus – auf die Einladung, vorbeizukommen. »Alle, die die Jaroslawka [Jaroskawkaja Autobahn] an mir vorbeifahren, schaut rein!« Oder: »Ihr könnt auch bei mir vorbeischauen! Manche haben es schon getan, was mich schrecklich gefreut hat. Besonders, wenn es unangemeldet war – das war ein Feuerwerk der Gefühle!«

Es gibt noch ein Thema, um welches heute kein Datscha-Forum herumkommt, die Tiere auf der Datscha. Jeder Datschnik, der ein Haustier hat, kann ein Lied davon singen. Ein Kapitel für sich ist es auf alle Fälle.

Der Datscha-Zoo

Denn mit dem Anfang des Sommers beginnt die Datscha-Saison auch für den ganzen Hauszoo. In der Stadt »übersommern« nur Aquariumfische, alle anderen: Hunde, Katzen, Meerschweinchen, Hamster, Schildkröten, Wellensittiche, Papageien – alle gehen mit auf die Datscha und sorgen dort für die ständige Aufregung. Hamster und Meerschweinchen kriegen Schnupfen und Allergien und, auf der Terrasse vergessen, auch Sonnenstich. Schildkröten, einmal im Garten weiden gelassen, weigern sich plötzlich, das geschnittene Gras zu fressen – wollen, dass man mit ihnen spazieren geht. Gerade das wollen die Hunde nicht – bei jeder Gelegenheit verschwinden sie vom Grundstück. Ins Freie wollen auch Wellensittiche und müssen dann mit einer Kinderrassel zurückgelockt werden – sofern sie natürlich auf das Geräusch dressiert sind.

Mindestens einmal im Sommer probiert jedes Haustier einen Reißaus, am liebsten gerade nach dem Umzug. Schon am nächsten Tag ist bei den Eltern in Moskau ein schluchzendes Kind am Telefon: »Der Hamster ist weg, wahrscheinlich hat ihn die Katze gefressen.« Doch der Hamster findet sich, und die Katze interessiert sich herzlich wenig für ihn – am ersten Tag verarbeitet sie irgendwo unter dem Sofa oder auf dem Baum ihren Umzugsschock. Doch bald schon spaziert sie selbstsicher im Garten, knabbert an Grashalmen, jagt Schmetterlinge und Frösche und wagt sich irgendwann auch an das richtige Wild. »Der Kater bringt mir auf der Datscha seine Beute: Mäuse, Vögel«, wendet sich ein Datschnik via Internet an den Tierarzt. »Soll ich ihm erlauben, sie zu fressen?« – »Eine Feldmaus lassen Sie ihn verzehren – deren Hirn enthält eine wertvolle Aminosäure, die ein wichtiges Element zur Vorbeugung gegen Blasensteine ist. Die Ratte darf er nicht fressen – sie kann vergiftet sein. Eine Taube auch nicht – sie können Trichinellose und Ornithose haben. Aber sonst nehmen sie ihm ruhig die Beute weg: Der Kater wird es Ihnen nicht übel nehmen. Er bringt es für Sie, er füttert Sie nämlich.« So werden Datschniki den ganzen Sommer durchgefüttert, mal mit einer Maus, mal mit einer Heuschrecke, mal mit einer sich windenden, grünen, glatten, fingerdicken und prallen Raupe, die der Kater stolz auf die Stufen der Terrasse legt.

Auf der Datscha wird der Hauszoo durch allerlei Wildtiere erweitert. Kinder bringen haufenweise Eidechsen und Schnecken, die sie »großziehen« wollen, sie in Gläsern verteilen und damit füttern, was ihrer Vorstellung nach eine Eidechse oder Schnecke gern haben will. »Wer weiß, wovon sich Schnecken ernähren?« – ein Hilferuf in ein Datschaforum. Oder: »Stimmt es, dass Igel Laktoseunverträglichkeit haben?« Über Igel, die Datscha-Lieblinge, die schon bei jedem mal auf dem Grundstück gelebt oder vorbeigeschaut haben, werden sogar eigene Rubriken geführt.

Doch viel mehr als mit »wilden« Tieren kommen Datschniki in Kontakt mit wilden Insekten. Käfer, Spinnen, Schmetterlinge, Libellen, Heuschrecken, Ameisen – ständig fliegt etwas auf Augenhöhe, flattert, springt, kriecht auf einem herum, landet auf dem Gartentisch, fällt auf Buchseiten. Sobald man mit dem Essen anfängt, da kann man sicher sein, kommt eine Wespe. Die isst sich nicht nur satt, sondern will unbedingt noch etwas mitnehmen: Die Flügel legt sie zusammen, bohrt sich ins Fleisch, zieht mit aller Kraft, reißt sich ein Stück, so groß wie sie selbst, ab und versucht mit Müh und Not, damit zu starten. Nach dem dritten, vierten Anlauf schafft sie das und fliegt endlich weg – schaukelnd wie ein besoffenes Flugzeug.

Insekten sieht man und spürt man nicht nur, man hört sie auch ständig – von ihnen wird im Wesentlichen auch die Datscha-Tonspur bespielt. Diese besteht zwar in erster Linie aus Stille. Dann aus Vogelgezwitscher, dann aus Blätterrauschen, vielleicht mal aus einem entfernten Zug. Und dann aus dem tiefen Bariton einer Hummel, herumkreisenden Bienen, abends aus dem ständigen Anschlagen der Nachtfalter an die Verandalampe, aus dem unaufhörlichen, dröhnenden, ohrenbetäubenden Grillenzirpen und natürlich aus dem Gesumm der Mücken.

Die Mücke ist sowieso das Hauptinsekt der Datscha. »Das Gefühl der an der Stirn zerdrückten Mücke«, das in Tolstojs *Jugend* aus den romantischsten Datscha-Erinnerungen des Haupthelden nicht wegzudenken ist, ist auch heute jedem vertraut. Auch das Problem eines Datschniks von Gorki, den Mücken auf die Glatze stechen, ist heute den kahlköpfigen Männern sehr wohl bekannt. Die Spezies »russische Datscha-Mücke« scheint allen modernen Erfindungen, wie Sprays oder Steckdosen, gegenüber resistent oder anpassungsfähig zu sein. Aus dem regen Internetaustausch erfährt man über alle nur denkbaren Tricks und Methoden, mit denen der heutige Datschnik gegen diese »ägyptische Plage« und »Inquisition« vorgeht: »Ich habe in den Medien eine Empfehlung gelesen«, schreibt eine Datschniza, »gegen Mücken soll man Vitamine der Gruppe B einnehmen. Und das heißt, Bier trinken, in dem es viel davon gibt ...« Doch wenn die Mücke dank Bier oder einer neuen Wundersalbe auch nicht sticht, dann summt sie. Wie es sich in der Nachtstille anhört und wie man dagegen kämpft – siehe Tschechows Erzählungen.

Ein anderes nicht weniger typisches Datscha-Nachtgeräusch ist das Geschrei von Katern. Denn kaum auf der Datscha, beginnen sie den Kampf ums Territorium. Und um die Katzen. Fast jede von denen bekommt eine Schar von Verehrern. Tags kreisen sie im Garten, harren stundenlang vor den Fenstern aus, die frechsten kommen einfach auf die Veranda hereinspaziert. Und da hilft kein Schimpfen, kein Zischen, kein Klatschen – Tierärzte warnen: »Falls Ihre Katze eine Datscha-Romanze anfangen will, machen Sie sich keine Illusionen – Sie werden es nicht verhindern können!«

Das Gleiche gilt auch für die eigenen Kinder, die inzwischen keine Kinder, sondern Teenies und »junge Leute« geworden sind und ihr eigenes Datscha-Leben führen: Sie treffen sich ständig und hängen mit ihren Cliquen bis spät in die Nacht hinein herum. Sie feiern Geburtstage, und wenn die

Eltern nicht da sind, wilde Partys, wo viel getrunken und sehr viel Unsinn getrieben wird. Auch bei den Erwachsenen ist es nicht viel anders. »Jetzt sind wir 30 und viel ruhiger geworden, doch auf der Datscha können wir noch durchknallen ...« – singt eine der populärsten russischen Rockgruppen »Leningrad« und formuliert damit eine immer noch sehr wichtige Funktion der Datscha. Im gleichen Song fasst sie auch kurz die Geschichte der Garten-Datscha der letzten Jahre zusammen: »Früher haben die Frauen Kartoffeln gepflanzt, jetzt haben sie sich in dieser Hinsicht beruhigt ... jetzt kann man schlafen und angeln gehen.« Mit derben und oft unflätigen Worten geht die Petersburger Gruppe auch einer anderen wichtigen Motivation der Datscha auf den Grund: »In der Stadt ist es im Sommer fucking schrecklich, *heiß und schwül*, und man kann nicht einschlafen – der blanke Horror! ...« An Attributen für den Stadtsommer spart auch nicht der junge Kult-Rapper »Noise MC«, nur singt er nicht über Petersburg, sondern über Moskau: »Der Sommer in der Hauptstadt, der erhitzte Asphalt dampft, ... überall der heiße Atem dieser Stadt, ich glimme langsam, ... der Sommer der Hauptstadt – schwer wie eine Pistole ...« – »Und auf der Datscha«, bringt es die Gruppe »Leningrad« auf den Punkt, »auf der Datscha ist alles anders, ist alles fucking besser!« Das ist der Refrain ihres Liedes.

In viel sanfteren Tönen singt ein anderer populärer Popsänger, Pjotr Nalitsch: »Schau, ich weine beinahe, ich will auf die Datscha!« Seine Datscha ist eine klassische, in einer alten Siedlung mit bewaldeten Grundstücken, wo auch der Videoclip zum Song – eigentlich eine Liebeserklärung an eine Frau – gedreht wurde. Der Clip ist im Stil eines Homevideos gemacht und will auch nichts Spektakuläres, sondern über ein

Zusammenkommen der Freunde auf der Datscha erzählen. Genauer, über einen Spaziergang. Da kommen junge Leute – Mädchen in langen Kleidern, Jungs im zeitlosen Datscha-Look – zum Rand der Siedlung, wo eine Schaukel und ein Volleyballplatz sind und wo ein Feld anfängt: Dort spielen sie Ball, sie laufen herum, sie schlagen Purzelbäume, sie schaukeln, sie tanzen, sie spielen Gitarre, sie posieren fürs Gruppenbild. Immer wieder wird das Ganze in Schwarzweiß gezeigt. Im Grunde ist dieser Videoclip eine Illustration zu dreihundert Jahren immer gleichen Datscha-Lebens ... Und er enthält auch eine Zukunftsvision, wie es mit der Datscha-Tradition in der jungen Generation weitergehen könnte:

Schau, ich weine beinahe.
Ich will auf die Datscha.
Ich gestehe dir meine Gefühle.
Wir werden uns nie mehr trennen.
Wir bleiben auf der Datscha.

Zürich, März 2009   *Marina Rumjanzewa*

Auf der Datscha
НА ДАЧЕ

Ein Lesebuch

Generelle Anmerkung: In deutschen Übersetzungen war es lange Zeit üblich, die Datscha als Sommerhaus, als Sommervilla zu übertragen. Der Umzug auf die Datscha wurde zum Beispiel als Aufbruch in die Sommerfrische übersetzt. Datschniki etwa als Sommergäste oder Sommerfrischler bezeichnet. In neueren Übersetzungen trifft man immer häufiger auf eine Eindeutschung der erwähnten Begriffe.

WIR VERBRACHTEN DEN ABEND
AUF DER DATSCHA …
von ALEXANDER PUSCHKIN

Wir verbrachten den Abend auf der Datscha bei der Fürstin D. Das Gespräch kam irgendwie auf Madame de Staël. Baron Dalberg erzählte in schlechtem Französisch sehr schlecht die berühmte Anekdote: ihre Frage an Bonaparte, wen er für die Erste Frau der Welt halte, und seine köstliche Antwort: »Diejenige, die am meisten Kinder geboren hat« (»Celle qui a fait le plus d'enfants«).

»Was für ein prächtiges Epigramm!« bemerkte einer der Gäste.

»Das hatte sie verdient!« sagte eine Dame. »Wie kann man nur so plump nach Komplimenten fischen?«

»Mir scheint vielmehr«, sagte Sorochtin, der in einem Gambs-Sessel vor sich hin döste, »mir scheint, daß weder Madame de Staël an ein Madrigal noch Napoleon an ein Epigramm dachte. Die eine stellte die Frage allein aus sehr plausibler Neugierde; und Napoleon äußerte buchstäblich seine ehrliche Meinung. Aber Sie glauben nicht an die Arglosigkeit von Genies.«

Die Gäste begannen zu streiten, und Sorochtin döste wieder ein.

»Aber wahrhaftig«, fragte die Gastgeberin, »wen halten Sie für die Erste Frau der Welt?«

»Sehen Sie sich vor: Sie fischen nach Komplimenten …«

»Nein, Scherz beiseite …«

Nun hob das Gerede an: Die einen nannten Madame de Staël, andere die Jungfrau von Orléans und wieder andere die englische Königin Elisabeth, Madame de Maintenon, Madame Roland und so fort …

Ein junger Mann, der am Kamin stand (in Petersburg ist ein Kamin immer angebracht), mischte sich erstmalig in die Unterhaltung.

»Für mich«, sagte er, »ist Kleopatra die wunderbarste Frau.«

»Kleopatra?« fragten die Gäste. »Nun ja, natürlich … indes – warum eigentlich?«

»Es gibt einen Charakterzug in ihrem Leben, der sich meiner Phantasie so eingeprägt hat, daß ich praktisch keine Frau ansehen kann, ohne sofort an Kleopatra zu denken.«

»Und was ist das für ein Charakterzug?« fragte die Gastgeberin. »Erzählen Sie.«

»Ich kann nicht; das ist schwer zu erzählen.«

»Wieso denn das? Ist es etwa unschicklich?«

»Ja, wie fast alles, was die abscheulichen Sitten der Antike so lebhaft beschreibt.«

»Ach! Erzählen Sie, erzählen Sie!«

»Ach nein, erzählen Sie es nicht«, unterbrach die Wolskaja, eine Witwe durch Ehescheidung, und senkte prüde ihre feurigen Augen.

»Es reicht!« rief die Gastgeberin ungeduldig aus. »Qui est-ce donc que l'on trompe ici? Gestern haben wir *Antony* gesehen, und da drüben auf dem Kamin liegt *La Physiologie du Mariage*. Unschicklich! Genau das Richtige, um uns zu erschrecken. Hören Sie schon auf, uns an der Nase herumzuführen, Alexej Iwanytsch! Sie sind kein Journalist. Erzählen

Sie einfach, was Sie über Kleopatra wissen, allerdings ... seien Sie schicklich, wenn es geht ...«

Alle fingen an zu lachen.

»Meine Güte«, sagte der junge Mann. »Ich geniere mich: ich bin plötzlich schamhaft wie die Zensurbehörde. Aber sei's drum ...

Man muß wissen, daß es unter den lateinischen Historikern einen gewissen Aurelius Victor gib, von dem Sie vermutlich noch nie gehört haben.«

»Aurelius Victor?« unterbrach Werschnjow, der einst bei den Jesuiten zur Schule gegangen war. »Aurelius Victor ist ein Schriftsteller des IV. Jahrhunderts. Seine Werke werden Cornelius Nepos und sogar Sueton zugeschrieben; er hat das Buch *De Viris Illustribus* geschrieben, über berühmte Männer der Stadt Rom, ich kenne ihn ...«

»Sehr richtig«, fuhr Alexej Iwanytsch fort. »Sein Büchlein ist nicht viel wert, aber es enthält jene Legende über Kleopatra, die mich so verblüfft hat. Und was bemerkenswert ist: An dieser Stelle kommt der trockene, langweilige Aurelius Victor an Ausdruckskraft Tacitus gleich. Haec tantae libidinis fuit ut saepe prostiterit; tantae pulchritudinis ut multi noctem illius morte emerint ...«

»Herrlich!« rief Werschnjow. »Das erinnert mich an Sallust – wissen Sie noch? Tantae ...«

»Was soll denn das, meine Herren?« fragte die Gastgeberin. »Jetzt belieben Sie schon, sich auf Latein zu unterhalten! Wie amüsant für uns! Sagen Sie, was bedeutet Ihr lateinischer Satz?«

»Es geht darum, daß Kleopatra ihre Schönheit feilhielt und daß viele um den Preis ihres Lebens eine Nacht mir ihr erkauften ...«

»Wie abscheulich!« sagten die Damen. »Was finden Sie denn daran wunderbar?«

»Wie – was? Mir scheint, Kleopatra war keine wohlfeile Kokette und kannte ihren Wert. Ich habe ** vorgeschlagen, daraus ein Poem machen, er hat auch damit begonnen, es dann aber aufgegeben.«

»Daran hat er recht getan.«

»Worauf wollte er denn hinaus? Was war der Grundgedanke – können Sie sich nicht entsinnen?«

»Er beginnt mit der Beschreibung eines Gelages in den Gärten der ägyptischen Kaiserin.«

[...]

»Dieses Thema müßte man der Marquise George Sand zukommen lassen, die ist genau so eine schamlose Person wie Ihre Kleopatra. Sie würde Ihre ägyptische Anekdote den heutigen Sitten und Gebräuchen anpassen.«

»Unmöglich. Das wäre völlig unglaubwürdig. Es ist eine durch und durch antike Anekdote; ein derartiger Handel wäre heute ebenso illusorisch wie der Bau der Pyramiden.«

»Wieso denn illusorisch? Findet sich wahrhaftig unter den Frauen von heute keine einzige, die die Richtigkeit dessen, was man ihr alle Augenblicke versichert – nämlich daß man ihre Liebe teurer schätze als das eigene Leben –, nicht gerne wahrhaftig erfahren möchte?«

»Nehmen wir einmal an, wir würden das gerne in Erfahrung bringen. Aber wie kann man dieses gelehrte Experiment durchführen? Kleopatra verfügte über allerlei Mittel und Wege, um ihre Schuldner zur Zahlung zu zwingen. Aber wir? Freilich: Man kann solche Bedingungen kaum auf Wappenpapier schreiben und von der Zivilkammer beglaubigen lassen.«

»In dem Fall könnte man sich auf das Ehrenwort verlassen.«

»Wie das?«

»Die Frau könnte ihrem Liebhaber sein Ehrenwort abnehmen, sich am nächsten Tag zu erschießen.«

»Und wenn er am nächsten Tag in fremde Länder aufbricht, hat sie das Nachsehen.«

»Ja, wenn er bereit ist, auf ewig ehrlos zu sein in den Augen der Frau, die er liebt. Aber ist die Bedingung selbst wirklich so schwer? Ist das Leben wirklich eine solche Kostbarkeit, als daß es einen dauert, um seinen Preis das Glück zu erkaufen? Bedenken Sie: Der erstbeste Hallodri, den ich verachte, sagt ein Wort über mich, das mir in keiner Weise Schaden zufügen kann, und ich halte seiner Kugel meine Stirn hin. Ich habe kein Recht, dem erstbesten Raufbold, dem es einfällt, meine Kaltblütigkeit auf die Probe zu stellen, dieses Vergnügen zu versagen. Aber ich soll klein beigeben, wenn es um meine Seligkeit geht? Was ist das Leben, wenn es von Verzagtheit, von leerem Verlangen vergällt ist? Was bleibt, wenn seine Wonnen erschöpft sind?«

»Wären Sie wirklich imstande, auf eine solche Bedingung einzugehen?«

In dem Augenblick richtete die Wolskaja, die die ganze Zeit über schweigend dagesessen hatte, den Blick gesenkt, ihre Augen rasch auf Alexej Iwanytsch.

»Ich spreche nicht von mir selbst. Doch ein Mensch, der wahrhaft verliebt ist, wird selbstredend keine einzige Minute zögern …«

»Wie? Sogar für eine Frau, die Sie nicht liebte? (Und die, die Ihren Vorschlag annähme, liebte Sie gewiß nicht.) Allein der Gedanke an eine solche Grausamkeit würde die wahnwitzigste Leidenschaft ersticken …«

»Nein, in ihrer Zustimmung sähe ich lediglich die Leidenschaftlichkeit der Phantasie. Und was gegenseitige Liebe angeht ... die verlange ich gar nicht: Wenn ich liebe, was schert es dich?«

»Hören Sie auf – weiß Gott, was Sie da reden. Also das war es, was Sie uns nicht erzählen wollten?« –

Die junge Gräfin K., eine pummelige, häßliche Person, bemühte sich, ihrer Nase, die aussah wie eine in eine Runkelrübe gesteckte Zwiebel, einen gewichtigen Ausdruck zu verleihen, und sagte: »Es gibt auch heute Frauen, die sich für wertvoller halten ...«

Ihr Mann, ein polnischer Graf, der sie aus (wie man munkelte, falscher) Berechnung geheiratet hatte, senkte den Blick und trank seinen Tee aus.

»Was meinen Sie denn damit, Gräfin?« fragte ein junger Mann, der mit Mühe ein Lächeln unterdrückte.

»Damit meine ich«, erwiderte die Gräfin K., »daß eine sich selbst achtende Frau, die darauf achtet ...« Da verhedderte sie sich; Werschnjow eilte ihr zu Hilfe.

»Sie glauben, daß eine sich selbst achtende Frau nicht den Tod eines Sünders will – nicht wahr?«

Das Gespräch nahm eine andere Wendung.

Alexej Iwanytsch setzte sich neben die Wolskaja, neigte sich vor, als betrachte er ihre Arbeit, und sagte halblaut:

»Was halten Sie von Kleopatras Bedingung?«

Die Wolskaja schwieg.

Alexej Iwanytsch wiederholte seine Frage.

»Was soll ich Ihnen sagen? Auch heute kennt so manche Frau ihren Wert. Doch die Männer des 19. Jahrhunderts sind allzu kaltblütig, allzu vernünftig, um sich auf solche Bedingungen einzulassen.«

»Denken Sie«, fragte Alexej Iwanytsch mit plötzlich veränderter Stimme, »denken Sie, daß sich zu unserer Zeit, in Petersburg, hier, eine Frau findet, die genügend Stolz, genügend seelische Kraft hat, um einem Liebhaber Kleopatras Bedingungen vorzuschreiben?«

»Ja, da bin ich sogar sicher.«

»Täuschen Sie mich auch nicht? Überlegen Sie, es wäre zu grausam, grausamer als die Bedingung selbst ...«

Die Wolskaja blickte ihn mit feurigen, durchdringenden Augen an und sprach mit fester Stimme: »Nein.«

Alexej Iwanytsch erhob sich und war sogleich verschwunden.

Deutsch von Dorothea Trottenberg

Weisse Nächte

Ein sentimentaler Roman
Aus den Erinnerungen eines Träumers
von Fjodor Dostojewski
(Auszug)

> War er geschaffen nur dazu,
> In deines Herzens Nähe zu verweilen,
> Und sei's für einen einz'gen Nu? …
> *Iw. Turgenjew*

Die erste Nacht

Es war eine wundervolle Nacht, eine Nacht, lieber Leser, wie es sie allenfalls gibt, wenn man jung ist. Der Himmel so voller Sterne, so hell, daß man sich bei seinem Anblick unwillkürlich fragte: Ja, kann es denn unter einem solchen Himmel überhaupt verärgerte, mißlaunige Menschen geben? Auch diese Frage, lieber Leser, ist jung, sehr jung, aber möge der Herrgott sie auch Ihnen recht oft eingeben! Da ich nun einmal auf gewisse mißlaunige, ja verärgerte Herrschaften zu sprechen gekommen bin, kann ich nicht umhin, mich meines eigenen, so selbstgerechten Verhaltens während dieses ganzen Tages zu erinnern. Vom frühen Morgen an setzte mir eine rätselhafte Trübsal zu. Mir schien auf einmal: Alle verlassen mich und sagen sich von mir Einsamen los. Natürlich könnte jedermann fragen: Wer ist denn das – »alle«? Ich lebe nämlich nun schon acht Jahre in Petersburg und habe mir fast keine einzige nähere Bekanntschaft zuzulegen verstanden. Aber was sollen mir auch Bekanntschaften? Kenn ich doch ohnehin ganz Petersburg; und eben weil ganz Petersburg plötzlich aufbrach und sich in die Sommerfrische aufmachte, fühlte ich mich von allen verlassen. Mir wurde schwer ums Herz, so allein bleiben zu müssen, und volle drei Tage streifte ich, aufs tiefste bedrückt, durch die Stadt, ohne im mindesten zu verstehen, was in mir vorging. Ob ich über den Newski spazierte, ob ich durch einen Park oder am Quai entlangschlenderte – keine einzige von den Personen, denen ich an immer derselben Stelle, zu immer derselben Stunde zu begegnen gewohnt war, das ganze Jahr hindurch! Sie alle kennen mich natürlich nicht, aber ich kenne sie, wenn auch nur vom Sehen. Ich habe ihre Gesichter studiert, freue mich, wenn sie vergnügt sind, und bin traurig, wenn sie finster dreinschauen. Mit einem alten Herrn, den ich Tag für Tag zu einer bestimmten Stunde an der Fontanka treffe, habe ich mich fast angefreundet. Sein Gesichtsausdruck ist vornehm und nachdenklich; er murmelt in einem fort etwas vor sich hin und schlenkert mit der linken Hand, während er in der rechten einen langen, knotigen Spazierstock mit goldenem Knauf hält. Auch er hat mich bemerkt und nimmt inneren Anteil an mir. Ich bin sicher, er ist betrübt, wenn ich einmal nicht zu gewohnter Zeit an derselben Stelle an der Fontanka auftauche. Das ist wohl auch der Grund, warum wir uns manchmal beinahe voreinander verneigen, besonders, wenn wir guter Laune sind. Neulich, als wir uns volle zwei Tage nicht gesehen hatten und am dritten trafen, griffen wir beide nach den Hüten, besannen uns aber noch rechtzeitig, ließen die Hände sinken und gingen nicht ohne innere Bewegung aneinander vorbei. Auch die Häuser sind mir wohlbekannt. Wenn ich vorbeigehe, scheint sich jedes von ihnen rasch an die Straße zu drängen, mich mit allen seinen Fenstern anzublicken und zu sagen: Guten Tag! Wie geht es Ihnen? Auch ich bin Gott sei Dank wohlauf, und im Mai soll ich um eine Etage aufgestockt werden. – Oder: Wie geht es Ihnen? An mir beginnen morgen die Reparaturarbeiten. – Oder auch: Ich wäre beinahe abgebrannt und hab einen ziemlichen Schreck bekommen. – Und was dergleichen mehr ist. Ich habe Lieblinge und gute Freunde unter ihnen; eins davon will sich in diesem Sommer von einem Architekten kurieren lassen. Ich habe die Absicht, ihm jeden Tag einen Besuch abzustatten, damit es – gottbewahre! – nicht verpfuscht wird. Denn wie könnte ich die Geschichte mit dem wunderhübschen, hellrosa gestrichenen steinernen Häuschen vergessen, das mich immer so freundlich ansah und so stolz auf seine ungeschlachten Nachbarn blickte, daß mir jedesmal, wenn ich an ihm vorüberkam, das Herz im Leibe hüpfte. Und plötzlich geh ich vorige Woche die Straße entlang, seh hin zu meinem alten Freund und höre ihn jammern: »Sie streichen mich gelb an!« Die Bösewichter, die Unmenschen! Nichts verschonten sie, weder die Säulen noch die Gesimse, und mein alter Bekannter nahm allmählich die Farbe eines Kanarienvogels an. Mir lief bei diesem Anblick beinah die Galle über, und bis auf den heutigen Tag kann ich mich nicht entschließen, meinen armen, entstellten, in das Gelb des chinesischen Kaiserreichs gehüllten Liebling wieder aufzusuchen.

So, mein Leser, jetzt werden Sie verstehen, auf welche Weise ich mit ganz Petersburg bekannt bin.

Ich habe schon gesagt, daß mir die Unruhe volle drei Tage zusetzte, bevor ich ihre Ursache erkannte. Mir war weder auf der Straße (da fehlte der, da fehlte jener, und wo war Soundso geblieben?) noch zu Hause wohl. Zwei Abende versuchte ich dahinterzukommen, was mir an meiner Behausung nicht behagte, warum mir der Aufenthalt darin so verleidet war. Ich sah mir ratlos die verräucherten grünen Wände und die Zimmerdecke voller Spinnweben an, die Matrjona mit viel Erfolg züchtete, musterte mein gesamtes Mobiliar, nahm jeden Stuhl unter die Lupe und fragte mich, ob nicht der Grund meines Unmuts bei ihnen liege (ich bin nämlich, sobald nur einer von ihnen anders steht als sonst, einfach nicht zu gebrauchen); ich blickte auch aus dem Fenster, aber alles vergebens … Mir wurde nicht im geringsten leichter zumute! Ich kam sogar auf den Einfall, Matrjona zu mir zu zitieren, und hielt ihr der Spinnweben und überhaupt ihrer Schlampigkeit wegen eine väterliche Gardinenpredigt. Sie sah mich nur verständnislos an und entfernte sich, ohne auch nur ein Wort zu erwidern; so hängen die Spinnweben auch weiterhin wohlbehalten an Ort und Stelle. Schließlich kam ich – erst heute früh – dahinter, worum es sich handelte. Ha! Sie entwischten mir in die Sommerfrische! Entschuldigen Sie den trivialen Ausdruck, aber es geht mir jetzt nicht um den hohen Stil, jetzt, wo doch alles, was es in Petersburg gab, in die Sommerfrische übergesiedelt war oder im Begriff stand, es zu tun, wo doch jeder bessere Herr von gesetztem Äußeren, der eine Droschke mietete, sich in meinen Augen sogleich in einen ehrenwerten Familienvater verwandelte, der nach Erledigung seines gewohnten dienstlichen Pensums ohne Gepäck in die Sommerfrische, in den Schoß seiner Familie strebte, wo jeder Fußgänger, der einem begegnete, eine ganz eigentümliche Miene zur Schau trug, die wohl jedem, der seinen Weg kreuzte, verriet: Ich, meine Herrschaften, bin nur vorübergehend hier, für ein, zwei Stunden, dann fahre ich in die Sommerfrische. – Wenn sich ein Fenster öffnete, an das zuvor schneeweiße schlanke Finger gepocht hatten, und ein hübsches Mädchen den Kopf herausstreckte und einem Hausierer winkte, der Blumentöpfe feilbot, sagte ich mir im selben Augenblick: Diese Blumen werden keineswegs erworben, um sich ihrer und des Frühlings in der stickigen Stadtwohnung zu erfreuen, vielmehr wird man sehr bald in die Sommerfrische ziehen und die Blumen mitnehmen. Und nicht genug damit. Ich hatte in der neuen, speziellen Art meiner Betrachtung bereits solche Fortschritte gemacht, daß ich schon nach dem bloßen Auftreten der Menschen einwandfrei bestimmen konnte, wo sich der oder jener in der Sommerfrische angesiedelt hatte. Die Sommerfrischler von der Kamenny- oder der Aptekarski-Insel und die Anwohner der Straße nach Peterhof zeichneten sich durch die einstudierte Eleganz ihrer Allüren, die stutzerhaften Sommeranzüge und die wunderschönen Equipagen aus, in denen sie in die Stadt kamen. Diejenigen, die in Pargolowo oder noch weiter weg Quartier bezogen hatten, »imponierten« auf den ersten Blick durch ihre Verständigkeit und Solidität; die Bewohner der Krestowski-Insel erkannte man an ihren unerschütterlich fröhlichen Mienen. Ob mir nun ein langer Zug von Lastfuhrleuten begegnete, welche, die Zügel in der Hand, träge neben den Fuhren mit Bergen von Möbelstücken dahinschritten – Tischen, Stühlen, türkischen und anderen Diwanen nebst allerlei sonstigem Hausrat, auf dem ganz oben nicht selten eine abgezehrte Köchin thronte und ein wachsames Auge auf das herrschaftliche Besitztum hatte –, oder ob ich auf die mit Hausrat beladenen Frachtkähne blickte, die auf der Newa oder der Fontanka in Richtung des Flüßchens Tschornaja oder der »Inseln« glitten – die Fuhren und die Kähne verzehnfachten, verhundertfachten sich in meinen Augen. Alles schien sich im Aufbruch zu befinden und in langen Karawanen in die Sommerfrische zu streben; ganz Petersburg schien sich in eine Einöde verwandeln zu wollen. Ich fühlte mich schließlich beschämt, war verärgert und betrübt, denn ich hatte entschieden nicht den geringsten Anlaß, mich in die Sommerfrische zu begeben, auch hätte ich gar nicht gewußt, wohin. Ich war bereit, mit jeder Fuhre auf und davon zu gehen, mit jedem ehrbar aussehenden Herrn, der eine Droschke mietete, hinauszufahren; aber niemand, schlechterdings niemand lud mich dazu ein. Es war, als hätte man mich vergessen, als wäre ich wahrhaftig für sie ein Fremder!

Ich ging lange und viel umher und hatte nach meiner Gewohnheit längst vergessen, wo ich war, bis ich mich auf einmal an der Stadtgrenze befand. Im Nu wurde ich heiter, passierte den Schlagbaum und schritt zwischen Wiesen und bestellten Feldern dahin, ohne Müdigkeit zu verspüren; ich fühlte nur mit allen meinen Fasern, wie mir ein Stein vom Herzen fiel. Alle Vorüberfahrenden blickten mich so freundlich an, daß es fast aussah, als wollten sie mich grüßen; alle waren über etwas froh, und ausnahmslos alle rauchten Zigarren. Auch ich war froh wie nie zuvor. Mir war, als befände ich mich plötzlich in Italien – so stark beeindruckte mich, den angekränkelten, in seinen Steinmauern beinah erstickten Städter, die Natur.

Es ist etwas unerklärlich Rührendes an unserer Petersburger Natur, wenn sie mit Anbruch des Frühlings plötzlich die ganze Macht, die ganze ihr vom Himmel verliehene Kraft hervorkehrt, sich belaubt, sich schönmacht, sich mit bunten Blumen schmückt. Sie erinnert mich dann unwillkürlich an ein schwächliches, kränkliches junges Mädchen, das man manchmal mit Bedauern, ein anderes Mal mit mitleidiger Liebe anblickt, ein drittes Mal einfach nicht bemerkt, das aber einem dann plötzlich und unvermutet für einen Moment so unerklärlich und wunderbar schön erscheint, daß man sich unwillkürlich betroffen, ja hingerissen fragt: Welche Macht hat diese nachdenklichen, traurigen Augen so freudig aufblitzen lassen? Was hat das Blut in diese blassen, abgemagerten Wangen getrieben? Was hat in diesen zarten Gesichtszügen eine solche Leidenschaft entfacht? Was brachte diese Brust zum Wogen? Was rief auf einmal Kraft, Leben und Schönheit auf dem Gesicht des armen Mädchens hervor, was ließ ein solches Lächeln auf ihm erstrahlen, was gab den Anlaß zu diesem funkelnden, sprühenden Lachen? Sie blicken sich um, Sie suchen nach jemand, Sie sind dabei, es zu erraten ... Doch dieser Moment vergeht, und vielleicht schon morgen begegnen Sie wieder dem früheren abwesenden, nachdenklichen Blick, demselben blassen Gesicht, derselben Schüchternheit und Schicksalsergebenheit der Bewegungen, vielleicht bemerken Sie sogar Reue, Spuren von tödlicher Betrübtheit und Verärgerung über die Hingabe an den Augenblick ... Und Sie bedauern, daß diese momentane Schönheit so rasch, so unwiederbringlich erlosch, so trügerisch und unnütz vor Ihnen aufblitzte; Sie bedauern es, weil Sie nicht einmal die Zeit fanden, sie liebzugewinnen ...

Und dennoch war meine Nacht schöner als der Tag! Und das kam so.

Ich kehrte sehr spät in die Stadt zurück; es schlug schon zehn, als ich mich meiner Wohnung näherte. Mein Weg führte mich den Uferdamm eines Kanals entlang, auf dem man zu dieser Stunde keine Menschenseele trifft. Ich lebe allerdings in einem sehr abgelegenen Stadtteil. Ich schritt dahin und sang, weil ich, sobald ich glücklich bin, unweigerlich vor mich hin summe – wie jeder glückliche Mensch, der weder Freunde noch gute Bekannte noch sonst jemand hat, dem er sich in einem Augenblick der Freude mitteilen kann. Plötzlich begegnete mir ein völlig unerwartetes Abenteuer.

Seitab stand eine weibliche Gestalt, die sich an das Kanalgeländer lehnte; die Ellenbogen auf das Gitter gestützt, schien sie sehr aufmerksam in das trübe Wasser zu blicken. Sie trug ein reizendes gelbes Hütchen und eine kokette schwarze Mantille. Ein junges Mädchen und unbedingt eine Brünette, sagte ich mir. Sie hatte meine Schritte offenbar nicht gehört und rührte sich auch nicht, als ich mit angehaltenem Atem und heftig klopfendem Herzen an ihr vorbeiging. Sonderbar, dachte ich, sicherlich ist sie ganz in Gedanken versunken; aber plötzlich blieb ich wie angewurzelt stehen. Ich glaubte ein dumpfes Schluchzen gehört zu haben. Ja, ich hatte mich nicht geirrt: Das Mädchen weinte und schluchzte in kurzen Abständen auf. Mein Gott! Mir krampfte sich das Herz zusammen. Und so schüchtern ich im Umgang mit Frauen auch bin, dieser Augenblick war zu ungewöhnlich! Ich kehrte um, trat auf sie zu und hätte bestimmt »Gnädige Frau!« zu ihr gesagt, wäre mir nicht bekannt, daß diese Anrede schon tausendfach in allen mondänen russischen Romanen gebraucht worden ist. Nur das hielt mich zurück. Während ich jedoch nach dem richtigen Wort suchte, kam das Mädchen zu sich, sah sich um, besann sich, senkte den Blick und huschte den Quai entlang an mir vorbei. Ich ging ihr sogleich nach, doch sie spürte es, verließ den Uferdamm, wechselte auf die andere Straßenseite hinüber und lief dort weiter. Ich wagte es nicht, ihr auf die andere Seite zu folgen. Mein Herz flatterte wie das eines ins Netz gegangenen Vogels. Plötzlich kam mir ein Zufall zu Hilfe.

Auf dem Bürgersteig gegenüber tauchte auf einmal unweit von meiner Unbekannten ein Herr im Frack auf, zwar von solidem Alter, aber von keineswegs allzu solidem Gang. Er taumelte und tastete sich vorsichtig an den Häuserwänden entlang. Das Mädchen flog wie ein Pfeil dahin, verstört und angstvoll, wie alle Mädchen es tun, die nicht wünschen, daß ihnen jemand des Nachts seine Begleitung anträgt, und natürlich hätte der taumelnde Herr sie nie im Leben eingeholt, hätte ihn mein Schicksal nicht auf den Gedanken gebracht, nach schier unmöglichen Mitteln zu suchen. Er riß sich, ohne ein Wort zu sagen, unvermutet von der Wand los, stürzte, was ihn die Beine trugen, auf und davon und rannte meiner Unbekannten nach. Sie hastete vorwärts, lief wie der Wind, aber der angetrunkene Herr kam ihr immer näher und holte sie schließlich ein; das Mädchen schrie auf, und ich pries das Schicksal für den ausgezeichneten Knotenstock, den ich zufällig in meiner Rechten hielt. Ich war im Handumdrehen auf der anderen Straßenseite; der unerwünschte Kavalier begriff, worum es ging, zog die unabweisbaren Vernunftgründe in Betracht, schwieg still, ließ uns in Frieden und setzte sich erst, nachdem wir schon weit von ihm entfernt waren, mit ziemlich energischen Ausdrücken gegen mich zur Wehr. Doch seine Worte drangen kaum an unser Ohr.

»Reichen Sie mir den Arm«, sagte ich zu der Unbekannten, »und er wird es nicht mehr wagen, uns zu belästigen.«

Sie überließ mir schweigend den noch von der Aufregung und dem Schreck zitternden Arm. O ungebetener Kavalier! Wie ich dich in diesem Augenblick pries! Ich streifte sie mit einem flüchtigen Blick: Sie war reizend, und sie war brünett – ich hatte richtig geraten; in ihren schwarzen Wimpern glitzerten noch die Tränen des eben überstandenen Schrecks oder des ihm vorangegangenen Kummers – ich weiß es nicht. Auf ihren Lippen aber spielte schon ein Lächeln. Auch sie sah mich verstohlen an, errötete ein wenig und senkte den Blick.

»Sehen Sie – warum haben Sie mich abgewiesen? Wäre ich an Ihrer Seite gewesen, wäre all das nicht geschehen …«

»Aber ich kannte Sie doch noch gar nicht, ich glaubte, daß auch Sie …«

»Und jetzt kennen Sie mich?«

»Ein bißchen schon. Warum zum Beispiel zittern Sie?«

»Oh, Sie durchschauen mich auf den ersten Blick!« entgegnete ich, begeistert, daß mein Mädchen so gescheit war – ist das doch, wenn man schön ist, keineswegs störend. »Sie haben sogleich herausgefunden, mit was für einem Menschen Sie es zu tun haben. Es stimmt, ich bin Frauen gegenüber schüchtern, und ich bestreite nicht, daß ich erregt bin, nicht weniger erregt, als Sie vor einer Minute waren, als dieser Herr Sie so erschreckte … Auch mir sitzt der Schreck in den Gliedern. Mir ist, als ob ich träumte; und dabei hätte ich nicht mal im Traum erwartet, daß ich je im Leben so mit einem weiblichen Wesen sprechen würde.«

»Wie? Ist das Ihr Ernst?«

»Ja. Und wenn mein Arm zittert, so rührt es daher, daß er noch nie von einem so hübschen kleinen Händchen umklammert worden ist. Ich bin Frauen nicht mehr gewohnt, genauer gesagt – ich bin sie auch nie gewohnt gewesen; ich steh doch allein … Ich weiß nicht einmal, wie man mit ihnen spricht. Ich bin mir auch jetzt nicht im klaren, ob ich Ihnen nicht eine Dummheit gesagt habe. Dann sprechen Sie es offen aus. Ich mache Sie darauf aufmerksam: Ich bin nicht übelnehmerisch.«

»Nein, nein, durchaus nicht, im Gegenteil. Und da Sie schon verlangen, ich soll offen zu Ihnen sein, will ich gleich sagen: Solche Schüchternheit gefällt den Frauen. Und wenn Sie noch mehr wissen wollen – sie gefällt auch mir; ich werde Sie nicht von meiner Seite weisen, bis wir vor meinem Hause sind.«

»Sie werden damit erreichen«, begann ich, atemlos vor Entzücken, »daß meine Schüchternheit auf der Stelle verfliegt, und dann – ade, all meine Mittel!«

»Ihre Mittel? Was denn für Mittel? Und wozu? Das ist aber nicht mehr schön.«

»Verzeihen Sie, ich sag's nicht wieder, das ist mir unbedacht entschlüpft, Sie können aber nicht erwarten, daß ich in einem solchen Augenblick nicht den Wunsch hätte ...«

»Mir zu gefallen, ja?«

»Ja, natürlich! Aber seien Sie um Gottes willen nachsichtig mit mir! Bedenken Sie, wen Sie vor sich haben! Ich bin schon sechsundzwanzig Jahre alt und habe noch nie irgendwelchen Umgang gehabt! Wie sollte ich gut, gewandt und passend zu reden verstehen? Doch desto vorteilhafter für Sie, wenn alles offen über die Lippen kommt. Ich kann nicht schweigen, wenn mein Herz spricht. Aber einerlei ... Ob Sie es glauben oder nicht – ich habe noch keine Frau gehabt, noch nie, niemals! Auch keinerlei Bekanntschaften! Ich träume nur jeden Tag davon, daß mir endlich einmal jemand begegnet ... Ach, wenn Sie wüssten, wie oft ich schon auf diese Weise verliebt war!«

»Ja, wie denn, in wen denn?«

»In niemand, in ein Ideal, in die, die mir im Traum erschien. In meinen Träumen erdichte ich ganze Romane. Oh, Sie kennen mich nicht! Gewiß, ganz ohne geht es natürlich nicht ab, und zwei, drei Frauen sind mir schon über den Weg gelaufen, aber was waren das schon für Frauen? Haushälterinnen, solche Haushälterinnen, daß man ... Und jetzt werde ich

Sie zum Lachen bringen, wenn ich bekenne, daß ich schon mehrmals im Begriff stand, so mir nichts, dir nichts eine Aristokratin auf der Straße anzusprechen, selbstverständlich, wenn sie allein war; ich wollte sie ansprechen, natürlich schüchtern, ehrerbietig, leidenschaftlich, und ihr sagen, daß ich allein zugrunde gehe, daß sie mich nicht abweisen möge, daß ich keinen Weg weiß, eine Frau kennenzulernen; ich wollte ihr einreden, daß es letzten Endes zu den Pflichten einer Frau gehöre, die schüchterne Bitte eines so unglücklichen Menschen wie ich nicht abzuschlagen, daß schließlich alles, was ich verlange, nur darin bestehe, mir ein paar teilnahmsvolle, brüderliche Worte zu sagen, mich nicht gleich davonzujagen, mir aufs Wort zu glauben, mir zuzuhören – auch wenn man mich auslachte, mir Hoffnung zu machen, mir ein paar Worte – nur ein paar Worte – zu erwidern, auch wenn wir uns danach nie wiedersehen würden! – Aber Sie lachen ja ... Im übrigen – dazu erzähl ich's auch ...«

»Seien Sie mir nicht böse; ich lache nur, weil Sie sich selber der ärgste Feind sind. Hätten Sie es versucht, Sie hätten vielleicht Erfolg gehabt, auch auf der Straße – je einfacher, desto besser ... Keine mitfühlende Frau, es sei denn, sie wäre einfach dumm oder in dem Augenblick gerade besonders über etwas verärgert gewesen, hätte Sie ohne diese paar Worte, um die Sie so schüchtern flehten, weggeschickt ... Im übrigen – was rede ich da! Sie hätte Sie natürlich für einen Verrückten gehalten. Ich habe nach mir selbst geurteilt. Weiß ich doch, wie es unter den Menschen zugeht!«

»Oh, ich danke Ihnen«, rief ich, »Sie wissen nicht, was Sie in dieser Minute für mich getan haben!«

»Schon gut, schon gut! Aber sagen Sie, woran haben Sie erkannt, daß ich ein weibliches Wesen bin, mit dem man ...

das Sie ... nun ja ... der Aufmerksamkeit und Freundschaft für würdig hielten ... mit einem Wort, daß ich keine Haushälterin bin, wie Sie sich ausdrückten. Wieso haben Sie sich entschlossen, auf mich zuzutreten?«

»Wieso! Wieso! Aber Sie waren doch allein, und es war Nacht, und dieser Herr gebärdete sich allzu kühn. Sie werden zugeben, daß es meine Pflicht war ...«

»Nein, nein, ich meine vorher, dort, auf der anderen Seite. Sie wollten doch schon dort auf mich zutreten?«

»Dort, auf der anderen Seite? Jetzt weiß ich wirklich nicht, wie ich antworten soll; ich fürchte mich ... Ich fühlte mich, wissen Sie, heute glücklich; ich schritt dahin und sang; ich war außerhalb der Stadt gewesen; solche glücklichen Stunden hatte ich noch nie erlebt. Sie ... mir schien ... Bitte verzeihen Sie, wenn ich Sie daran erinnere. Mir schien, Sie weinten, und ich ... ich konnte es nicht ertragen, mir krampfte sich das Herz zusammen ... Mein Gott! Durfte ich denn nicht traurig darüber sein? War es denn eine Verfehlung, brüderliches Mitleid mit Ihnen zu fühlen? Entschuldigen Sie den Ausdruck Mitleid ... Mit einem Wort, konnte ich Sie kränken, nur weil ich unwillkürlich auf Sie zutrat?«

»Schon gut, genug, lassen wir das«, sagte das Mädchen, senkte den Blick und preßte meine Hand. »Ich bin selber schuld, ich habe davon angefangen; aber ich freue mich, daß ich mich nicht in Ihnen getäuscht habe ... So, ich bin so gut wie zu Hause; ich muß in diese Seitengasse, nur noch wenige Schritte ... Leben Sie wohl, ich danke Ihnen ...«

»Ja, werden wir uns, werden wir uns denn nie wiedersehen? Soll es wirklich dabei bleiben?«

»Schauen Sie«, sagte lachend das Mädchen, »Sie wollten zuerst nur ein paar Worte von mir hören, und nun ... Im übrigen will ich nichts gesagt haben. Kann sein, daß wir uns wiedersehen ...«

»Ich komme morgen hierher«, entgegnete ich. »Oh, verzeihen Sie, ich fordere bereits ...«

»Ja, Sie sind ungeduldig. Sie fordern fast ...«

»Hören Sie zu, hören Sie zu!« unterbrach ich sie. »Verzeihen Sie, wenn ich wieder so etwas von mir gebe ... Die Sache ist die: Ich kann nicht anders, ich muß gleich morgen wieder hierherkommen. Ich bin ein Träumer; es gibt in meinem Leben so wenig Wirkliches, und ein Augenblick wie dieser ist für mich etwas so Seltenes, daß ich ihn unweigerlich in meinen Träumen nacherleben werde. Ich werde die ganze Nacht, die ganze Woche, das ganze Jahr von Ihnen träumen. Ich komme morgen unbedingt wieder her, an ebendieselbe Stelle, zu ebenderselben Stunde, und werde mich an das Heutige erinnern und glücklich sein. Allein schon diese Stelle ist mir lieb. Ich habe bereits zwei, drei solche Stellen in Petersburg. Eines Tages brach ich bei meinen Erinnerungen sogar in Tränen aus, wie heute Sie ... Wer weiß, ob nicht auch Sie vor zehn Minuten weinten, weil Sie sich an etwa erinnerten ... Verzeihen Sie mir, ich vergesse mich schon wieder! Sie sind hier irgendwann vielleicht besonders glücklich gewesen ...«

»Gut«, erwiderte das Mädchen, »auch ich werde morgen möglicherweise hier sein, und wieder um zehn Uhr. Ich sehe ein, ich kann es Ihnen nicht mehr verwehren zu kommen ... Ich muß ohnehin hierher; glauben Sie also nicht, ich gebe Ihnen ein Stelldichein; geradeheraus gesagt, ich habe meine eigenen Gründe herzukommen. Andererseits ... Also schön, ich will ganz offen sein: Es macht nichts, wenn auch Sie sich einfinden; erstens kann es wieder ähnliche Unannehmlichkeiten geben wie heute, aber das nur nebenbei ... Kurz und gut, ich möchte Sie einfach wiedersehen ... um Ihnen ein paar Worte zu sagen. Nur, wissen Sie, verurteilen Sie mich darum nicht ... Glauben Sie nicht, daß ich so leicht ein Stelldichein gewähre. In Ihrem Fall tät ich es ja, wäre ich nicht ... Doch das soll mein Geheimnis bleiben! Nur gilt das alles unter einer Bedingung ...«

»Unter einer Bedingung? Reden Sie, sprechen Sie, sprechen Sie; ich bin mit allem einverstanden und zu allem bereit«, rief ich begeistert. »Ich kann mich für mich verbürgen – ich werde ehrerbietig und gehorsam sein. Sie kennen mich ...«

»Eben weil ich Sie kenne, mache ich den Vorschlag, daß wir uns morgen treffen«, entgegnete das Mädchen lachend. »Ich kenne Sie genau. Aber passen Sie auf, nur unter einer Bedingung komme ich. Seien Sie so gut und erfüllen Sie meine Bitte – Sie sehen, ich bin ganz offen – und verlieben Sie sich nicht in mich ... Das darf nicht sein, versichere ich Ihnen. Zur Freundschaft mit Ihnen bin ich bereit, hier – meine Hand darauf ... Aber verlieben dürfen Sie sich nicht, ich bitte Sie darum!«

»Ich schwöre es Ihnen«, rief ich und ergriff ihre Hand.

»Nein, schwören Sie nicht, ich weiß doch. Sie können aufflammen wie Schießpulver! Verurteilen Sie mich nicht, wenn ich so rede. Wenn Sie wüßten ... Auch ich habe niemand, mit dem ich ein Wort sprechen, bei dem ich mir einen Rat holen könnte. Natürlich, man sucht einen Ratgeber nicht auf der Straße, aber Sie sind eine Ausnahme. Ich kenne Sie, als wären wir seit zwanzig Jahren Freunde ... Sie lassen mich doch nicht im Stich, nicht wahr?«

»Sie werden sehen ... Nur weiß ich nicht, wie ich die nächsten vierundzwanzig Stunden überstehen soll.«

»Schlafen Sie möglichst fest! Gute Nacht, und vergessen Sie nicht – ich glaube Ihnen. Sie haben vorhin so schön ausgerufen: Muß man sich wirklich für jedes seiner Gefühle verantworten, selbst für sein brüderliches Mitgefühl? – Wissen Sie, das war so hübsch gesagt, daß ich sofort auf den Gedanken kam, mich Ihnen anzuvertrauen.«

»Aber in welcher Hinsicht denn? Um Gottes willen! Was bedrückt Sie?«

»Auf morgen! Soll es bis dahin mein Geheimnis bleiben. Desto besser für Sie – sieht wenigstens von weitem nach einer Liebschaft aus. Ich sage es Ihnen vielleicht schon morgen, vielleicht auch nicht … Wir müssen vorher noch miteinander reden, uns besser kennenlernen …«

»Oh, ich werde Ihnen gleich morgen alles von mir erzählen! Aber was ist das? Mir ist, als geschehe mit mir ein Wunder … Mein Gott, wo bin ich? Sagen Sie, sind Sie vielleicht mit sich unzufrieden, weil Sie nicht böse auf mich wurden, wie andere es geworden wären, und mich nicht auf der Stelle abgewiesen haben? Wenige Minuten, und Sie haben mich für immer glücklich gemacht. Ja, glücklich! Wer weiß, vielleicht haben Sie mich mit mir selber ausgesöhnt und alle meine Zweifel ausgelöscht. Mich überkommen manchmal solche Augenblicke … Aber schon gut, all das erzähle ich Ihnen morgen, Sie sollen alles, alles erfahren …«

»Gut, abgemacht; Sie fangen also an …«

»Einverstanden.«

»Auf Wiedersehen!«

»Auf Wiedersehen!«

Und wir trennten uns. Ich irrte die ganze Nacht umher; ich konnte mich nicht entschließen, nach Hause zurückzukehren. Ich war so glücklich … »Auf morgen!«

Deutsch von Georg Schwarz

Aus den Notizen eines Jähzornigen
von Anton Čechov

Ich bin ein ernster Mensch, und mein Gehirn hat eine Schwäche für das Philosophische. Von Beruf bin ich Finanzwissenschaftler, ich studiere das Finanzrecht und schreibe eine Dissertation mit dem Titel: ›Vergangenheit und Zukunft der Hundesteuer‹. Sie werden zugeben, daß ich keinen Sinn für Mädchen, Romanzen, den Mond und allerlei andere Dummheiten haben kann.

Es ist Morgen. Zehn Uhr. Meine maman gießt mir ein Glas Kaffee ein. Ich trinke den Kaffee und gehe auf den kleinen Balkon hinaus, um mich sogleich an meine Dissertation zu machen. Ich nehme ein leeres Blatt Papier, tauche die Feder ein und schreibe den Titel nieder: ›Vergangenheit und Zukunft der Hundesteuer‹. Nach kurzem Nachdenken fahre ich fort: ›Geschichtlicher Überblick. Nach gewissen Hinweisen bei Herodot und Xenophon zu urteilen, liegt der Ursprung der Hundesteuer ...‹

In diesem Augenblick höre ich jedoch höchst verdächtige Schritte. Ich blicke vom Balkon und sehe ein junges Mädchen mit langem Gesicht und langer Taille. Sie heißt, glaube ich, Nadenka oder Varenka, was übrigens absolut gleichgültig ist. Sie sucht etwas, sieht mich scheinbar nicht und summt vor sich hin: »Denkst du noch an das Lied voller Zärtlichkeit ...«

Ich überlege, was ich geschrieben habe, und will fortfahren, aber das Mädchen tut, als bemerke es mich gerade, und sagt mit trauriger Stimme:

»Guten Tag, Nikolaj Andreič! Stellen Sie sich vor, was mir passiert ist! Da gehe ich gestern spazieren und verliere doch eine Berlocke von meinem Armband!«

Ich überlese noch einmal den Anfang meiner Dissertation, verbessere den Querstrich des Buchstaben Z und will fortfahren, doch das Mädchen läßt nicht locker.

»Nikolaj Andreič«, sagt sie, »seien Sie so lieb und begleiten Sie mich nach Haus! Die Karelins haben einen so riesigen Hund, daß ich mich nicht allein an ihm vorbeitraue.«

Was soll man machen? Ich lege also die Feder aus der Hand und gehe hinunter. Nadenka oder Varenka hakt sich bei mir ein, und wir streben gemeinsam ihrem Sommerhaus zu.

Wenn mir die Pflicht zufällt, Arm in Arm mit einer Dame oder mit einem jungen Mädchen zu gehen, fühle ich mich stets als eine Art Haken, an den man einen schweren Pelz gehängt hat; Nadenka oder Varenka aber – unter uns gesagt –, eine leidenschaftliche Natur (ihr Großvater war Armenier), besitzt die besondere Gabe, sich mit der ganzen Schwere ihres Körpers an Ihren Arm zu hängen und sich gleich einem Blutegel an Ihrer Seite festzusaugen. Wir gehen also nebeneinander her … Als wir bei den Karelins vorbeikommen, sehe ich den großen Hund und werde an die Hundesteuer erinnert. Ich denke mißgestimmt an die begonnene Arbeit und seufze.

»Worüber seufzen Sie?« fragt Nadenka oder Varenka und seufzt ebenfalls.

Ich muß hier einschalten, daß sich Nadenka oder Varenka (jetzt erinnere ich mich, daß sie, glaube ich, Mašenka heißt) aus irgendeinem Grunde einbildet, ich sei in sie verliebt, und sie betrachtet es als ein Gebot der Nächstenliebe, mich ständig mitfühlend anzublicken und meine Seelenwunde durch Zureden zu heilen.

»Hören Sie«, sagt sie und bleibt stehen, »ich weiß, warum Sie seufzen. Sie sind verliebt, jawohl! Ich bitte Sie aber im Namen unserer Freundschaft, mir zu glauben, das Mädchen, das Sie lieben, ist von Hochachtung für Sie erfüllt! Sie vermag Ihre Liebe nicht mit der gleichen Münze zu entgelten, was kann sie indessen dafür, wenn ihr Herz bereits lange einem anderen gehört?«

Mašenkas Nase wird rot und schwillt an, ihre Augen füllen sich mit Tränen; sie erwartet offenbar eine Antwort von mir, aber glücklicherweise sind wir gerade angelangt ... Auf der Terrasse sitzt Mašenkas maman, eine herzensgute, aber in Vorurteilen befangene Frau; sie sieht das erregte Gesicht ihrer Tochter, heftet den Blick auf mich und seufzt, als wenn sie sagen wollte: Ach, die Jugend, nicht mal ein bißchen verstellen können sie sich! Außer ihr sitzen einige bunte Mädchen und mein Landhausnachbar auf der Terrasse, ein verabschiedeter Offizier, der im letzten Krieg an der linken Schläfe und an der rechten Hüfte verwundet wurde. Der Unglückliche hat sich gleich mir zum Ziel gesetzt, sich in diesem Sommer einer literarischen Arbeit zu widmen. Er schreibt an seinen ›Memoiren einer Militärperson‹. Gleich mir macht er sich jeden Morgen an sein verdienstvolles Werk, doch kaum gelingt es ihm niederzuschreiben: »Ich bin geboren in ...«, erscheint unter seinem Balkon eine Varenka oder Mašenka und belegt den versehrten Knecht Gottes mit Beschlag.

Alles, was auf der Terrasse sitzt, liest irgendwelche albernen Beeren aus, die eingekocht werden sollen. Ich verbeuge mich und will gehen, aber die bunten Mädchen entreißen mir kreischend den Hut und verlangen, daß ich dableibe. Ich setze mich. Man bringt mir einen Teller mit Beeren und eine Haarnadel. Ich mache mich an die Arbeit.

Die bunten Mädchen unterhalten sich über das Thema Männer. Der ist nett, der schön, aber unsympathisch, der häßlich, aber sympathisch, der wäre nicht übel, wenn seine Nase nicht einem Fingerhut gliche, und so weiter.

»Sie, Monsieur Nicolas«, wendet sich Varenkas maman an mich, »sind nicht hübsch, aber sympathisch ... Sie haben so was Gewisses im Gesicht ... Im übrigen«, sie seufzt, »ist beim Mann nicht die Schönheit das Ausschlaggebende, sondern der Verstand ...«

Die Mädchen seufzen und senken den Blick ... Auch sie sind der Ansicht, daß beim Mann das Ausschlaggebende nicht die Schönheit, sondern der Verstand ist. Ich schiele zum Spiegel hinüber, um festzustellen, inwieweit ich sympathisch bin. Ich sehe einen zottigen Kopf und einen zottigen Bart, den Schnurrbart, die Brauen, Haare auf den Wangen und Haare unter den Augen – kurz, einen ganzen Wald, aus dem gleich einer Feuerwehrwarte meine solide Nase herausragt. Schön, in der Tat.

»Im übrigen, Nicolas, werden Sie sich dank Ihrer seelischen Eigenschaften durchsetzen«, sagt Nadenkas maman und seufzt wie zur Bekräftigung eines geheimen Gedankens.

Nadenka leidet um mich, zugleich aber bereitet ihr das Bewußtsein, daß jemand vor ihr sitzt, der verliebt in sie ist, offenbar das größte Vergnügen. Nachdem die Männer abgetan sind, unterhalten sich die Mädchen über die Liebe. Nach einem langen Hin und Her erhebt sich eine von ihnen und geht. Die Zurückgebliebenen ziehen über sie her und lassen kein gutes Haar an ihr. Alle finden sie dumm, unausstehlich und häßlich, finden, das eine Schulterblatt sitze nicht an der richtigen Stelle.

Aber dann, Gott sei Dank, kommt endlich das Stubenmädchen, von meiner maman ausgeschickt, um mich zum Mittagessen zu holen. Jetzt kann ich die unangenehme Gesellschaft verlassen, nach Hause gehen und an meiner Dissertation weiterarbeiten. Ich stehe auf und will mich verabschieden. Varenkas maman, Varenka selbst und die bunten Mädchen umringen mich und erklären, ich hätte nicht das geringste Recht dazu, da ich ihnen gestern mein Ehrenwort gegeben hätte, mit ihnen zu Mittag zu essen und nach dem Essen in den Wald Pilze suchen zu gehen. Ich verbeuge mich und setze mich wieder ... Ich koche über vor Haß, ich fühle, noch einen Augenblick, und ich kann mich für nichts mehr verbürgen und explodiere; doch der Takt und die Furcht, gegen den guten Ton zu verstoßen, zwingen mich, den Damen zu gehorchen. Und ich gehorche.

Wir setzen uns zu Tisch. Der versehrte Offizier, der infolge der Verwundung an der Schläfe eine Kontraktion der Kiefermuskeln hat, kaut wie ein aufgehalftertes Pferd, das die Kandare im Maul hat. Ich rolle Brotkügelchen, denke an die Hundesteuer und bemühe mich zu schweigen, da ich meine jähzornige Natur kenne. Nadenka blickt mich mitfühlend an. Es gibt kalte Kwassuppe, Zunge mit grünen Erbsen, Brathuhn und Kompott. Ich habe keinen Appetit und esse nur aus Höflichkeit. Nach dem Mittagessen, als ich allein auf der Terrasse stehe und rauche, tritt Mašenkas maman auf mich zu, drückt mir die Hände und sagt atemlos: »Sie dürfen aber nicht die Hoffnung verlieren, Nicolas ... Sie hat so ein weiches Herz ... so ein weiches Herz!«

Wir gehen in den Wald, um Pilze zu sammeln ... Varenka hängt an meinem Arm und saugt sich an meiner Seite fest. Ich leide unsäglich, aber ich trage es.

Wir kommen in den Wald.

»Hören Sie, Monsieur Nicolas«, sagt Nadenka seufzend, »warum sind Sie so traurig, warum schweigen Sie?«

Merkwürdiges Mädchen – wovon soll ich denn mit ihr reden? Was haben wir gemein?

»So sagen Sie doch etwas«, bittet sie.

Ich suche nach etwas Populärem, für sie Verständlichem. Nach kurzem Nachdenken sage ich: »Die Ausrottung der Wälder fügt Rußland einen ungeheuren Schaden zu ...«

»Nicolas!« Varenka seufzt, und ihre Nase rötet sich. »Nicolas, ich sehe, Sie weichen einem offenen Gespräch aus ... Sie wollen mich mit Ihrem Schweigen wahrscheinlich strafen ... Ihr Gefühl wird nicht erwidert, und Sie wünschen schweigend und einsam zu leiden ... das ist furchtbar, Nicolas!« ruft sie aus, greift hastig nach meiner Hand, und ich sehe, wie ihre Nase langsam anschwillt. »Was würden Sie sagen, wenn Ihnen das geliebte Mädchen ewige Freundschaft antrüge?«

Ich murmele etwas Zusammenhangloses vor mich hin, weil ich einfach nicht weiß, was ich ihr antworten soll ... Ich bitte Sie – erstens liebe ich gar kein Mädchen, und zweitens, was soll ich mit ›ewiger Freundschaft‹ anfangen? Drittens bin ich sehr jähzornig. Mašenka oder Varenka bedeckt das Gesicht mit den Händen und sagt leise, als spreche sie zu sich selbst:

»Er schweigt ... Offenbar verlangt er ein Opfer von mir. Wie kann ich ihn aber lieben, wenn ich noch immer einen anderen liebe. Im übrigen ... ich werde darüber nachdenken ... Gut, ich will darüber nachdenken ... ich werde alle meine Seelenkräfte zusammennehmen und diesen Menschen vor Leid bewahren – vielleicht um den Preis meines eigenen Glücks!«

Ich verstehe nicht das geringste. Die reinste Kabbalistik! Wir gehen weiter und sammeln Pilze. Die ganze Zeit schweigen wir. Auf Nadenkas Gesicht malt sich ein seelischer Kampf. Man hört Hundegebell – das erinnert mich an meine Dissertation, und ich seufze laut. Zwischen den Stämmen der Bäume erblicke ich den versehrten Offizier. Der Ärmste schwankt in peinlicher Weise – rechts hat er die verletzte Hüfte, links hängt eines der bunten Mädchen an ihm. Sein Gesicht drückt Schicksalsergebenheit aus.

Wir kehren aus dem Wald zum Sommerhaus zurück, um Tee zu trinken, dann spielen wir Krocket und hören einem der bunten Mädchen zu, das uns ein Lied vorsingt: »Nein, du liebst mich nicht! Nein! Nein …!« Beim Wort nein verzieht sie den Mund bis zu den Ohren.

»Charmant!« stöhnen die übrigen Mädchen. »Charmant!«

Es wird Abend. Ein widerlicher Mond kommt hinter den Büschen hervor. Die Luft ist still, und es riecht unangenehm nach frischem Heu. Ich greife nach dem Hut und will gehen.

»Ich muss Ihnen etwas mitteilen«, flüstert mir Mašenka vielsagend zu. »Bitte bleiben Sie!«

Mir ahnt nichts Gutes, aber ich bleibe aus Höflichkeit. Mašenka faßt mich unter und entführt mich durch eine Allee. Jetzt drückt bereits ihre ganze Gestalt den inneren Kampf aus. Sie ist blaß, atmet schwer und hat offensichtlich die Absicht, mir den rechten Arm auszureißen. Was hat sie nur?

»Hören Sie …« murmelt sie. »Nein, ich kann nicht … Nein …!«

Sie will etwas sagen, schwankt aber noch. Doch dann sehe ich an ihrem Gesicht, daß sie sich entschlossen hat. Sie greift nach meiner Hand, ihre Augen funkeln, und ihre Nase ist geschwollen; sie sagt rasch: »Nicolas, ich bin die Ihre! Lieben kann ich Sie nicht, aber ich verspreche Ihnen Treue!«

Dann schmiegt sie sich an meine Brust, aber plötzlich fährt sie zurück. »Es kommt jemand ...« flüstert sie. »Leb wohl ... ich bin morgen um elf in der Laube ... Leb wohl!«

Und sie entschwindet. Ohne das mindeste zu begreifen, gehe ich mit qualvoll klopfendem Herzen nach Hause. Die ›Vergangenheit und Zukunft der Hundesteuer‹ wartet auf mich, aber arbeiten kann ich nicht mehr. Ich rase. Man könnte geradezu sagen – ich bin furchtbar. Ich werde, hol's der Teufel, nicht zulassen, daß man mich wie einen dummen Jungen behandelt! Ich bin jähzornig, und Späße mit mir zu treiben ist gefährlich! Als das Stubenmädchen zu mir herein-kommt, um mich zum Abendessen zu rufen, schrei ich sie an: »Hinaus mit Ihnen!« Ein solcher Jähzorn verspricht nichts Gutes.

Am Tag darauf, morgens. Sommerfrischenwetter, das heißt Temperatur unter Null, heftiger kalter Wind, Regen, schlammige Wege und Naphthalingeruch – meine maman hat ihre warmen Mantillen aus der Truhe hervorgeholt. Ein schauderhafter Morgen! Und ausgerechnet am 7. August 1887, dem Tage der Sonnenfinsternis! Es muß bemerkt werden, daß sich jeder von uns während einer Sonnenfinsternis, auch ohne Astronom zu sein, sehr nützlich machen kann. So kann jeder von uns 1. den Durchmesser der Sonne und des Mondes fest-stellen; 2. die Sonnenkorona aufzeichnen; 3. die Temperatur nachmessen; 4. die Tiere und Pflanzen im Augenblick der Sonnenfinsternis beobachten; 5. seine eigenen Eindrücke auf-schreiben und so weiter. Das alles ist so wichtig, daß ich die ›Vergangenheit und Zukunft der Hundesteuer‹ vorerst bei-seite lege und beschließe, die Sonnenfinsternis zu beobachten. Wir sind alle sehr früh aufgestanden. Ich habe die ganze bevorstehende Arbeit wie folgt aufgeteilt: Ich stelle den Durchmesser der Sonne und des Mondes fest, der versehrte Offizier zeichnet die Korona auf, während Mašenka und die bunten Mädchen alles andere übernehmen. Wir sind alle versammelt und warten.

»Wie kommt es zu einer Sonnenfinsternis?« fragt Mašenka. Ich entgegne:

»Eine Sonnenfinsternis entsteht, wenn sich der Mond, auf der Ebene der Ekliptik umlaufend, auf der Linie befindet, die das Sonnenzentrum mit dem Erdzentrum verbindet.«

»Und was ist die Ekliptik?«

Ich erkläre es ihr. Mašenka hört aufmerksam zu und erkundigt sich:

»Und kann man durch so ein angeräuchertes Glas die Linie sehen, die das Sonnenzentrum und das Erdzentrum verbindet?«

Ich entgegne ihr, diese Linie sei nur gedacht.

»Ja, wenn sie nur gedacht ist«, wundert sich Varenka, »wie hat denn dann der Mond auf ihr Platz?«

Ich gebe keine Antwort mehr. Ich fühle, wie bei dieser naiven Frage meine Leber anschwillt.

»Das alles ist Unsinn«, sagt Varenkas maman. »Man kann nicht voraussehen, was kommt, darüber hinaus sind Sie nie oben am Himmel gewesen – woher also wollen Sie wissen, was mit dem Mond und mit der Sonne geschehen wird? Das sind Phantastereien!«

Doch dann verdeckte ein schwarzer Fleck die Sonne. Allgemeine Verwirrung. Kühe, Schafe und Pferde rasten mit hocherhobenem Schwanz verängstigt über die Felder. Hunde heulten. Die Wanzen bildeten sich ein, es sei Nacht, kamen aus ihren Ritzen gekrochen und bissen die Schlafenden. Der Diakonus, der gerade Gurken von seinem Gemüsefeld nach Hause fuhr, sprang erschrocken vom Wagen und verbarg sich unter einer Brücke, während sein Pferd in einen fremden Hof fuhr, wo Schweine die Gurken fraßen. Ein Akzisebeamter, der nicht zu Hause, sondern bei einer Sommerfrischlerin übernachtet hatte, kam in Unterwäsche auf die Straße gelaufen, tauchte in der Menge unter und rief mit verzweifelter Stimme: »Rette sich, wer kann!«

Viele Sommerfrischlerinnen, darunter auch hübsche und junge, stürzten, vom Lärm aus dem Schlaf gerissen, unbeschuht auf die Straßen. Überhaupt geschah allerlei, worüber ich lieber nicht sprechen möchte.

»Ach, wie schrecklich!« kreischten die bunten Mädchen. »Das ist entsetzlich!«

»Mesdames, beobachten Sie!« rief ich ihnen zu. »Die Zeit ist kostbar!«

Ich selber versuche in aller Eile den Durchmessern von Mond und Sonne beizukommen. Mir fällt die Korona ein, und meine Augen suchen den versehrten Offizier. Er steht da und tut gar nichts.

»Was ist denn nun?« rufe ich ihm zu. »Und die Korona?«

Er zuckt nur mit den Schultern und verweist mit dem Blick hilflos auf seine Hände. An seinen beiden Armen hängen bunte Mädchen; sie drücken sich verängstigt an ihn und hindern ihn am Arbeiten. Ich nehme einen Bleistift und notiere die Zeit, genau nach Sekunden. Das ist wichtig. Ich halte auch die geographische Lage des Beobachtungspunktes fest. Auch das ist wichtig. Dann will ich die Durchmesser feststellen, aber in diesem Augenblick faßt mich Mašenka bei der Hand und sagt:

»Vergessen Sie also nicht, heute um elf Uhr!«

Ich ziehe meine Hand zurück und will, mit jeder Sekunde geizend, in den Beobachtungen fortfahren, aber Varenka hängt sich krampfhaft an meinen Arm und schmiegt sich an mich. Der Bleistift, die Gläser, die Zeichnungen fallen ins Gras. Das ist doch weiß der Teufel die Höhe! Es wird endlich Zeit, daß dieses Mädchen begreift, wie jähzornig ich bin und daß ich, wenn mich der Jähzorn packt, rasend werde und mich für nichts verbürgen kann!

Ich will fortfahren, aber die Sonnenfinsternis ist vorbei!

»Sehen Sie mich doch an!« flüstert Varenka zärtlich.

Das ist nun wirklich der reinste Hohn! Seien Sie ehrlich, ein solches Spiel mit der menschlichen Geduld kann nur ein schlimmes Ende nehmen. Geben Sie die Schuld also nicht mir, wenn etwas Furchtbares geschieht. Ich gestatte niemand, sich über mich lustig zu machen oder mich zu verhöhnen, und rate, hol's der Teufel, niemand, mir allzu nahe zu kommen, wenn ich außer mir bin, verdammt noch mal! Ich bin zu allem fähig!

Eines der Mädchen sieht mir vermutlich an, daß ich innerlich rase, und sagt, offenbar in dem Wunsch, mich zu beruhigen:

»Ich, Nikolaj Andreevič, habe Ihren Auftrag erfüllt und die Säugetiere beobachtet. Ich habe dabei gesehen, wie vor der Sonnenfinsternis ein grauer Hund einer Katze nachjagte und danach lange mit dem Schwanz wedelte.«

So ist aus der Sonnenfinsternis also nichts geworden. Ich gehe nach Hause. Es regnet, und ich verzichte darauf, mich auf den Balkon zu setzen und dort zu arbeiten. Der versehrte Offizier hat es riskiert und sogar hingeschrieben: »Ich bin geboren in …«, aber dann sehe ich durch mein Fenster, wie ihn eines der bunten Mädchen hinter sich her in ihr Landhaus schleift. Arbeiten kann ich nicht, weil ich noch immer rase und Herzklopfen habe. In die Laube gehe ich nicht. Das ist zwar unhöflich, aber geben Sie zu, ich kann doch nicht im Regen spazierengehen! Um zwölf erhalte ich von Mašenka einen Brief; sie macht mir Vorwürfe und bittet mich, in die Laube zu kommen; die Anrede ist du … Um eins bekomme ich einen zweiten Brief, um zwei einen dritten … Es bleibt nichts anderes übrig, als hinzugehen. Bevor ich aber hingehe, muß ich mir überlegen, was ich ihr sagen werde. Ich werde handeln wie ein anständiger Mensch. Vor allem werde ich ihr sagen, sie bilde sich nur ein, daß ich sie liebe. Übrigens nein, solche Dinge sagt man Frauen nicht. Einer Frau sagen: »Ich liebe Sie nicht«, ist ebenso taktlos wie einem Schriftsteller sagen: »Sie schreiben schlecht.« Am besten, ich setze Varenka meine Ansicht über die Ehe auseinander. Ich ziehe einen warmen Mantel an, nehme den Schirm und mache mich auf den Weg zur Laube. Da ich meine jähzornige Natur kenne, fürchte ich, ich könnte etwas Überflüssiges sagen. Ich werde versuchen, mich zu beherrschen.

In der Laube erwartet man mich schon. Nadenka ist blaß und verweint. Als sie mich sieht, schreit sie freudig auf, wirft sich mir an den Hals und sagt:

»Endlich! Du spielst mit meiner Geduld! Hör zu, ich habe die ganze Nacht nicht geschlafen … Ich habe immerfort nachgedacht. Mir scheint, wenn ich dich näher kennenlerne … werde ich dich lieben …«

Ich setze mich und beginne ihr meine Ansicht über die Ehe darzulegen. Um nicht zu weit auszuholen und mich möglichst kurz zu fassen, gebe ich zunächst einen kleinen geschichtlichen Überblick. Ich spreche über die Ehe bei den

Indern und Ägyptern und gehe dann zu jüngeren Zeiten über; ich streue einige Gedanken von Schopenhauer ein. Mašenka hört mir aufmerksam zu, hält es dann aber plötzlich – kraft einer seltsamen Inkonsequenz der Ideen – für erforderlich, mir ins Wort zu fallen.

»Nicolas, küß mich!« sagt sie.

Ich bin verlegen und weiß nicht, was ich darauf erwidern soll. Sie wiederholt ihre Forderung. Was soll ich machen? Ich erhebe mich und berühre mit den Lippen ihr langes Gesicht, wobei ich das gleiche Gefühl habe wie damals, in meiner Kindheit, als man mich bei der Seelenmesse die verstorbene Großmutter zu küssen zwang. Unbefriedigt von meinem Kuß, springt Varenka auf und schließt mich ungestüm in ihre Arme. Im gleichen Augenblick erscheint in der Laubentür Mašenkas maman ... Sie macht ein erschrokkenes Gesicht, sagt zu irgendwem »Sch!« und verschwindet wie Mephistopheles in der Versenkung.

Verwirrt, rasend vor Wut, kehre ich nach Hause zurück. Dort treffe ich Varenkas maman, die mit Tränen in den Augen meine maman umhalst; meine maman aber weint und sagt:

»Ich habe es selber gewünscht!«

Danach – wie finden Sie das? – tritt Nadenkas maman auf mich zu, umarmt mich und mahnt:

»Gott segne euch! Aber paß auf, hab sie recht lieb ... Vergiß nicht, daß sie dir ein Opfer bringt ...«

Und nun verheiratet man mich. Während ich diese Zeilen schreibe, knien bereits die Trauzeugen auf meiner Seele und drängen mich zur Eile. Diese Leute haben nicht die geringste Ahnung von meinem Temperament! Ich bin schließlich jähzornig und kann mich für nichts verbürgen! Verdammt noch mal, ihr werdet schon noch sehen, was daraus wird! Einen jähzornigen Menschen, der innerlich rast, zur Trauung fahren – ist meiner Ansicht nach ebenso töricht wie den Arm in den Käfig eines wütenden Tigers stecken. Wir werden sehen, wir werden schon noch sehen, was daraus wird!

So bin ich also verheiratet. Alle beglückwünschen mich, und Varenka drückt sich in einem fort an mich und sagt:

»So versteh doch, daß du jetzt mein, ganz mein bist! Sag schon, daß du mich liebst! So sag's schon!«

Und ihre Nase schwillt dabei an.

Ich habe von meinen Trauzeugen erfahren, daß der versehrte Offizier den Banden Hymens durch einen geschickten Dreh entgangen ist. Er hat seinem bunten Mädchen ein ärztliches Zeugnis vorgelegt, nach dem er infolge der Verletzung an der Schläfe geistig nicht ganz zurechnungsfähig ist und nach dem Gesetz keine Ehe eingehen darf. Eine Idee! Ein solches Zeugnis hätte auch ich beibringen können. Ein Onkel von mir hat sich zu Tode getrunken, ein anderer war sehr zerstreut (er setzte eines Tages statt seiner Mütze einen Damenmuff auf), und eine von meinen Tanten spielte dauernd Klavier und streckte, wenn ihr ein Mann begegnete, die Zunge heraus. Dazu ist auch mein äußerst jähzorniges Temperament ein sehr verdächtiges Symptom. Aber warum kommen einem gute Ideen immer so spät? Warum?

Deutsch von Georg Schwarz

Rendezvous in der Sommerfrische
von Anton Čechov

»Ich liebe Sie, Sie sind mein Leben, mein Glück – alles! Verzeihen Sie mir dieses Geständnis, aber es geht über meine Kraft, zu leiden und zu schweigen. Ich bitte Sie nicht, mein Gefühl zu erwidern, sondern ich bitte Sie um Ihr Mitgefühl. Seien Sie heute um acht Uhr abends in der alten Laube ... Ich halte es für überflüssig, mit meinem Namen zu unterschreiben, aber Sie brauchen keine Angst vor der anonymen Absenderin zu haben. Ich bin jung und sehe gut aus ... was brauchen Sie mehr?«

Nachdem der Sommerfrischler Pavel Ivanyč Vychodcev, ein solider Familienvater, diesen Brief gelesen hatte, zuckte er mit den Achseln und kratzte sich verwundert die Stirn.

Was ist denn das wieder für eine Teufelei? dachte er. Ich bin ein verheirateter Mann, und plötzlich so ein sonderbarer ... dummer Brief! Wer mag das nur geschrieben haben?

Pavel Ivanyč drehte den Brief vor seinen Augen hin und her, las ihn noch einmal und spuckte aus.

»Ich liebe Sie ...« äffte er nach. »Da hat sie den richtigen Burschen erwischt! Ich werde gleich zu dir in die Laube laufen! Diese Romanzen und Liebeleien habe ich mir, meine Verehrteste, schon längst abgewöhnt ... Hm! Wahrscheinlich ist das irgend so ein zügelloses Frauenzimmer, so ein lockerer Vogel ... Nun, die Frauen sind mir schon ein Volk! Was muß man für ein leichtsinniges Weibsstück sein, Gott verzeih mir, um solch einen Brief an einen unbekannten und dazu noch verheirateten Mann zu schreiben? Eine wahre Demoralisierung!«

In den ganzen acht Jahren seines Ehelebens hatte sich Pavel Ivanyč der zarten Gefühle entwöhnt, er erhielt außer Gratulationen keine Briefe, und sosehr er sich auch bemühte, vor sich selbst großzutun, der oben zitierte Brief verblüffte und erregte ihn sehr.

Eine Stunde nachdem er den Brief erhalten hatte, lag er auf dem Sofa und überlegte: ich bin natürlich kein junger Bursche, der zu diesem dummen Rendezvous rennt, aber interessant wäre es doch, zu erfahren, wer das geschrieben hat. Hm ... Die Handschrift ist zweifellos von einer Frau. Der Brief ist aufrichtig geschrieben, mit Herz, daher kann es kaum ein Scherz sein ... Vermutlich ist das irgendeine Psychopathin oder eine Witwe ... Witwen sind überhaupt leichtsinnig und exzentrisch. Hm ... Wer könnte das sein?

Diese Frage war um so schwieriger zu lösen, als Pavel Ivanyč in der ganzen Villenkolonie außer seiner Gattin keine einzige Frau kannte.

Sonderbar ... Er staunte. Ich liebe Sie ... Wann hat sie denn Gelegenheit gehabt, sich in mich zu verlieben? Eine merkwürdige Frau! Hat sich so holterdiepolter verliebt, ohne mich kennengelernt zu haben und ohne zu wissen, was ich für ein Mensch bin ... Wahrscheinlich ist sie noch sehr jung und romantisch, wenn sie fähig ist, sich nach zwei, drei Blikken zu verlieben ... Aber ... wer mag sie sein?

Plötzlich fiel Pavel Ivanyč ein, daß ihm gestern und vorgestern, als er auf der Ringpromenade spazierenging, einige Male eine junge stupsnäsige Blondine in einem hellblauen Kleid begegnet war. Die Blondine hatte ihn immer wieder angesehen und, als er sich auf die Bank setzte, neben ihm Platz genommen ...

Ob sie das ist? dachte Vychodcev. Das kann nicht sein! Kann sich denn ein so zartes, ephemerisches Geschöpf in einen alten heruntergekommenen Kerl wie mich verlieben? Nein, das ist unmöglich!

Während des Mittagessens blickte Pavel Ivanyč stumpf seine Frau an und überlegte: Sie schreibt, sie sei jung und sehe gut aus ... Also ist sie keine Alte ... Hm ... Offen gesagt, um ehrlich zu sein, ich bin noch nicht so alt und so übel, daß man sich nicht in mich verlieben könnte ... Meine Frau liebt mich doch auch. Zudem macht bekanntlich Liebe blind.

»Worüber denkst du nach?« fragte ihn seine Frau.

»Nur so ... Ich habe ein wenig Kopfschmerzen ...« log Pavel Ivanyč.

Er kam zu dem Schluß, daß es dumm sei, solch einer Bagatelle wie diesem Liebesbrief Aufmerksamkeit zu schenken, er lachte über ihn und seine Verfasserin, aber – o weh! – des Menschen Feind ist mächtig. Nach dem Mittagessen lag Pavel Ivanyč auf seinem Bett, und anstatt zu schlafen, überlegte er: Aber sie hofft doch wohl, daß ich komme! So eine Dumme! Ich kann mir sehr gut vorstellen, wie nervös sie ist und wie sie mit ihrer Turnüre wackelt, wenn sie mich in der Laube nicht vorfindet ...! Und ich gehe nicht hin ... Hol sie der Kuckuck!

Aber, ich wiederhole, des Menschen Feind ist mächtig.

Übrigens könnte man vielleicht mal so aus Neugier hingehen ... dachte der Sommerfrischler eine halbe Stunde später. Hingehen und von weitem sehen, was das für eine ist ... Interessant wäre es! Nur um zu lachen! Wirklich, warum soll man nicht mal lachen, wenn sich eine passende Gelegenheit bietet?

Pavel Ivanyč stand vom Bett auf und kleidete sich an.

»Wozu putzt du dich denn so heraus?« fragte ihn seine Frau, als sie bemerkte, daß er ein sauberes Hemd anzog und eine modische Krawatte umband.

»Nur so ... ich will einen Spaziergang machen ... Ich habe ein wenig Kopfschmerzen ... Hm ...«

Pavel Ivanyč machte sich fein, wartete, bis es auf acht ging, und verließ das Haus. Als vor seinen Augen auf dem hellgrünen, vom Licht der untergehenden Sonne überfluteten Hintergrund die aufgeputzten Gestalten der Sommerfrischler beiderlei Geschlechts leuchteten, klopfte ihm das Herz.

Welche ist es? dachte er und schielte schüchtern auf die Gesichter der Sommerfrischlerinnen. Aber eine Blondine sehe ich nicht ... Hm ... Wenn sie das geschrieben hat, sitzt sie sicher schon in der Laube ...

Vychodcev betrat die Allee, an deren Ende hinter dem jungen Laub der hohen Linden die ›alte Laube‹ hervorlugte. Leise schlich er zu ihr hin ...

Ich werde nur von weitem gucken ... dachte er, während er unschlüssig vorwärts schritt. Nun, warum bin ich so zaghaft? Ich gehe doch nicht zu einem Rendezvous! So ein ... Dummkopf! Nur Mut, vorwärts! Aber was wäre, wenn ich doch in die Laube ginge? Nun, nun ... das hat keinen Sinn!

Pavel Ivanyč klopfte das Herz noch stärker ... Unwillkürlich, ohne es selbst zu wollen, stellte er sich auf einmal das Halbdunkel der Laube vor ... In seiner Phantasie erschien die schlanke, stupsnäsige Blondine im hellblauen Kleid ... Er stellte sich vor, wie sie, sich ihrer Liebe schämend und am ganzen Körper zitternd, zaghaft an ihn herantreten, heiß atmen und ... ihn plötzlich fest in ihre Arme schließen würde.

Wenn ich nicht verheiratet wäre, würde keiner was dabei finden … dachte er und verjagte die sündigen Gedanken aus seinem Kopf. Im übrigen wäre es gut, einmal im Leben so was zu versuchen, sonst stirbt man, ohne zu erfahren, was dran ist …

Und meine Frau … nun, was geschieht mit ihr? Gott sei Dank, acht Jahre lang bin ich keinen Schritt von ihrer Seite gewichen … Acht Jahre makelloser Dienst! Reicht für sie … Ist sogar bedauerlich … Da werde ich eben ihr zum Trotz untreu werden!

Am ganzen Körper zitternd und mit angehaltenem Atem näherte sich Pavel Ivanyč der Laube, die von Efeu und wildem Wein umrankt war, und schaute hinein … Ein Geruch von Feuchtigkeit und Schimmel schlug ihm entgegen …

Scheint niemand dazusein … dachte er, als er die Laube betrat, aber da erblickte er in der Ecke eine menschliche Silhouette.

Die Silhouette war ein Mann … Als er ihn genauer betrachtete, erkannte Pavel Ivanyč in ihm den Bruder seiner Frau, den Studenten Mitja, der bei ihm im Landhaus wohnte.

»Ach, du bist das?« murmelte er mit unzufriedener Stimme, während er den Hut abnahm und sich setzte.

»Ja, ich …« antwortete Mitja.

Etwa zwei Minuten vergingen in Schweigen …

»Entschuldigen Sie, Pavel Ivanyč«, begann Mitja, »aber ich möchte Sie bitten, mich allein zu lassen … Ich denke über meine Kandidatenarbeit nach, und … es stört mich, wenn jemand dabei ist …«

»Aber so geh doch irgendwohin in eine dunkle Allee …« bemerkte Pavel Ivanyč sanft. »An der frischen Luft denkt es sich leichter, und ich … möchte … nämlich … auf der Bank hier etwas schlafen … Hier ist es nicht so heiß …«

»Sie wollen schlafen, und ich muß meine Arbeit überdenken. Die Arbeit ist wichtiger ...«

Wieder trat Schweigen ein ... Pavel Ivanyč, der seiner Phantasie schon freien Lauf ließ und immer wieder Schritte hörte, sprang plötzlich auf und sprach mit weinerlicher Stimme: »Nun, ich bitte dich, Mitja! Du bist jünger als ich und mußt auf mich Rücksicht nehmen ... Ich bin krank und ... möchte schlafen ... Geh jetzt!«

»Das ist Egoismus ... Warum wollen Sie unbedingt hierbleiben, und ich soll gehen? Aus Prinzip gehe ich nicht ...«

»Nun, ich bitte dich! Mag ich ein Egoist, ein Despot, ein Dummkopf sein ... aber ich bitte dich! Einmal im Leben bitte ich dich! Nimm Rücksicht!«

Mitja drehte den Kopf hin und her ...

Was für ein Rindvieh ... dachte Pavel Ivanyč. Das Rendezvous wird doch nicht in seinem Beisein stattfinden! Wenn er dabei ist, geht es nicht!

»Hör mal, Mitja«, sagte er, »ich bitte dich zum letztenmal ... Beweise, daß du ein kluger, humaner und gebildeter Mensch bist!«

»Ich verstehe nicht, warum Sie so aufdringlich sind ...?« sagte Mitja achselzuckend. »Ich habe gesagt: ich gehe nicht, nun, da gehe ich nicht. Aus Prinzip bleibe ich hier ...«

Gerade in diesem Augenblick schaute ein Frauengesicht mit einem Stupsnäschen in die Laube. Als es Mitja und Pavel Ivanyč erblickte, verfinsterte es sich und verschwand ...

Weg ist sie! dachte Pavel Ivanyč und schaute Mitja böse an. Sie hat diesen Schuft gesehen und ist weggegangen! Alles ist aus!

Nachdem Vychodcev noch etwas gewartet hatte, stand er auf, setzte den Hut auf und sagte: »Ein Rindvieh bist du, ein

Schuft, ein Schurke! Ja, ein Rindvieh! Das ist gemein und ...
und dumm! Wir sind geschiedene Leute!«

»Freut mich sehr!« brummte Mitja, der ebenfalls aufstand
und seinen Hut aufsetzte. »Sie müssen wissen, daß Sie mir
eben durch Ihre Anwesenheit eine Gemeinheit angetan haben, die ich Ihnen bis zum Tode nicht verzeihen werde!«

Pavel Ivanyč verließ die Laube und schritt, außer sich vor
Wut, eilig zu seinem Landhaus ... Auch der Anblick des Ti-
sches, der schon für das Abendessen gedeckt war, konnte ihn
nicht besänftigen.

Einmal im Leben hat sich eine Gelegenheit geboten, sagte
er sich erregt, und da wird man gestört! Jetzt ist sie gekränkt ... verzweifelt!

Während des Abendessens schauten Pavel Ivanyč und
Mitja auf ihre Teller und schwiegen mürrisch ... Beide haßten
einander aus tiefstem Herzen.

»Warum lächelst du?« fuhr Pavel Ivanyč seine Frau an.
»Nur Dummköpfe lachen ohne Grund!«

Die Gattin schaute in das böse Gesicht ihres Mannes und
platzte heraus:

»Was für einen Brief hast du heute früh bekommen?«

»Ich ...? Gar keinen ...« antwortete Pavel Ivanyč verwirrt.
»Das bildest du dir nur ein ... alles Einbildung ...«

»Ja, ja, erzähle nur! Gib zu, du hast einen bekommen!
Diesen Brief habe ich dir selber geschickt! Ehrenwort, ich!
Haha!«

Pavel Ivanyč wurde flammendrot und beugte sich über
seinen Teller.

»Dumme Späße!« brummte er.

»Aber was soll man machen! Urteile selbst ... Wir mußten
heute die Fußböden scheuern, und wie soll man euch aus dem

Haus vertreiben? Nur auf diese Weise kann man euch hinaus-
bekommen … Aber sei nicht böse, mein Dummer … Damit
es dir in der Laube nicht langweilig werden sollte, habe ich
doch auch an Mitja solch einen Brief geschickt! Mitja, warst
du in der Laube?«

Mitja grinste und hörte auf, seinen Nebenbuhler haßer-
füllt anzuschauen.

Deutsch von Ada Knipper und Gerhard Dick

Zeitvertreib
Roman aus der Sommerfrische
von Anton Čechov

Der Notar Nikolaj Andreevič Kapitonov speiste zu Mittag, rauchte eine Zigarre und begab sich zur Mittagsruhe in sein Schlafzimmer. Er legte sich hin, deckte ein Gazetuch gegen die Mücken über das Gesicht und schloß die Augen, aber einschlafen konnte er nicht. Die Zwiebeln von der Kvassuppe verursachten ihm solches Sodbrennen, daß an Schlaf nicht zu denken war.

»Nein, ich kann heute nicht einschlafen«, stellte er fest, nachdem er sich etwa fünfmal von einer Seite auf die andere gedreht hatte. »Ich werde Zeitung lesen.«

Nikolaj Andreevič stieg aus dem Bett, warf den Schlafrock über und ging ohne Pantoffeln, nur auf Strümpfen in sein Arbeitszimmer, um Zeitungen zu holen. Er ahnte nicht, daß ihn im Arbeitszimmer ein Schauspiel erwartete, das weitaus interessanter war als Sodbrennen und Zeitungen!

Als er über die Schwelle des Zimmers trat, bot sich seinen Augen folgendes Bild: Auf der Samtcouchette ruhte in halb liegender Stellung, die Füße auf einen Schemel gestreckt, seine Frau, Anna Semënovna, eine Dame von dreiunddreißig Jahren; ihre lässige schmachtende Pose erinnerte an die Pose, in der gewöhnlich die ägyptische Kleopatra dargestellt ist, wie sie sich von den Schlangen töten läßt. Ihr zu Häupten kniete der Repetitor der Kapitonovs, Vanja Ščulpacev, Technikstudent im ersten Studienjahr, ein rosiger, bartloser junger Mann von etwa neunzehn, zwanzig Jahren.

Der Sinn des ›lebenden‹ Bildes war mühelos zu erraten: Unmittelbar vor dem Eintreten des Notars hatten sich die Lippen der Dame und des Jünglings zu einem langen, qualvoll brennenden Kuß vereinigt.

Nikolaj Andreevič blieb wie angewurzelt stehen und harrte mit angehaltenem Atem der Dinge, die da kommen sollten, aber er hielt es nicht aus und hustete. Der Techniker fuhr auf das Geräusch hin herum. Als er den Notar erblickte, erstarrte er für einen Augenblick, dann schoß ihm das Blut in die Wangen, er sprang auf und rannte aus dem Zimmer. Anna Semënovna war verwirrt.

»Herrlich! Nett!« begann der Ehemann, indem er sich verbeugte und die Arme ausbreitete. »Ich gratuliere! Nett und großartig!«

»Von Ihnen finde ich es auch nett … zu horchen«, murmelte Anna Semënovna, die bemüht war, ihre Frisur zu ordnen.

»Merci! Wundervoll!« fuhr der Notar mit breitem Lächeln fort. »Das alles, Mamachen, ist so schön, daß ich hundert Rubel dafür geben würde, könnte ich noch einmal zusehen.«

»Es ist überhaupt nichts gewesen … Das kommt Ihnen alles nur so vor … Es ist sogar dumm …«

»Nun ja, und wer hat sich geküßt?«

»Geküßt schon, aber sonst … ich verstehe gar nicht, wie du auf so etwas kommst.«

Nikolaj Andreevič blickte spöttisch in das verstörte Gesicht seiner Frau und schüttelte den Kopf.

»Auf die alte Tage Sehnsucht nach jungem Gemüse!« sagte er in singendem Tonfall. »Das Hausenfleisch hat sie satt, nun ziehen sie die Sardinen an. Ach du Schamlose! Übrigens, was soll man machen? Das ›Balzac-Alter‹! Da läßt sich gar nichts machen! Ich verstehe! Ich verstehe und fühle mit!«

Nikolaj Andreevič setzte sich ans Fenster und trommelte mit den Fingern auf das Fensterbrett.

»Machen Sie nur so weiter …« sagte er gähnend.

»Dummes Zeug!« erwiderte Anna Semënovna.

»Weiß der Teufel, was für eine Hitze das ist! Hättest du bloß Limonade besorgen lassen! So also ist das, meine Dame. Ich verstehe und fühle mit. Alle diese Küsse, diese Achs und Seufzer – pfui, das Sodbrennen! –, das alles ist schön, ist großartig, aber dem jungen Mann solltest du nicht den Kopf verdrehen, Mamachen. Jawohl. Ein feiner, guter Kerl … ein heller Kopf, hat ein besseres Schicksal verdient. Ihn hätte man verschonen müssen.«

»Sie verstehen gar nichts. Der Junge ist bis über beide Ohren in mich verliebt, ich habe ihm eine Freude gemacht … ich erlaubte ihm, mich zu küssen.«

»In mich verliebt …« äffte Nikolaj Andreevič sie nach. »Bevor er sich in dich verliebte, hast du ihm wahrscheinlich hundert Schlingen und Fallen gestellt?«

Der Notar gähnte und reckte sich.

»Ein erstaunlicher Fall!« brummte er, aus dem Fenster blickend. »Würde ich so harmlos, wie du jetzt eben, ein Mädchen küssen, bräche weiß der Teufel was über mich herein: Schurke! Verführer! Wüstling! Aber euch Damen im ›Balzac-Alter‹ geht alles glatt von der Hand. Nächstes Mal sollen keine Zwiebeln an die Kvassuppe getan werden, man krepiert ja noch vor Sodbrennen … Pfui! Da, schau mal, dein objet! Läuft die Allee entlang, das arme Früchtchen, ohne sich auch nur umzusehen, wie ein begossener Pudel. Bildet sich vermutlich ein, ich schieße mich mit ihm wegen eines solchen Schatzes, wie du es bist. Übermütig wie eine Katze, feige wie ein Hase. Warte nur, Früchtchen, du bekommst dein Teil schon ab! Du läufst mir nicht noch einmal in die Quere!«

»Nein, bitte, sag ihm nichts!« warf Anna Semënovna ein. »Schilt ihn nicht aus, er hat überhaupt keine Schuld ...«

»Ich werde nicht schelten, sondern nur so ... spaßeshalber.«

Der Notar gähnte, nahm seine Zeitungen und latschte, die Schöße des Hausrocks anhebend, ins Schlafzimmer. Nachdem er sich anderthalb Stunden ausgeruht und Zeitungen gelesen hatte, kleidete er sich an und brach zu einem Spaziergang auf. Er streifte durch den Garten und schwenkte fröhlich seinen Spazierstock; als er jedoch von weitem des Technikers Ščulpacev ansichtig wurde, kreuzte er die Arme über der Brust, runzelte die Brauen und schritt einher wie ein Provinztragöde, der darauf gefaßt ist, seinem Nebenbuhler zu begegnen. Ščulpacev saß unter einer Esche auf der Bank und bereitete sich bleich und zitternd auf die schwierige Erklärung vor. Er tat mutig, machte ein ernstes Gesicht, aber er war, wie man sagt, völlig geknickt. Als er den Notar erblickte, wurde er noch bleicher, rang mühsam nach Atem und schob ergeben die Füße unter den Sitz. Nikolaj Andreevič trat von der Seite zu ihm heran, verharrte schweigend und begann dann, ohne ihn anzusehen:

»Sie begreifen natürlich, geehrter Herr, worüber ich mit Ihnen sprechen will. Nach dem, was ich gesehen habe, können unsere guten Beziehungen nicht weiter andauern. Jawohl, Herr! Mir stockt vor Erregung die Stimme, aber ... Sie werden auch ohne Worte begreifen, daß ich und Sie nicht länger unter einem Dach leben können. Ich oder Sie!«

»Ich verstehe Sie«, murmelte der Techniker, schwer atmend.

»Dieses Landhaus gehört meiner Frau, und deswegen werden Sie hierbleiben, ich aber … ich reise ab. Ich bin nicht gekommen, Ihnen Vorwürfe zu machen, nein! Mit Vorwürfen und Tränen holt man nicht zurück, was unwiederbringlich dahin ist. Ich bin gekommen, um Sie nach Ihren Absichten zu fragen …« (Pause) »Natürlich ist es nicht meine Sache, mich in Ihre Angelegenheiten einzumischen, aber Sie werden zugeben, daß in dem Wunsche, über das fernere Schicksal des heißgeliebten Weibes zu erfahren, nichts von dem liegt, was Ihnen als Einmischung erscheinen könnte. Sie beabsichtigen, mit meiner Frau zu leben?«

»Das heißt, wie meinen Sie?« sagte völlig fassungslos der Techniker und schob die Füße noch tiefer unter die Bank. »Ich … ich weiß nicht. Alles das ist irgendwie seltsam.«

»Ich sehe, Sie weichen einer direkten Antwort aus«, knurrte der Notar düster. »Somit sage ich Ihnen geradeheraus: Entweder nehmen Sie die von Ihnen verführte Frau als die Ihre und verschaffen ihr die Mittel zum Lebensunterhalt, oder wir schießen uns. Die Liebe erlegt gewisse Verpflichtungen auf, geehrter Herr, und Sie als ehrenhafter Mann müssen das begreifen! In einer Woche reise ich ab, und Anna mitsamt Familie kommt dann unter Ihre Fuchtel. Für die Kinder werde ich eine bestimmte Summe aussetzen.«

»Wenn es Anna Semënovna recht ist«, murmelte der Jüngling, »dann werde ich … ich als ehrenhafter Mensch es übernehmen … aber ich bin doch arm! Obwohl …«

»Sie sind ein edler Mensch!« krächzte der Notar und schüttelte dem Techniker die Hand. »Ich danke Ihnen! Für alle Fälle gebe ich Ihnen eine Woche Bedenkzeit! Überlegen Sie sich's!«

Der Notar setzte sich neben den Techniker und bedeckte das Gesicht mit den Händen.

»Aber was haben Sie mit mir gemacht!« stöhnte er. »Sie haben mein Leben zerstört ... Sie haben mir die Frau genommen, die ich mehr als mein Leben geliebt habe. Nein, diesen Schlag werde ich nicht verwinden!«

Der Jüngling sah ihn gramvoll an und kratzte sich die Stirn. Ihm war übel.

»Sie sind selbst schuld, Nikolaj Andreevič!« seufzte er. »Ist der Kopf ab, dann weint man nicht mehr den Haaren nach. Denken Sie daran, daß Sie Anna nur des Geldes wegen geheiratet haben ... Ferner haben Sie sie das ganze Leben niemals verstanden, Sie haben sie tyrannisiert ... Sie gingen achtlos an den reinsten, edelsten Regungen ihres Herzens vorüber.«

»Hat sie Ihnen das gesagt?« fragte Nikolaj Andreevič, der plötzlich die Hände vom Gesicht nahm.

»Ja, das hat sie gesagt. Ich kenne ihr ganzes Leben, und ... und glauben Sie, ich liebe in ihr nicht so sehr die Frau als vielmehr die Dulderin.«

»Sie sind ein edler Mensch ...« Der Notar seufzte und erhob sich. »Leben Sie wohl und werden Sie glücklich. Ich hoffe, daß alles, was hier gesagt wurde, unter uns bleibt.«

Nikolaj Andreevič seufzte nochmals und schritt heimwärts.

Auf halbem Wege begegnete ihm Anna Semënovna.

»Du suchst dein Früchtchen, was?« fragte er. »Geh mal hin und schau dir an, wie ich ihn in Schweiß gebracht habe ...! Du hast es also schon fertiggebracht, ihm zu beichten! Eine Art habt ihr Balzacschen Damen, bei Gott! Schönheit und Frische bringen euch keine Eroberungen mehr ein, da schleicht ihr euch mit einer Beichte, mit Klagen heran! Das

Blaue vom Himmel hast du heruntergelogen! Wegen des Geldes habe ich dich geheiratet, nicht verstanden habe ich dich, tyrannisiert habe ich und Hölle und Teufel ...«

»Nichts habe ich ihm gesagt!« brauste Anna Semënovna auf.

»Nun, nun ... ich verstehe doch, ich versetze mich ja in deine Lage. Keine Angst, ich werfe dir nichts vor. Nur um den Jungen tut's mir leid. So ein guter, ehrlicher, aufrichtiger Kerl.«

Als der Abend anbrach und die ganze Erde in Dunkel hüllte, unternahm der Notar noch einen Spaziergang. Der Abend war herrlich. Die Bäume schliefen, und es schien, als könnte sie aus diesem jungen Frühlingsschlaf kein Sturm jemals erwecken. Vom Himmel blickten, mit ihrer Schläfrigkeit kämpfend, die Sterne herab. Irgendwo hinter dem Garten quakten träge die Frösche und schrie eine Eule. Man hörte in der Ferne das kurze, immer wieder abbrechende Schlagen einer Nachtigall.

Als Nikolaj Andreevič durch das Dunkel unter einer breiten Linde ging, stieß er unerwartet auf Ščulpacev.

»Was machen Sie hier?« fragte er.

»Nikolaj Andreevič«, begann Ščulpacev mit vor Erregung zitternder Stimme. »Ich bin mit allen Ihren Bedingungen einverstanden, aber ... alles das ist irgendwie seltsam. – Unversehens und plötzlich sind Sie unglücklich ... Sie leiden und sagen, Ihr Leben sei zerstört.«

»Na und?«

»Wenn Sie beleidigt sind, dann ... dann, obwohl ich das Duell nicht anerkenne, kann ich Ihnen Satisfaktion geben. Wenn ein Duell Sie nur ein wenig erleichtert, dann, gestatten Sie, bin ich bereit ... meinetwegen zu hundert Duellen.«

Der Notar lachte auf und faßte den Techniker um die Taille.

»Na, na ... schon gut! Ich habe doch nur Spaß gemacht, mein Bester!« sagte er. »Alles das ist Unsinn und nicht der Rede wert. Dieses elende und nichtswürdige Weib verdient es gar nicht, daß Sie ihretwegen gute Worte verlieren und sich aufregen. Schluß damit, junger Mann! Gehen wir spazieren.«

»Ich ... ich verstehe Sie nicht ...«

»Da gibt es auch nichts zu verstehen. Ein elendes, abscheuliches Weibsbild – weiter nichts ...! Sie haben keinen Geschmack, mein Bester. Was bleiben Sie stehen? Wundert es Sie, daß ich in solchen Worten von meiner Frau spreche? Natürlich, ich sollte das vor Ihnen nicht tun, da Sie aber in gewisser Weise mitbeteiligt sind, so brauchen wir voreinander nichts zu verheimlichen. Ich sage Ihnen offen: Pfeifen Sie darauf! Das Spiel ist der Mühe nicht wert. Alles, was sie Ihnen erzählt hat, war Lüge. Als ›Dulderin‹ ist sie keinen Groschen wert. Eine Dame im ›Balzac-Alter‹, Psychopathin. Dumm und verlogen. Ehrenwort, mein Bester! Ich scherze nicht ...«

»Aber sie ist doch Ihre Frau«, entgegnete der Techniker verwundert.

»Na wennschon! Ich war genau so einer, wie Sie jetzt, und habe geheiratet, jetzt aber würde ich mich mit Freuden von dieser Ehe befreien, jawohl – brr ... Pfeifen Sie darauf, mein Guter! Von Liebe ist bei ihr keine Spur, nichts als Mutwille und Langeweile. Wenn Sie Abwechslung suchen – da geht Nastja ... He, Nastja, wo willst du hin?«

»Kvas holen, Herr!« ertönte eine weibliche Stimme.

»Das verstehe ich«, fuhr der Notar fort. »Aber alle diese Psychopathinnen, diese Dulderinnen ... die lassen Sie lieber laufen! Nastja ist eine dumme Person, aber sie hat wenigstens keine Prätentionen … Kommen Sie mit?«

Der Notar und der Techniker verließen den Garten, schauten sich noch einmal um, seufzten beide zugleich auf und gingen dann aufs freie Feld hinaus.

Deutsch von Wolf Düwel

DIE BEEREN

von LEW TOLSTOJ

Es waren heiße, windstille Junitage. Das Laub im Walde war
saftig, dicht und grün, nur hie und da fielen gelbe Blätter von
Birken und Linden. Die Hagebuttensträucher waren besät
mit duftigen Blüten, auf den Waldwiesen stand dichter ho-
nigsüßer Klee, dunkelschimmernd wogte dicht der Roggen,
mit schon halbvollen Ähren. Unten am Fluß schrie der Wach-
telkönig, im Hafer und Roggen knarrten und schlugen die
Wachteln, in den Wäldern ließ sich die Nachtigall nur vereinzelt kurz hören und verstummte wieder. Es herrschte trockene, glühende Hitze. Auf den Wegen lag unbeweglich fin-
gerhoher, trockener Staub und erhob sich als dichte Wolke,
mal nach rechts, mal nach links ziehend, wenn hin und wieder ein leises Lüftchen aufkam.

Die Bauern machen ihre Bauarbeiten fertig und fahren
Mist. Das Vieh leidet Hunger auf dem verdorrten Brachfeld
in Erwartung der Grumternte. Kühe und Kälber brüllen mit
hochgekrümmten Schwänzen und entlaufen den Hirten von
der Raufe. Kinder hüten Pferde auf Straßen und Abhängen.
Weiber schleppen aus dem Walde Säcke voll Gras heran,
große und kleine Mädchen kriechen um die Wette im abge-
holzten Walde im Gebüsch herum und suchen Beeren, um sie
an die Sommergäste zu verkaufen.

Die Fremden, die in buntverzierten Sommerhäuschen mit
krauser Architektur wohnen, spazieren entweder in leichten,

sauberen, teuren Kleidern auf den mit Sand bestreuten Pfaden oder sitzen im Schatten der Bäume oder in Lauben an gestrichenen Tischen, stöhnen über die Hitze und trinken Tee oder kühlende Getränke.

Vor der prächtigen von Nikolaj Semionowitsch bewohnten Datsche mit Turm, Veranda, Balkons, Galerien – alles ist so schön frisch, neu und sauber! – steht eine als Troika bespannte Kalesche, die für fünfzehn Rubel »hin und her«, wie der Kutscher sagte, einen Herrn aus Peterburg gebracht hat.

Dieser Herr war ein bekannter liberaler Politiker, der stets an allen Komitees, Kommissionen und Eingaben beteiligt war, und ebenso an all den immer höchst schlau zurechtgemachten, angeblich getreu-untertänigen, in Wahrheit aber äußerst liberalen Adressen. Er ist aus der Stadt gekommen (aus der er sich, als enorm beschäftigter Mensch, nur einen einzigen Tag entfernen kann), um seinen Freund und Jugendgespielen, der beinah sein Gesinnungsgenosse ist, zu besuchen.

Ihre Meinungen gehen nur ganz wenig auseinander hinsichtlich der praktischen Anwendung des konstitutionellen Prinzips. Der Petersburger Herr – sehr europäisch gesinnt, sogar ein ganz klein wenig zum Sozialismus neigend – bezieht aus den von ihm bekleideten Ämtern ein sehr hohes Gehalt. Nikolaj Semionowitsch dagegen ist eine echt russische Natur, streng rechtgläubig mit einem Anhauch von Slawophilie; er besitzt viel tausend Desiatinen Land.

Sie hatten im Garten gespeist – fünf Gänge; vor Hitze aber hatten sie fast nichts gegessen, so daß alle Mühen des mit vierzig Rubel monatlich besoldeten Kochs und seiner Gehilfen, die sich alle zu Ehren des Gastes ganz besonders angestrengt hatten, eigentlich vergeblich gewesen waren. Die

Herrschaften hatten nur die eisgekühlte Botwinja mit frischem Weißlachs gegessen und verschiedenerlei schöngeformtes, mit Zuckerstückchen und Biskuits verziertes Eis genommen.

An der Mittagstafel hatten teilgenommen der Gast, ein liberaler Arzt, der Hauslehrer der Kinder – ein Student und wilder Sozialrevolutionär, den Nikolaj Semionowitsch aber im Zügel zu halten wusste –, Marie, Nikolaj Semionowitschs Gattin, und drei Kinder, von denen das kleinste erst zur Nachspeise erschien.

Bei Tisch herrschte eine etwas gespannte Stimmung, weil Marie, eine ohnehin sehr nervöse Dame, sich sorgte wegen einer Magenverstimmung ihres Goga – so wurde, weil bei feinen Leuten die Kinder Beinamen haben müssen, der jüngste Junge, Nikolaj, genannt – und weil sofort bei Beginn des politischen Gesprächs zwischen den Besuchern und Nikolaj Semionowitsch der aufgeregte Student zeigen wollte, daß er sich vor niemand scheute, seine Meinung offen auszusprechen, und sich in das Gespräch einmischte, so daß der Gast verstummte und Nikolaj Semionowitsch den Revolutionär beruhigen mußte.

Man hatte um sieben Uhr gespeist. Nach Tisch saßen die Gäste auf der Veranda, tranken zur Abkühlung kaltes Narsanwasser mit Eis und Weißwein und plauderten.

Meinungsverschiedenheiten kamen vor allem zutage bei der Frage, wie die Wahlen sein sollten: zwei- oder einstufig – und es hatte gerade ein heftiger Streit angefangen, als zum Tee in das durch Fliegennetze geschützte Speisezimmer gerufen wurde. Bei Tee führte man ein ganz allgemeines Gespräch, dem Marie aber nur wenig Interesse entgegenbrachte, weil die Gedanken an Gogas Magenverstimmung sie völlig in Anspruch nahmen. Man sprach von Malerei, und Marie suchte zu beweisen, daß in der Malerei der Dekadenten un je n'sais quoi sei, das man nicht in Abrede stellen könne. Sie dachte in diesem Augenblick überhaupt nicht an die Malerei der Dekadenten, aber sie redete eben das, was sie schon viele Male geredet hatte. Den Gast interessierte das alles schon gar nicht; aber er hatte doch häufig gehört, was man gegen die Dekadenten so redete, und was er davon jetzt vorbrachte, klang so ernst gemeint, daß niemand auf den Gedanken gekommen wäre, daß ihm die Malerei der Dekadenten ebenso gleichgültig sei wie die der Nichtdekadenten. Nikolaj Semionowitsch sah seiner Frau an, daß sie über etwas verstimmt war und daß es vielleicht heute noch Unannehmlichkeiten geben würde, außerdem langweilten ihn die Redereien sehr, die er schon hundertmal gehört zu haben meinte.

Die kostbaren Bronzelampen und die Laternen draußen wurden angezündet. Die Kinder wurden schlafen gelegt, nachdem Goga noch verschiedenen medizinischen Kunstgriffen unterworfen worden war.

Die Besucher, Nikolaj Semionowitsch und der Doktor begaben sich auf die Veranda. Der Diener brachte Kerzen mit Lichtschirmen und noch mehr Narsan, und so gegen zwölf Uhr nachts kam erst ein richtiges, angeregtes Gespräch in Gang über die Maßregeln, welche die Regierung in dem gegenwärtigen für Russland so wichtigen Augenblick ergreifen müsse. Die Herren rauchten und redeten unaufhörlich.

Draußen vor dem Tor klangen die Schellen der Pferde, die nicht gefüttert worden waren, und der alte Kutscher saß in der Kalesche und gähnte oder schnarchte. Er war jetzt schon zwanzig Jahre auf einer Stelle und schickte seinen gesamten Lohn, mit Ausnahme von drei oder fünf Rubeln, die er zu vertrinken pflegte, nach Hause an seinen Bruder. Als bei einzelnen Datschen die Hähne zu krähen anfingen, besonders laut und hell einer auf dem Hof der Nachbardatsche, bekam der Kutscher plötzlich die Sorge, man könnte ihn vielleicht vergessen haben. Er kletterte also aus der Kalesche und ging ins Haus. Er sah nun, daß sein Fahrgast ruhig dasaß, etwas aß und dazwischen immerzu redete. Er wurde ängstlich und ging den Diener suchen. Der Diener saß in seinem Livreejackett im Vorzimmer und schlief. Der Kutscher machte ihn wach. Der Diener, ein ehemaliger Leibeigener, der von seinem Lohn (die Stelle war gut: fünfzehn Rubel Lohn und manchmal bis zu hundert Rubel Trinkgeld von Gästen) seine große Familie ernährte, fünf Mädels und zwei Jungen, sprang auf, strich den Rock glatt, schüttelte sich und ging dann zum Herrn, um ihm zu melden, der Kutscher werde ungeduldig und möchte gern nach Hause fahren.

Als der Diener eintrat, war der Streit gerade auf seinem Höhepunkt angelangt. Der Doktor war auch dazugetreten und nahm teil.

»Ich kann nicht zugeben, daß das russische Volk«, sagte der Gast, »ganz andere Wege der Entwicklung gehen muß! Vor allen Dingen brauchen wir Freiheit, politische Freiheit, jene Freiheit ... wie soll ich Ihnen das näher erläutern ... also wie wir ja alle wissen, die größte Freiheit ... unter Wahrung der größten Rechte der anderen ...«

Der Gast empfand, daß er sich verhaspelt hatte und Unsinn redete, aber im Eifer des Gesprächs war er sich nicht mehr ganz klar darüber, was er eigentlich hätte sagen müssen.

»So ist es«, antwortete Nikolaj Semionowitsch, ohne auf den Gast zu hören, und lediglich darauf bedacht, seine eigenen Gedanken auszusprechen, die ihm selbst sehr gefielen. »Das ist schon so, aber es ist auf einem anderen Wege zu erreichen, nicht durch Stimmenmehrheit, sondern durch allgemeine Zustimmung. Sehen Sie sich nur die Entscheidungen der Bauerngemeinde, unseres ›Mir‹, an!«

»Ach, immer dieser ›Mir‹!«

»Man kann nicht leugnen«, sagte der Doktor, »daß die slawischen Völker ihre ganz besonderen Anschauungen haben. Nehmen Sie zum Beispiel das Vetorecht in Polen. Ich will ja nicht gerade behaupten, das wäre besser …«

»Erlauben Sie, lassen Sie mich meinen Gedanken zu Ende führen«, begann Nikolaj Semionowitsch. »Das russische Volk hat seine ganz besonderen Eigenschaften. Diese Eigenschaften …«

Gerade da erschien mit verschlafenem Gesicht Iwan in seiner Livree und unterbrach ihn:

»Der Kutscher ist ungeduldig …«

»Sagen Sie ihm«, (der Petersburger Herr nannte seine Diener stets »Sie« und war stolz darauf) »daß ich bald fahre und für das Warten bezahlen werde!«

»Zu Befehl!«

Der Diener ging. Und Nikolaj Semionowitsch konnte nun seine Gedanken zu Ende führen. Aber sowohl der Besucher wie der Doktor hatten das alles schon zwanzigmal gehört (oder es kam ihnen wenigstens so vor), und beide, besonders der Gast, versuchten ihn durch Beispiele aus der Geschichte zu widerlegen. Der Gast wußte in der Geschichte sehr gut Bescheid.

Der Doktor war auf der Seite des Gastes, bewunderte seine Bildung und hatte sich sehr über die Gelegenheit gefreut, ihn kennenzulernen.

Das Gespräch zog sich so in die Länge, daß es hinter dem Walde, auf der andern Seite der Landstraße, bereits hell wurde und die Nachtigallen schon erwachten. Aber die Herren rauchten und redeten, redeten und rauchten immer noch.

Vielleicht hätte das Gespräch auch noch länger gedauert, aber jetzt trat das Stubenmädchen in die Tür.

Dieses Stubenmädchen war eine Waise, die, um leben zu können, in Stellung hatte gehen müssen. Zuerst war sie in einer Kaufmannsfamilie, wo der Geschäftsgehilfe sie verführte. Sie bekam ein Kind. Ihr Kind starb, und sie nahm eine neue Stellung an, bei einem Beamten, wo sie der Sohn, ein Gymnasiast, nicht in Ruhe ließ. Dann wurde sie zweites Hausmädchen bei Nikolaj Semionowitsch und fand, sie habe es sehr glücklich getroffen, denn hier stellten ihr die Herren nicht mit ihrer Geilheit nach, und sie erhielt pünktlich ihren Lohn. Sie kam jetzt, um zu melden, die gnädige Frau ließen den Herrn Doktor und Nikolaj Semionowitsch bitten.

»Nu«, dachte Nikolaj Semionowitsch, »gewiß ist da schon wieder was mit Goga los.«

»Was gibt's denn?« fragte er.

»Nikolaj Nikolajewitsch sind nicht ganz wohl«, sagte das Mädchen. (»Nikolaj Nikolajewitsch sind ...« damit war Goga gemeint, der sich überfressen hatte und an Durchfall litt.)

»Es ist aber wirklich Zeit für mich«, sagte der Besucher. »Sehen Sie nur, wie hell es schon ist, wie lange wir gegessen haben!« sagte er lächelnd, als lobte er sich und die andern dafür, daß sie alle so lange und so viel geredet hatten. Dann verabschiedete er sich.

Iwan mußte auf seinen müden Beinen lange herumrennen, bevor er Hut und Schirm des Gastes fand, die dieser selbst an den ausgefallensten Stellen hatte liegenlassen. Iwan hoffte auf ein Trinkgeld, aber der Gast, der sonst immer freigebig war und dem es auf den Rubel nicht angekommen wäre, war noch so eifrig bei dem Gespräch, daß er das Trinkgeld ganz vergaß und erst unterwegs daran dachte, daß er dem Diener nichts gegeben hatte. »Nu, jetzt ist nichts mehr zu machen!«

Der Kutscher kletterte auf den Bock, nahm die Leine, setzte sich seitwärts hin und fuhr los. Die Schellen klangen; der Petersburger Herr ließ sich von den weichen Federn wiegen, fuhr dahin und dachte an die Beschränktheit und Voreingenommenheit seines Freundes.

Genau dasselbe dachte Nikolaj Semionowitsch, der nicht sofort zu seiner Frau ging. »Schrecklich ist diese Petersburger Enge des Blickes! Die Leute können sich doch nie davon losmachen!« dachte er.

Er überhastete sich nicht, zu seiner Frau zu kommen, weil er von der Unterhaltung nichts Angenehmes erwartete. Es handelte sich nämlich um Beeren. Bauernjungen hatten gestern Beeren angeboten. Nikolaj Semionowitsch hatte ihnen, ohne lange zu handeln, zwei Teller voll nicht ganz reifer Beeren abgekauft. Dann waren die Kinder gelaufen gekommen, hatten sie ihm abgebettelt und sie gleich vom Teller aufgegessen. Marie war noch nicht sichtbar gewesen; als sie dann aber erschien und erfuhr, Goga hätte Beeren bekommen, war sie furchtbar böse geworden, weil er so schon einen verdorbenen Magen hatte. Sie machte ihrem Manne Vorwürfe. Er verteidigte sich. So kam es zu einem sehr unerfreulichen Gespräch, fast zu einem Zank. Gegen Abend hatte Goga sehr schlechten Stuhlgang. Nikolaj Semionowitsch hatte gedacht, damit würde die Sache zu Ende sein. Nun war aber der Doktor geholt worden, das hieß also, die Sache hatte eine böse Wendung genommen.

Als er bei seiner Frau eintrat, stand sie in einem bunten, seidenen Morgenrock, der ihr sonst sehr gefiel, an den sie aber jetzt nicht dachte, neben dem Doktor über den Nachttopf gebeugt da und leuchtete ihm mit einer tropfenden Kerze.

Der Doktor schaute durch seinen Kneifer aufmerksam hinein und rührte mit einem Stäbchen in dem übelriechenden Inhalt herum.

»Ja, ja«, sagte er bedeutsam. »Das kommt alles von den verdammten Beeren.«

»Wieso denn ausgerechnet von den Beeren?« fragte Nikolaj Semionowitsch schüchtern.

»Wieso von den Beeren … Du hast ihn doch damit gefüttert! Und jetzt kann ich die Nächte nicht schlafen, und das arme Kind muß sterben.«

»Na, der Junge wird ja nicht gleich sterben«, sagte der Doktor lächelnd. »Eine kleine Dosis Wismut, und ein bißchen Vorsicht! Wir wollen es ihm gleich eingeben.«

»Er ist eingeschlafen«, sagte sie.

»Nu, dann wollen wir ihn lieber nicht stören. Ich komme morgen mit heran.«

»Ach ja, bitte sehr …«

Der Doktor ging. Nikolaj Semionowitsch blieb allein und konnte seine Frau lange nicht beruhigen. Als er endlich einschlief, war es schon ganz hell.

Im Nachbardorf kamen gerade um diese Zeit die Bauern und die Kinder von der Nachtweide zurück. Einige kamen auf ihrem einzigen Pferde geritten, andere hatten noch Pferde an der Leine, und hinterher liefen die Ein- und Zweijährigen.

Taraska Resunow, ein zwölfjähriger Junge, in Pelzjacke und Mütze, saß barfuß auf einer scheckigen Stute und hatte einen Wallach an der Leine; ein Füllen, ebenso scheckig wie die Mutter, lief nebenher. Er überholte alle andern und sprengte bergan zum Dorfe hinauf. Ein schwarzer Hund rannte lustig vor den Pferden her und sah sich immer wieder nach ihnen um. Der scheckige wohlgenährte Einjährige schlug hinten mit seinen weißen, unten schwarzen Beinen bald nach dieser, bald nach jener Seite aus. Beim Hause angelangt, band Taraska die Pferde am Tor fest und trat in den Flur.

»Heda, ihr, schlaft ihr immer noch?« schrie er seine Schwestern und den Bruder an, die im Flur auf einer Matte schliefen.

Die Mutter, die neben ihnen schlief, war schon aufgestanden, um die Kuh zu melken.

Olguschka sprang auf und strich mit beiden Händen ihre ganz zerzausten, hellblonden Haare glatt. Fedka hingegen, der auch hier schlief, blieb noch liegen, die Nase tief im Pelz, und rieb sich nur mit seiner rauhen Ferse das unter dem Kaftan hervorguckende schlanke Kinderbein.

Die Kinder hatten gestern beschlossen, heute in die Beeren zu gehen, und Taraska hatte versprochen, seine Schwestern und den Jungen zu wecken, wenn er von der Nachtweide zurückkäme.

So tat er also auch. Auf der Nachtweide hatte er unter einem Busch gesessen und war vor Müdigkeit beinahe umgefallen. Jetzt aber war er wieder ganz munter und beschloß, sich gar nicht erst schlafen zu legen, sondern mit den Mädels in die Beeren zu gehen. Die Mutter gab ihm einen Topf Milch. Ein Stück Brot hatte er sich selbst schon abgeschnitten. Er setzte sich an den Tisch auf die hohe Bank und fing an zu essen.

Als er dann, nur in Hemd und Hose, mit raschen Schritten die Straße entlangging, wobei seine bloßen Füße deutliche

Spuren im Staub hinterließen, in dem bereits einige ebensolche Spuren nackter Füße – teils größere, teils kleinere – mit deutlich abgezeichneten Zehen zu sehen waren, da schimmerten die Mädchen schon weit in der Ferne als rote und weiße Fleckchen auf dem dunklen Grün des Waldes. (Sie hatten sich schon am Abend ein Töpfchen und einen Krug hingestellt, hatten nicht erst gefrühstückt, auch kein Brot mitgenommen, sich nur zweimal in der vorderen Ecke verneigt und waren auf die Straße hinausgelaufen.) Taraska holte sie hinter dem großen Walde ein, als sie eben von der Landstraße abgebogen waren.

Auf dem Grase im Buschwerk, sogar auf den unteren Ästen der Bäume lag Tau. Die nackten Füßchen der Mädchen waren sofort naß. Erst waren sie kalt, dann aber glühend heiß, als sie bald durch das weiche Gras, bald über die Unebenheiten des trockenen Bodens trippelten. Die vielen Beeren wuchsen da, wo der Wald geschlagen war. Die Mädels gingen zuerst nach der vorjährigen Lichtung. Junges Unterholz fing hier erst an zu wachsen, und zwischen dem saftigen jungen Buschwerk kamen immer wieder Stellen mit niedrigem Grase, in dem die rötlich-weißen, hier und da auch schon dunkelroten Beeren reiften und sich versteckten.

Die Mädels bückten sich tief und pflückten mit ihren von der Sonne verbrannten kleinen Händchen eine Beere nach der anderen. Sie taten die schlechten in den Mund, die guten in den Krug.

»Olguschka, komm hierher! Hier sind mächtig viel.«

»Nu, Schwindel! A–u!« riefen sie sich einander zu, als sie durchs Gebüsch weitergingen, ohne sich allzusehr voneinander zu entfernen.

Taraska ging weiter fort, über die Schlucht hinaus, wo der Wald schon ein Jahr früher geschlagen war und wo das junge

Unterholz, namentlich Haselgesträuch und Ahorn, schon mehr als mannshoch war. Das Gras war hier saftiger und dichter, und wo Stellen mit Erdbeeren vorkamen, da waren die Beeren unter dem Schutze des Grases saftiger und größer.

»Gruschka!«

»Was?«

»Wenn nun aber ein Wolf kommt ...«

»Was soll der Wolf? Warum willst du mir Angst machen? Ich fürchte mich überhaupt nicht!« sagte Gruschka und steckte dann aus Versehen, weil sie doch an den Wolf denken mußte, eine Beere nach der anderen, und zwar gerade die allerbesten, nicht in den Krug, sondern in den Mund.

»Der Taraska ist bis über die Schlucht gegangen. Taraska! A–u!«

»Ja–o!« antwortete Taraska von drüben her. »Kommt hierher!«

»Da müssen wir hin, da sind viel mehr ...«

Und die Mädchen kletterten in die Schlucht hinab, sich an den Büschen festhaltend, und aus dem Grunde klommen sie durch Seitenschluchten wieder nach oben. Drüben in der Sonnenglut kamen sie gleich auf eine Wiese mit kurzem Gras, die ganz übersät war mit Beeren. Beide schwiegen und arbeiteten unermüdlich mit Händen und Lippen.

Plötzlich raschelte etwas, und inmitten der Stille krachte es, wie sie sich einbildeten, ganz fürchterlich im Gras und im Gebüsch.

Gruschka fiel vor Schreck lang hin und verschüttete die Hälfte der schon in ihren Krug gesammelten Beeren. »Mamuschka!« kreischte sie auf und fing an zu weinen.

»Ein Hase! Da ist ein Hase! Taraska! Ein Hase! Da ist er!« schrie Olguschka und deutete auf den graubraunen Rücken mit Ohren, der durch das Buschwerk huschte. »Was heulst du denn?« wandte sich Olguschka an Gruschka, als der Hase verschwunden war.

»Ich dachte, es ist ein Wolf!« antwortete Gruschka und brach in ein fast glockenhelles Kichern aus.

»Dummes Ding!«

»Ich hab' ja solchen Schrecken gekriegt!« sagte Gruschka, musste aber plötzlich nach ihrem Entsetzen und ihren verzweifelten Tränen laut loslachen.

Sie sammelten die Beeren ein und gingen weiter. Die Sonne war jetzt schon ganz aufgegangen; mit hellen, grellen Flecken und Schatten zeichnete sie Muster auf das Grün und funkelte in den Tautropfen, von denen die Mädchen jetzt schon bis zum Gürtel naß waren.

Die Mädchen waren schon beinah am Ende des Waldes angelangt und gingen immer noch weiter und weiter in der Hoffnung, daß, je weiter, desto mehr Beeren sein würden. An verschiedenen Stellen war jetzt das laute »A–u!« von Mädchen und Frauen zu hören, die später aufgebrochen waren und auch Beeren sammelten. Um die Frühstückszeit waren Töpfchen und Krug schon halb voll. Da trafen die Mädchen Tante Akulina, die auch nach Beeren gegangen war. Hinter Tante Akulina wackelte auf dicken, krummen Beinchen ein kleiner dickbäuchiger Bengel her, im bloßen Hemde und ohne Mütze.

»Er ist mitgerannt«, sagte Akulina zu den Mädchen und nahm den Jungen auf die Arme. »Bei wem hätte ich ihn auch lassen sollen ...«

»Wir haben eben einen strammen Hasen aufgescheucht! Wie das geknackt hat – unheimlich war's!«

»Sieh mal an«, sagte Akulina und ließ den Jungen wieder aus den Armen herab.

Als sie so geredet hatten, trennten sich die Mädchen wieder von Akulina und arbeiteten weiter.

»Weißt du, wir wollen uns jetzt aber ein bißchen hinsetzen«, sagte Olguschka und ließ sich im dichten Schatten eines Nußbaumes nieder. »Ich bin schon ganz müde. Ach, jetzt haben wir kein Brot bei uns. Ich habe Hunger!«

»Ich auch«, sagte Gruschka.

»Was schreit denn die Tante Akulina da immerzu? Hörst du? A–u! Tante Akulina!«

»Olguschka–a!« antwortete Akulina.

»Was ist?«

»Ist mein Junge nicht bei euch?« schrie Akulina aus einer Seitenschlucht.

»Nein.«

Aber jetzt raschelte es im Gebüsch, und von der Seitenschlucht her erschien Tante Akulina in eigener Person, den Rock bis über die Knie gerafft, mit ihrem Körbchen am Arm.

»Habt ihr meinen Jungen nicht gesehen?«

»Nein.«

»So ein Unglück. Mischka–a!«

»Mischka–a!«

Niemand antwortete.

»Och, so eine böse Sache! Er wird sich noch verlaufen.«

Olguschka sprang auf und ging mit Gruschka nach der einen Seite, um zu suchen, Tante Akulina nach der andern. Unaufhörlich riefen sie mit lauter Stimme nach Mischka – aber es kam keine Antwort.

»Ich bin schon ganz müde«, sagte Gruschka und blieb zurück. Aber Olguschka rief unermüdlich »a–u!«, ging mal nach rechts, mal nach links und sah sich nach allen Seiten um.

Akulinas verzweifelte Stimme tönte weithin bis nach dem großen Walde. Olguschka wollte schon aufhören zu suchen und nach Hause gehen, als sie in einem saftigen Busch bei einem Lindenstumpf mit Jungholz das hartnäckige, zornige, verzweifelte Piepsen eines Vogels hörte, der wohl Junge hatte und sich über etwas aufregte. Der Vogel fürchtete sich offenbar vor etwas und war wütend. Olguschka sah sich nach dem Busch um, der von dichtem, hohem Gras mit weißen Blumen umgeben war, und sah unmittelbar darunter ein blaues Häufchen, das ganz und gar nicht wie Gras aussah. Sie blieb stehen und schaute näher hin. Das war Mischka. Vor ihm fürchtete sich und über ihn ärgerte sich der Vogel.

Mischka lag auf seinem dicken Bauch, die Ärmchen unter den Kopf geschoben, die runden, krummen Beinchen ausgestreckt, und schlummerte süß.

Olguschka rief die Mutter herbei, weckte den Kleinen und schenkte ihm Beeren.

Und noch lange nachher erzählte Olga allen, die sie traf, und zu Hause der Mutter und dem Vater und den Nachbarn, wie sie Akulinas Kleinen gesucht und schließlich gefunden hatte.

Die Sonne stand schon hoch über dem Walde und versengte mit ihren heißen Strahlen die Erde und alles, was auf ihr war.

»Olguschka, komm mit baden!« wurde Olga von den andern Mädchen aufgefordert, mit denen sie zusammengetroffen war. Und in einer großen Schar zogen sie alle singend zum Flusse. Die Mädchen plantschten, kreischten, schwatzten – und bemerkten bei alledem nicht, wie eine schwarze, tiefschwebende Wolke von Westen her heranzog, wie die Sonne bald verschwand, bald wieder zum Vorschein kam, wie es stärker nach Blumen und Birkenlaub duftete und wie es anfing, leise zu donnern. Die Mädchen waren noch nicht fertig angezogen, da fing es schon an zu regnen, und sie wurden naß bis aufs letzte Fädchen.

In ihren vor Nässe am Körper klebenden und dunkel gewordenen Hemden rannten sie nach Hause. Sie aßen etwas, dann brachten sie dem Vater, der auf dem Felde pflügte, Kartoffeln als Mittagessen. Als sie wieder daheim waren und zu Mittag gegessen hatten, waren ihre Hemden schon wieder trocken. Sie lasen ihre Erdbeeren aus, taten sie in eine Tasse und brachten sie nach der Datsche von Nikolaj Semionowitsch, wo man meist gut zahlte. Aber diesmal wies man sie ab.

Marie saß unter einem Schirm in einem großen Sessel und kam um vor Hitze. Als sie die kleinen Mädchen mit den Beeren sah, wehrte sie mit dem Fächer ab.

»Wir brauchen nichts, wir brauchen nichts …«

Aber Walja, ihr Ältester, ein Junge von zwölf Jahren, der sich hier von den Anstrengungen des humanistischen Gymnasiums erholte und mit den Nachbarskindern Krocket spielte, sah die Beeren, lief zu Olguschka hin und fragte:

»Wieviel sollen sie kosten?«

Sie sagte:

»Dreißig Kopeken.«

»Das ist zuviel«, sagte er. Er sagte nur deshalb »zuviel«, weil die Großen auch immer so sagten. »Warte einen Augenblick, aber geh da hinter die Ecke«, sagte er und lief zur Kinderfrau.

Olguschka und Gruschka freuten sich inzwischen an der Spielkugel, in der kleine Häuser, Wälder, Gärten zu sehen waren. Und diese Kugel und vieles andere kam ihnen gar nicht weiter wunderbar vor, weil sie immer das Allerwunderbarste von dem geheimnisvollen und für sie ganz unverständlichen Leben der Herrschaften erwarteten.

Walja lief also zur Niania und bat sie um dreißig Kopeken. Die Niania meinte, zwanzig seien auch genug, und holte ihm aus ihrer Truhe das Geld. Er machte dann einen weiten Bogen um den Vater herum, der nach der letzten schweren Nacht eben erst aufgestanden war und jetzt rauchte und seine Zeitung las. Walja gab dem Mädchen seine Zwanziger, schüttete sich die Beeren auf einen Teller und machte sich sofort darüber her.

Wieder zu Hause angelangt, machte Olguschka mit den Zähnen den Knoten ihres Tuches auf, in das sie den Zwanziger eingebunden hatte, und gab das Geld der Mutter. Die verwahrte es und suchte dann ihre Wäsche zusammen, um an den Fluß zu gehen.

Taraska, der seit dem Morgen mit dem Vater die Kartoffeln durchgepflügt hatte, schlief um die Zeit im Schatten eines dichten, dunklen Eichenbaumes. Der Vater saß daneben und beobachtete das gekoppelte, ausgespannte Pferd, das gerade am Rande eines fremden Ackers weidete und jeden Augenblick in den Hafer oder in fremde Wiesen gehen konnte.

In der Familie von Nikolaj Semionowitsch war heute wieder alles genauso wie immer. Alles ging ausgezeichnet. Das Frühstück von drei Gängen war fertig, die Fliegen hatten sich schon längst darüber hergemacht, aber niemand erschien zu Tisch, denn niemand verspürte Lust zum Essen.

Nikolaj Semionowitsch war sehr befriedigt über die Richtigkeit seiner Ansichten, die durch das bewiesen wurden, was er heute in den Zeitungen las. Marie war beruhigt, weil Goga einen guten Stuhlgang gehabt hatte. Der Doktor war darüber erfreut, daß die von ihm verordneten Mittel geholfen hatten. Und Walja freute sich darüber, daß er einen ganzen Teller Erdbeeren gegessen hatte.

1905

Deutsch von Erich Boehme

Kläffi

von Leonid Andrejew

I

Er gehörte niemandem; er hatte keinen Namen, und niemand hätte sagen können, wo er sich den ganzen langen, frostigen Winter über aufhielt oder wovon er sich ernährte. Von den warmen Bauernkaten verjagten ihn die Hofhunde, ebenso hungrig wie er, aber stolz und stark, weil sie zum Haus gehörten; wenn er sich, vom Hunger getrieben, auf der Straße zeigte, warfen die Kinder Steine und Stöcke nach ihm, und die Erwachsenen johlten fröhlich und stießen gellende Pfiffe aus. Außer sich vor Angst lief er von einer Straßenseite auf die andere, er prallte gegen Zäune und Menschen und rannte dann davon ans Ende der Ortschaft, wo er sich in der Tiefe eines großen Gartens versteckte, an einer Stelle, die nur er kannte. Dort leckte er seine Verletzungen und Wunden, und in der Einsamkeit wurden seine Angst und Wut immer größer.

Nur einmal hatte ihm jemand Mitleid und Güte gezeigt, ein alter Trunkenbold auf dem Heimweg von der Schenke. Er empfand Zuneigung und Erbarmen für alle und jeden und brummte etwas von guten Menschen vor sich hin und von der Hoffnung, die er in sie setzte; der Hund, schmutzig und häßlich, auf den sein betrunkener, zielloser Blick zufällig fiel, dauerte ihn.

»Fiffi!« rief er ihn mit einem typischen Hundenamen. »Fiffi! Komm her, hab keine Angst!«

Fiffi wollte gerne näher kommen; er wedelte mit dem Schwanz, traute sich aber nicht. Der Mann schlug sich mit der Hand aufs Knie und wiederholte eindringlich:

»Na komm schon her, du Dummer! Wahrhaftig, ich tu dir doch nichts!«

Aber während der Hund noch zauderte, immer furioser mit dem Schwanz wedelte und mit kleinen Schritten vorwärts tapste, schlug die Stimmung des Betrunkenen um. Ihm fielen all die Kränkungen ein, die die guten Menschen ihm zugefügt hatten, und aus Überdruß und blinder Wut versetzte er Fiffi, als der sich vor ihm auf den Rücken legte, mit der Spitze seines schweren Stiefels mit voller Wucht einen Tritt in die Seite.

»Pah, du Dreckstück! Da hast du's!«

Der Hund jaulte auf, mehr vor Überraschung und Kränkung als vor Schmerz, und der Mann schlurfte schwankend nach Hause.

Seitdem hatte der Hund jedes Vertrauen in die Menschen verloren. Manchmal stürzte er wütend auf sie los und versuchte zu beißen, bis sie ihn mit Steinen und Stöcken verscheuchen konnten.

Einen Winter lang fand er Zuschlupf unter der Terrasse einer verlassenen Datscha, wo es keinen Wächter gab, und er bewachte sie hingebungsvoll: Des Nachts lief er hinaus auf die Straße und bellte, bis er heiser war. Und wenn er dann auf seinem Platz lag, knurrte er noch immer böse, aber durch diese Bösartigkeit klang auch eine gewisse Selbstzufriedenheit, ja sogar Stolz.

Die Winternacht zog sich endlos lange hin, und die schwarzen Fenster der verlassenen Datscha blickten verdrossen in den vereisten, reglosen Garten. Hin und wieder schien ein bläuliches Flämmchen darin aufzublitzen: Dann spiegelte sich eine Sternschnuppe in der Fensterscheibe, oder die spitze Sichel des Mondes sandte ihren zaghaften Strahl herab.

II

Der Frühling kam, und durch die stille Datscha hallte lautes Gerede, Quietschen von Rädern und schwerfälliges Getrampel von Menschen, die Lasten umhertrugen. Die Datschniki aus der Stadt waren gekommen, eine fröhliche Schar von Erwachsenen, Halbwüchsigen und Kindern, trunken von Luft, Wärme und Licht; jemand rief etwas, jemand sang, jemand lachte mit hoher Frauenstimme.

Die erste, die der Hund kennenlernte, war ein hübsches Mädchen in einem braunen Schulkleid. Sie kam in den Garten hinausgelaufen, begierig und voller Ungeduld, alles zu umfassen und in die Arme zu schließen, was ringsum zu sehen war, sie blickte in den klaren Himmel, auf das rötliche Astwerk des Kirschbaums und legte sich rasch ins Gras, das Gesicht der heißen Sonne entgegen. Dann sprang sie ebenso unvermittelt wieder auf, schlang die Arme um sich, küßte mit ihren frischen Lippen die Frühlingsluft und sprach ausdrucksvoll und ernsthaft:

»So ein Spaß!«

Sprach's – und begann, sich rasch im Kreise zu drehen. In dem Moment verbiß sich der Hund, der sich lautlos angeschlichen hatte, wütend in den geblähten Saum des Kleides, riß ein Stück heraus und verschwand ebenso lautlos in den dichten Stachelbeer- und Johannisbeerbüschen.

»Au, ein bissiger Hund!« schrie das Mädchen im Davonlaufen, und noch lange war ihre aufgeregte Stimme zu hören: »Mama, Kinder! Nicht in den Garten gehen, da ist ein Hund! Ein riesengroßer! ... Ein ga-a-a-nz böser!«

In der Nacht schlich der Hund zurück zur schlafenden Datscha und verkroch sich lautlos an seinem Platz unter der Terrasse. Es roch nach Menschen, und durch die offenenen Fenster drang das leise Geräusch hastiger Atemzüge. Die Menschen schliefen, sie waren hilflos und machten ihm keine Angst, und er bewachte sie eifersüchtig: Mit einem Auge schlief er, und bei jedem Rascheln streckte er den Kopf mit den beiden reglosen Flämmchen seiner phosphorglänzenden Augen hinaus. Und es gab viele beunruhigende Geräusche in der lauen Frühlingsnacht: Hier im Gras raschelte etwas Kleines, Unsichtbares, das direkt bis vor seine glänzende Hundenase gekrochen kam; da knackte ein vorjähriger Zweig, auf dem ein schlafender Vogel hockte; über die nahe gelegene Chaussee rumpelte ein Leiterwagen, und hochbeladene Fuhrwerke knarrten. Und in der reglosen Luft verbreitete sich weit ringsum der Geruch nach würzigem, frischem Harz und lockte in die leuchtende Ferne.

Die Datschniki waren sehr gute Menschen, und die Tatsache, daß sie weit weg von der Stadt waren, die gute Luft atmeten und ringsum alles grün, hellblau und ohne Arg sahen, machte sie noch besser. Die Sonne durchdrang sie mit ihrer Wärme, die sie als Lachen und Zuneigung gegenüber allem Lebenden wieder abgaben. Zuerst wollten sie den Hund, der sie so erschreckt hatte, verscheuchen, ihn sogar mit einem Revolver erschießen, wenn er sich nicht davonmachen würde, doch dann gewöhnten sie sich an das Gebell in der Nacht, und manchmal fiel ihnen am Morgen ein:

»Wo ist denn unser Kläffi?«

Diesen neuen Namen – Kläffi – behielt er. Manchmal bemerkten sie auch tagsüber einen dunklen Körper im Gebüsch, der spurlos verschwand, sobald eine Hand ihm Brot zuwarf –

als wäre es nicht ein Stück Brot, sondern ein Stein –, und bald hatten sich alle an Kläffi gewöhnt, sie bezeichneten ihn als »ihren« Hund und scherzten über seine Menschenscheu und seine grundlose Furcht. Mit jedem Tag verminderte Kläffi die Entfernung, die ihn von den Menschen trennte, um einen Schritt, er gewöhnte sich an ihre Gesichter und nahm ihre Gewohnheiten an: Eine halbe Stunde vor dem Essen stand er schon im Gebüsch und blinzelte zutraulich. Und die Gymnasiastin Lelja, die die Kränkung längst vergessen hatte, nahm ihn schließlich auf in den glücklichen Kreis der heiteren Sommergäste.

»Kläffi, komm zu mir!« lockte sie ihn. »Mein Guter, mein Lieber, komm her! Magst du ein Stück Zucker? ... Hier hast du Zucker, willst du? Na komm schon her!«

Aber Kläffi kam nicht: Er hatte Angst. Lelja näherte sich ihm vorsichtig und sprach ihm mit ihrer schönen Stimme und dem hübschen Gesicht so gut zu wie möglich, aber sie hatte selbst Angst: Wenn er nun plötzlich beißen würde?

»Ich hab dich lieb, Kläffi, ich hab dich ganz lieb. Du hast so ein hübsches Näschen und so ausdrucksvolle Augen. Glaubst du mir nicht, Kläffi?«

Und zum zweiten Mal in seinem Leben legte Kläffi sich auf den Rücken und schloß die Augen, unsicher, ob man ihn schlagen oder streicheln würde. Aber er wurde gestreichelt. Eine kleine, warme Hand berührte erst zögernd seinen rauhen Kopf und glitt dann frei und kühn über den ganzen felligen Körper, zupfte, streichelte und kitzelte ihn.

»Mama! Kinder! Seht nur, ich kann Kläffi streicheln!« rief Lelja aus.

Als die Kinder herbeiliefen, laut, mit klingenden Stimmen, flink und munter wie auseinanderstiebende Quecksilbertröpfchen, erstarrte Kläffi in Angst und hilfloser Erwartung: Er wußte, wenn ihn jetzt jemand schlagen würde, dann könnte er seine scharfen Zähne nicht mehr in den Körper des Angreifers schlagen – man hatte ihm seinen unversöhnlichen Groll genommen. Als die Kinder anfingen, ihn um die Wette zu kraulen, zitterte er noch lange jedes Mal, wenn eine zärtliche Hand ihn berührte, und die ungewohnte Liebkosung war schmerzhaft wie ein Schlag.

III

Mit seiner ganzen Hundeseele blühte Kläffi auf. Er hatte einen Namen, auf den hin er Hals über Kopf aus der grünen Tiefe des Gartens angesaust kam; er hatte Menschen, zu denen er gehörte und denen er dienen konnte. Was brauchte es mehr zum Hundeglück?

Mit der Genügsamkeit, die ihm in langen Jahren hungrigen Herumstreunens zur Gewohnheit geworden war, fraß er nur wenig, aber selbst dieses Wenige veränderte ihn bis zur Unkenntlichkeit: Sein langes Fell, das zuvor in braunroten, steifen Zotteln herunterhing und am Bauch ewig vor getrocknetem Dreck starrte, war nun sauber und dunkel und glänzte bald wie Atlas. Wenn er aus lauter Langeweile hinaus ans Tor lief, an der Schwelle stehenblieb und gewichtig die Straße hinauf- und hinunterblickte, wäre es niemandem in den Sinn gekommen, ihn zu hänseln oder Steine zu werfen.

Doch so stolz und unabhängig war er nur, wenn er allein war. Die Angst in seinem Herzen hatte sich durch die Wärme der Liebkosungen noch nicht ganz verflüchtigt, und jedes Mal, wenn er Menschen sah, wenn sie näher kamen, schrak er zusammen und erwartete Schläge. Und noch lange war jede Liebkosung eine Überraschung für ihn, ein Wunder, das er nicht verstehen konnte und auf das er nichts erwidern konnte. Er konnte nicht schöntun. Andere Hunde können sich auf die Hinterpfoten stellen, sich einem an die Beine schmiegen oder sogar lächeln und damit ihre Gefühle ausdrücken, doch er konnte das nicht.

Kläffi konnte bloß auf den Rücken fallen, die Augen schließen und leise winseln. Doch das war zuwenig, das konnte seine Begeisterung, seine Dankbarkeit und seine Liebe nicht ausdrücken – und einer plötzlichen Eingebung folgend, fing Kläffi an, das zu tun, was er vielleicht irgendwann einmal bei anderen Hunden gesehen, aber längst vergessen hatte. Er schlug unbeholfene Purzelbäume, hüpfte und drehte sich ungelenk um die eigene Achse, und sein Körper, der sonst so geschmeidig und geschickt war, wirkte dann tolpatschig, lächerlich und bedauernswert.

»Mama! Kinder! Seht nur, Kläffi spielt!« rief Lelja und bettelte, vor Lachen ganz außer Atem: »Noch mal, Kläffi, noch mal! Ja, so! Ja, so …«

Alle liefen herbei und lachten lauthals, und Kläffi drehte sich im Kreis, schlug Purzelbäume und ließ sich fallen, doch niemand bemerkte das eigenartige Flehen in seinen Augen. Wie sie früher geschrien und gejohlt hatten, um seine verzweifelte Angst zu sehen, so kraulten ihn die Menschen nun, um seine überschwengliche Zuneigung hervorzurufen, die in ihrer ungelenken, unbeholfenen Art unendlich lächerlich war. Es verging keine Stunde, ohne daß einer der Halbwüchsigen oder eines der Kinder gerufen hätte:

»Kläffi, lieber Kläffi, spiel doch ein bisschen!«

Und Kläffi drehte sich im Kreis, schlug Purzelbäume und ließ sich unter nicht enden wollendem, fröhlichem Gelächter zu Boden fallen. Alle lobten ihn, auch wenn er nicht dabei war, und klagten nur über eines, nämlich daß er in Gegenwart von Gästen seine Kunststücke nicht zeigen wollte und statt dessen in den Garten lief oder sich unter der Terrasse verkroch.

Kläffi gewöhnte sich daran, daß er sich um das Fressen keine Sorgen machen mußte, weil die Köchin ihm immer um die gleiche Zeit Küchenabfälle und Knochen gab; er legte sich unbeirrt und ruhig auf seinen Platz unter der Terrasse und wollte gestreichelt werden. Er wurde schwerer, und nur selten noch entfernte er sich von der Datscha; wenn die Kinder ihn riefen, damit er mit ihnen in den Wald käme, wedelte er ausweichend mit dem Schwanz und verschwand unbemerkt. Aber noch immer erklang des Nachts laut und eifrig sein wachsames Gebell.

IV

Mit gelben Flammen loderte der Herbst, mit ständigen Schauern weinte der Himmel, und die Datschen leerten sich rasch und verstummten, als hätten der pausenlose Regen und der Wind sie gelöscht wie Kerzen, eine nach der anderen.

»Was machen wir nur mit Kläffi?« fragte Lelja nachdenklich.

Sie saß da, hatte die Knie mit den Armen umfaßt und blickte traurig zum Fenster hinaus, an dem die glitzernden Tropfen eines beginnenden Regenschauers hinunterrollten.

»Setz dich ordentlich hin, Lelja! Wer wird denn so sitzen?« tadelte die Mutter und fügte hinzu: »Kläffi muß hierbleiben. Es geht nicht anders!«

»Scha-aa-de!« erwiderte Lelja gedehnt.

»Wo willst du denn hin mit ihm? Wir haben keinen Hof, und in der Wohnung kann er nicht bleiben, das siehst du doch wohl ein.«

»Scha-aa-de!« sagte Lelja wieder, kurz davor, in Tränen auszubrechen.

Schon hoben sich ihre dunklen Augenbrauen wie Schwalbenflügel, und das hübsche Näschen rümpfte sich kläglich, aber da sagte die Mutter:

»Die Dogajews haben mir schon lange einen Welpen angeboten. Sie sagen, es ist ein Rassehund, und er macht schon Männchen. Hörst du? Und der hier ist doch bloß ein Straßenköter!«

»Scha-aa-de!« sagte Lelja wieder, aber sie fing nicht an zu weinen.

Wieder kamen fremde Menschen, wieder knarrten Fuhrwerke, wieder ächzten Dielenbretter unter schweren Tritten, doch es gab weniger Gerede, und Gelächter war überhaupt nicht zu hören. Verängstigt über die fremden Leute, in einer dunklen Vorahnung von Unheil rannte Kläffi zum Ende des Gartens und starrte durch die lichten Büsche unverwandt auf die Terrasse und die darauf hin und her eilenden Gestalten in den roten Hemden.

»Hier bist du, mein armer Kläffi.« Lelja war in den Garten gekommen. Sie war schon reisefertig angezogen und trug das braune Kleid, von dem Kläffi damals ein Stück abgerissen hatte, und ein schwarzes Jäckchen.

»Komm mit!«

Sie gingen hinaus auf die Chaussee. Mal fing es an zu regnen, dann wieder ließ der Regen nach, und der ganze Raum zwischen der schwarzen Erde und dem Himmel hing voller dick zusammengeballter, eilig dahinziehender Wolken.

Von unten konnte man sehen, wie schwer, wie übervoll mit Wasser sie waren und deshalb kein Licht durchließen, und wie langweilig es der Sonne hinter dieser dichten Wand war.

Links der Chaussee erstreckten sich dunkle Stoppelfelder, und erst am holprigen nahen Horizont erhoben sich in einsamen Gruppen vereinzelt niedrige Bäume und Sträucher.

Ein Sonnenstrahl brach durch, gelb und anämisch, als sei die Sonne unheilbar krank; weiter und trauriger wurde die neblige herbstliche Ferne.

»Trübselig ist es, Kläffi!« sagte Lelja leise und ging zurück, ohne sich noch einmal umzusehen.

Erst am Bahnhof fiel ihr ein, daß sie sich nicht von Kläffi verabschiedet hatte.

V

Lange rannte Kläffi hin und her auf der Fährte der Menschen, die nun abgereist waren, er lief zum Bahnhof und kehrte durchnäßt und schmutzig zur Datscha zurück. Dort vollführte er ein neues Kunststück, das aber niemand mehr sah: Er ging zum ersten Mal auf die Terrasse, setzte sich auf die Hinterpfoten, warf einen Blick durch die Glastür und kratzte sogar daran. Doch die Zimmer waren leer, niemand antwortete Kläffi.

Dichter Regen setzte ein, und von allen Seiten rückte die Dunkelheit der langen Herbstnacht heran. Rasch und stockfinster erfüllte sie die verlassene Datscha, geräuschlos kroch sie aus den Büschen und ergoß sich mit dem Regen vom unwirtlichen Himmel herab. Auf der Terrasse, wo die Markise abmontiert war, weshalb sie weitläufig und seltsam leer erschien, kämpfte die Helligkeit noch lange mit der Dunkelheit und beleuchtete trübe die Spuren der schmutzigen Füße, doch bald gab auch sie sich geschlagen.

Die Nacht brach herein.

Und als es daran keinen Zweifel mehr gab, begann der Hund kläglich und laut zu heulen. Als gellender, schriller, wie verzweifelter Ton drang dieses Heulen durch das eintönige, düster-resignierte Rauschen des Regens, es durchschnitt die Finsternis und verhallte über dem dunklen, kahlen Feld.

Erstmals ins Deutsche übersetzt von Dorothea Trottenberg

Die Gastgeberin

von Arkadi Awertschenko

I

Als prinzipieller Gegner gut begründeter, sorgfältig durchdachter Pläne kletterte Mischka Samatocha ohne besonderes Ziel über den niedrigen Zaun des Datscha-Gartens.

Wenn sich die Gelegenheit ergäbe, würde er etwas klauen; wenn die Umstände es zuließen, würde er auch zu einem Bruch nicht nein sagen. Weshalb auch? Hauptsache, er könnte sich hinterher leicht aus dem Staub machen, die Beute einem Hehler verscherbeln und sich dann so vollaufen lassen, »daß dem Teufel schlecht würde«.

Letzteres war der Maßstab allen Handelns für Mischka Samatocha. Wenn er soff, einen draufmachte oder sich prügelte, dann immer mit der Absicht, daß »dem Teufel schlecht würde«. Gelegentlich kriegte er ordentlich eins auf die Mütze, doch auch das immer so, »daß dem Teufel schlecht würde«.

Eine poetische Legende, die in allen gesitteten Kinderzimmern zirkuliert, besagt, ein jeder Mensch hätte seinen Schutzengel, der sich freut, wenn es dem Menschen gutgeht, und der weint, wenn man ihm ein Leid zufügt.

Mischka Samatocha hatte freiwillig auf seinen Engel verzichtet, statt dessen einen Teufel bestellt und sich zum Ziel gesetzt, daß es diesem chronisch schlecht war.

Und tatsächlich hatte Mischkas Teufel nichts zu lachen.

214

Samatocha war hungrig, und die Anstrengung, über den Datscha-Zaun zu klettern, hatte ihn erschöpft.

Zwischen den dichten Himbeersträuchern stand eine
grüne Bank. Samatocha wischte sich mit dem Ärmel die Stirn
ab, setzte sich auf die Bank und blickte schwer atmend auf
den von frischem Grün gesäumten, im Sonnenlicht gleißenden Gartenweg. Als er sich aufgewärmt und ausgeruht hatte,
legte Samatocha den Kopf zurück und trällerte ein in seinen
Kreisen beliebtes Liedchen:

> Warum nur hast du, Mütterchen
> Mich in diese Welt gesetzt?
> Verschluckt mich doch am Ende sowieso
> Eine Grube, eine Grube …

Ein kleines Mädchen von etwa sechs Jahren kam über den
gleißenden Gartenweg gelaufen und blieb, als sie den vom
Gebüsch halb verborgenen Samatocha erblickte, nachdenklich stehen.

Da sie nur Samatochas Füße sehen konnte, preßte sie ihre
Flickenpuppe an die Brust, um dieses hilflose Geschöpf vor
der unbekannten Gefahr zu schützen, und fragte nach kurzem
Zögern unerschrocken:

»Wem gehören diese Füße?«

Samatocha schob einen Ast zur Seite, beugte sich vor und
betrachtete nun seinerseits das Mädchen.

»Was willst du?« fragte er barsch und überlegte, daß das
kleine Mädchen mit der lauten Stimme alle seine Piratenpläne durchkreuzen könnte.

»Sind das vielleicht deine Füße?« fragte das Mädchen,
diesmal aus Höflichkeit etwas freundlicher formuliert.

»Mhm.«

»Und was machst du hier?«

»Quadrille tanzen«, erwiderte Samatocha, wobei er seiner Stimme einen zutiefst ironischen Tonfall verlieh.

»Aber warum sitzt du dann da?«

Um dem Kind keinen unnötigen Schreck einzujagen, brummte Samatocha:

»Ich werd schon nicht die Bank durchscheuern. Ich ruh mich ein bisschen aus, und dann geh ich wieder.«

»Bist du müde?« fragte das Mädchen teilnahmsvoll und kam ein Stück näher.

»Und wie. So müde, daß dem Teufel schlecht wird.«

Das Mädchen trat von einem Fuß auf den anderen, und als ihr einfiel, daß die Mutter ihr beigebracht hatte, sich nicht mit Fremden zu unterhalten, reichte sie Samatocha artig die Hand. »Gestatten Sie, daß ich mich vorstelle: Vera.«

Widerwillig drückte Samatocha ihr winziges Händchen mit seiner knorrigen Pranke, und als echte Dame von Welt hielt Vera ihm auch ihre Flickenpuppe unter die Nase:

»Darf ich vorstellen: Marfuschka. Sie ist nicht lebendig, keine Angst. Sie ist eine Flickenpuppe.«

»Sag bloß!« heuchelte Samatocha ihr zuliebe mit freundlicher Grobheit. »Sieh mal an, so ein Luder!«

Sein Blick glitt über das Mädchen, das gedankenverloren die Faserstücke, die aus einer klaffenden Wunde an der Seite des Puppenkörpers quollen, zurückstopfte.

»Was soll ich mit der anfangen?« überlegte Samatocha skeptisch. »Keine Ohrringe, kein Medaillon. Das Kleid könnte ich ihr abnehmen und die Bastschuhe, aber was krieg ich schon dafür? Außerdem wird sie ein Riesengeschrei veranstalten.«

»Sieh mal, was sie für ein Loch an der Seite hat.« Vera hielt ihm die Puppe hin.

»Wer hat die denn fabriziert?« fragte Samatocha.

»Nicht fabriziert, genäht«, verbesserte Vera. »Die Njanja hat sie genäht. Mach ihr doch die Seite wieder heile. Ich kann das nicht.«

»Du bist mir ein Käferchen«, sagte Samatocha und nahm die Puppe.

Es war das erste Mal, daß er einen menschlichen Körper instand setzte. Bis dahin hatte er ihn immer nur beschädigt.

III

Von ferne waren Stimmen zu hören. Samatocha ließ die Puppe fallen und hob beunruhigt den Kopf. Er packte das Mädchen am Arm und flüsterte:

»Wer ist das?«

»Das ist nicht bei uns, das kommt von der Datscha nebenan. Papa und Mama sind in der Stadt …«

»Ach ja?! Und die Njanja?«

»Die hat gesagt, ich soll artig sein, dann ist sie weggelaufen. Zum Mittagessen kommt sie wieder, hat sie gesagt. Bestimmt ist sie bei ihrem Lieferanten.«

»Was für ein Lieferant?«

»Weiß ich nicht. Sie hat einen Lieferanten!«

»Einen Liebhaber vielleicht?«

»Nein, einen Lieferanten. Sag mal …«

»Was denn?«

»Wie heißt du eigentlich?«

»Michajla«, antwortete Samatocha höchst unwillig.

»Und ich heiße Vera.«

»Na, das läßt sich ja gut an«, dachte Samatocha und entspannte sich. »Soll ich dir aus der Hand lesen?«

»Ach ja bitte«, zwitscherte das Mädchen entzückt.

»Meinetwegen. Gib mal deine Hand her ... Na also. Siehst du diese krumme Linie hier? Daran kann man erkennen, wann du Namenstag hat.«

»Ach was! Das errätst du nie und nimmer!«

Samatocha tat, als würde er konzentriert die Hand des Mädchens betrachten.

»Hm! Nach dieser Linie scheint mir, du hast am siebzehnten September Namenstag. Stimmt's?«

»Ja-a-a!« quietschte Vera und hüpfte in wilder Begeisterung vor Samatocha herum. »Hier hast du noch die andere Hand, sag mir, wann Mama Namenstag hat!«

»Ach, du Dummchen! Das kann ich doch nicht an deiner Hand sehen! Dazu brauche ich die Hand von deiner Mama!«

»Sie hat gesagt, um sechs ist sie wieder da ... Wartest du so lange?«

»Mal sehen.«

So merkwürdig das auch war, aber der simple Trick mit dem Handlesen hatte ein festes Band zwischen dem Mädchen und Samatocha geschmiedet. Der Geschmack eines Kindes ist unbeständig, wählerisch und überraschend.

»Komm, wir spielen etwas ... Du versteckst die Puppe, und ich muß sie suchen. In Ordnung?«

»Nein«, widersprach der vernünftige Samatocha. »Laß uns lieber was anderes spielen. Du spielst Gastgeberin, und ich bin der Gast. Du mußt so tun, als würdest du mich bewirten. Einverstanden?«

Der Plan fand den uneingeschränkten Beifall der Gastgeberin. Ein erwachsener Mann, mit einem Schnurrbart, und sie würde ihn bewirten, als wäre er ein richtiger Gast!

»Also gehen wir, schnell, schnell!«

»Hör mal, du kleine Wanze, ist denn bei euch niemand zu Hause?«

»Nein, nein, keine Angst, du bist ja komisch! Ich bin alleine. Also wir machen das so: Du tust, als würdest du essen, und ich tue, als würde ich dich bewirten.«

Ihre Augen glänzten wie schwarze Brillanten.

IV

Vera stellte leere Teller vor den Gast, setzte sich ihm gegenüber, stützte die Wange in die Hand und plapperte drauflos:

»Greifen Sie zu, greifen Sie zu! Diese Köchinnen sind unmöglich. Anscheinend sind die Frikadellen schon wieder angebrannt. Mischa, und jetzt mußt du sagen: ›Danke bestens, die Frikadellen sind vorzüglich.‹«

»Aber wir haben keine Frikadellen«, widersprach der praktische Mischa.

»Brauchen wir auch nicht. Es ist doch nur ein Spiel. Na los, Mischa, sag schon!«

»Nein, Freundchen, so geht das nicht. Ist der Speiseschrank offen? Wenn wir richtig etwas essen, macht es mehr Spaß. Na?«

Vera konnte sich über diesen Mangel an Phantasie nur wundern. Dennoch kletterte sie ohne Murren von ihrem Stuhl, schob ihn vor den Speiseschrank und spähte hinein.

»Also hier sind nur Sachen, die dir nicht schmecken: Keine Torte, keine Sahnerollen, bloß kalte Fleischpastete, ein Huhn und gekochte Eier.«

»Na ja, was will man machen – her damit! Ist nichts zu trinken da?«

»Gar nichts. Das heißt, hier ist so was Bitteres, aber das ist eklig, das trinkst du bestimmt nicht – Wodka.«

»Immer her damit, Ferkelchen! Wir teilen das alles schön auf. Ohne zu schummeln.«

V

In eine große Serviette gehüllt (ganz die verfrorene Mama, die sich immer in ein flauschiges Tuch einwickelte), saß Vera Samatocha gegenüber und bewirtete ihn geschäftig.

»Bitte greifen Sie zu. Fühlen Sie sich wie zu Hause! Ach, diese Köchinnen, schon wieder ist die Pastete angebrannt, es ist ein Kreuz.« Sie verstummte und wartete auf eine Antwort.

»Und?«

»Was, und?«

»Warum sagst du nichts?«

»Was soll ich denn sagen?«

»Du mußt sagen: ›Danke bestens, die Pastete ist vorzüglich.‹«

Um ihr einen Gefallen zu tun, brummte der ausgehungerte Samatocha, der sich gerade ein gewaltiges Stück Pastete in den Mund schob, unbeholfen:

»Danke bestens ... die Pastete ist vergnüglich.«

»Nein: vorzüglich!«

»Ja, ja. Vorzüglich.«

»Nehmen Sie noch ein Gläschen, ich bitte Sie. Auf einem Bein kann man nicht stehen.«

»Danke bestens, der Wodka ist vorzüglich.«

»Ach, das Huhn ist schon wieder angebrannt. Diese Köchinnen – es ist ein Kreuz!«

»Danke bestens, das Huhn ist vorzüglich«, dröhnte Samatocha und demonstrierte mit dieser stereotypen Antwort seinen völligen Mangel an Phantasie.

»Wir haben dieses Jahr einen heißen Sommer«, bemerkte die Gastgeberin.

»Danke bestens, der Sommer ist vorzüglich. Ich nehme noch ein Gläschen.«

»So geht das nicht«, sagte das Mädchen streng. »Ich muß dir etwas anbieten ... Bitte trinken Sie doch noch ein Gläschen ... Fühlen Sie sich wie zu Hause. O je, der Wodka ist anscheinend zu bitter. Ach, immer diese Köchinnen. Darf ich Ihnen einen sauberen Teller geben?«

Samatocha war von dem Spiel nicht so hingerissen wie die kleine Gastgeberin und beachtete die Details nicht so peinlich genau wie sie. Daher stopfte er, als Vera sich einmal abwandte, gegen alle Spielregeln eine silberne Gabel und einen Löffel in die Tasche.

»So, das reicht«, sagte er. »Ich bin satt.«

»Ach, Sie haben so wenig gegessen! Nehmen Sie doch noch einen Happen!«

»Du kannst dir den Mund fusselig reden, es reicht. Ich bin so vollgefressen, da würde sogar dem Teufel schlecht.«

»Mischa, Mischa«, rief die Kleine bekümmert und blickte ihren Freund vorwurfsvoll an. »Redet man vielleicht so? Du mußt sagen: ›Nicht doch, ich bitte Sie, allerverbindlichsten Dank. Gestatten Sie, daß ich rauche?‹«

»Ja, schon gut, schon gut ... Ich bitte Sie, verbindlichsten Dank, gib mal eine Papirossa.«

Vera lief ins Kabinett und kam mit einer Zigarrenkiste wieder.

»Diese Zigarren habe ich in Berlin gekauft«, sagte sie mit Baßstimme. »Ein wenig stark, aber ich rauche keine anderen.«

»Merci«, sagte Samatocha und spähte in das Nebenzimmer, dessen Tür offenstand.

Vera musterte Samatocha von Kopf bis Fuß und setzte eine verschmitzte Miene auf:

»Mischa! Weißt du, was wir jetzt machen?«

»Was denn?«

»Räuber spielen.«

VI

Dieser Vorschlag brachte Mischa einigermaßen in Verlegenheit. Was hieß denn Räuber spielen? Räuber spielen mit einem sechsjährigen Mädchen schien ihm eine grobe Entweihung seines Handwerks.

»Und wie geht das?«

»Ich bringe es dir bei. Du tust, als wärst du ein Räuber und würdest mich überfallen, und ich schreie dann: ›Nehmen Sie mein ganzes Geld und meine Wertsachen, aber lassen Sie Marfuschka am Leben!‹«

»Welche Marfuschka?«

»Na, meine Puppe. Aber erst muß ich mich verstecken, und du suchst mich.«

»Moment mal, Freundchen, so nicht. Zuerst muß sich der Räuber verstecken und nicht das Opfer.«

»Was für ein Opfer?«

»Na ja … also der, der ausgeraubt wird. Der darf sich nicht zuerst verstecken.«

»Du hast doch keine Ahnung«, rief die Gastgeberin. »Ich muß mich verstecken.«

Obwohl das eine Verfälschung sämtlicher räuberischer Tricks und Traditionen war, wollte Samatocha sich nicht als deren Hüter aufspielen.

»Meinetwegen, dann versteck du dich. Aber hast du nicht vielleicht einen Ring oder eine kleine Brosche?«

»Wozu?«

»Damit ich sie dir wegnehmen kann.«

»Aber du kannst doch so tun als ob.«

»Nein, so gibt das nichts«, weigerte sich der unberechenbare Samatocha energisch.

»Du meine Güte! Es ist das reinste Kreuz mit dir! Dann nimm eben Mamas Uhr und die Brosche, die liegen auf ihrem kleinen Tisch.«

»Ohrringe hat sie wohl keine?« fragte Samatocha freundlich und offensichtlich bestrebt, das Spiel mit märchenhafter Pracht zu arrangieren.

VII

Das Spiel war überaus vergnüglich.

Vera sprang um Samatocha herum und schrie:

»Fort mit dir! Wage es ja nicht, Marfuschka anzurühren! Nimm nur alle meine Wertsachen, aber laß Marfuschka am Leben. Moment mal, wo ist denn dein Messer?«

Mit geübter Bewegung wollte Samatocha schon in die Brusttasche greifen, aber er hielt sofort verwirrt inne und zuckte die Schultern.

»Es geht auch ohne Messer. Ich kann ja so tun als ob …«

»Nein, ich hole dir besser eins aus dem Eßzimmer.«

»Aber ein silbernes!« rief Samatocha ihr hinterher.

Das Spiel endete damit, daß Samatocha die Uhr, die Brosche und einen Ring im Tausch gegen Marfuschkas kostbares Leben nahm und sagte:

»Und jetzt tue ich so, als würde ich dich ins Gefängnis sperren.«

»Aber Mischa!« widersprach das Mädchen, die offenbar nicht nur gesellschaftliche Etikette, sondern auch die Räubersitten beherrschte. »Warum soll ich denn ins Gefängnis! Du bist doch der Räuber – also gehörst du ins Gefängnis!«

Mischa beugte sich dieser strengen Logik und schlug vor:

»Dann nehme ich dich eben als Geisel und sperre dich in den Turm.«

»Das ist was anderes. Ins Badezimmer ... Wir tun so, als wäre das ein Turm ... In Ordnung?«

Als er sie hochhob und ins Bad trug, zappelte sie und blieb mit der Hand an seiner Hosentasche hängen.

»Sieh mal, Mischa, was ist denn in deiner Tasche? Ein Löffel? Wem gehört der?«

»Das ist meiner.«

»Nein, das ist unserer. Siehst du, hier ist ein Monogramm. Du hast ihn bestimmt aus Versehen eingesteckt, nicht wahr? Du hast gedacht, es ist ein Taschentuch?«

»Genau, aus Versehen! So, nun setz dich hier hin.«

»Moment! Du mußt mir die Hände zusammenbinden, damit ich nicht weglaufen kann.«

»So ein gewitztes kleines Ding!« Samatocha war ganz gerührt. »Sie weiß einfach alles. Na, dann gib mal deine Pfötchen!«

Er drehte den Schlüssel in der Badezimmertür um, zog einen Sommermantel über, der im Flur hing, und verließ gemächlich das Haus. Dann marschierte er mit geistesabwesender Miene die Straße hinunter.

Ein paar Tage vergingen.

Mischka Samatocha schlich wie ein Wolf über die Wiese im Park, hindurch zwischen Njanjas und Kinderwagen, zwischen Gummibällen, die unversehens geflogen kamen, und Scharen von Kindern, die im Gras herumkrabbelten.

Sein Wolfsblick sprang von einer Njanja zur anderen, von einem Kind zum anderen.

Unter einem riesigen Baum saß eine Bonne in ein Buch vertieft, und ein paar Schritte entfernt spielte ein dreijähriges

Mädchen mit Bauklötzchen. Neben ihr im Gras ausgebreitet und größer als ihre Besitzerin lag eine Puppe – ein langhaariges, rosawangiges Geschöpf aus einem Pariser Atelier, angetan mit einem himmelblauen, spitzenbesetzten Kleid.

Als er die Puppe erblickte, steuerte Samatocha kurzentschlossen darauf zu, schnappte sie blitzschnell und trug sie unter den Augen der verdutzten Kinder und Njanjas davon in die Tiefe des Parks.

Da erhob sich ein Geschrei, und es entstand ein heilloses Durcheinander.

Mischka lief etwa zwanzig Minuten, ohne innezuhalten, bemüht, seine Spur unkenntlich zu machen.

Als er an einen Bretterzaun kam, verschnaufte er kurz und fing im Schutz der Bäume zufrieden an zu lachen.

»Gut gemacht«, sagte er. »Versucht mal, mich einzuholen.«

Dann zog er einen abgenagten Bleistiftstummel hervor und kramte in den Taschen nach einem Papierfetzen.

»Ach, zum Teufel! Wenn man etwas braucht, ist es nicht da«, brummte er verdrossen vor sich hin.

Sein Blick fiel auf die Überreste eines alten Plakats am Zaun. Der Wind spielte mit einem Fetzen des rosa Papiers, der sich gelöst hatte.

Samatocha riß ihn ab, grunzte und begann, an den Zaun gelehnt zu schreiben. Dann setzte er sich auf den Boden und heftete der Puppe den Zettel an den Gürtel.

Auf dem Papierfetzen war der gedruckte Text seltsam vermischt mit Samatochas handschriftlichem Werk.

Folgendes stand da zu lesen:

»Sehr geehrte Vera! Mit Genehmigung der Obrigkeit. Nimm es mir bitte nicht krumm, daß ich neulich weggegangen bin. Es ging nicht. Wenn jemand gekommen wäre – ich wäre eingeschlafen. Du bist ein vornehmes Mädchen, du weißt doch, wie das ist. Ich bitte dich, diese Puppe ... Operngläser bei den Logendienern in ... anzunehmen, die ich für dich auf der Straße gefunden habe ... Du brauchst dich nicht zu bedanken. ... Während des Aktes treten die Schauspieler bei Applaus nicht vor ... bei deinem von dir geehrten Mischa S. A. Den Löffel habe ich neulich vergessen zurückzugeben! Leb wohl.«

»Da ist er, Kinder! Halt ihn fest! Ich werd dir zeigen, Puppen zu klauen, du lausiger Kerl! Halt, du entkommst uns nicht!«

Samatocha sprang auf, warf die Puppe den Datschaknechten und Buben, die ihn umringten, zwischen die Füße und brummte verdrossen:

»Wenn man sich mit Weibern einläßt, hat man nichts als Ärger.«

Erstmals ins Deutsche übersetzt von Dorothea Trottenberg

Die Datscha

von Nadeschda Teffi

Der graue Himmel … das graue Meer …

Die graue Luft zittert von feinen Regenfäden …

Auf matschigen, schlüpfrigen Fußwegen flanieren im Gänsemarsch die ersten Datschniki. Sie flanieren gemächlich, zu dritt oder zu viert. Die Kinder vornweg, die Alten hintendrein. Wenn einer zurückbleibt, bleiben alle stehen und warten auf ihn, lange und gottergeben, ohne den Kopf zu wenden.

Sie reden nicht, seufzen nicht einmal, und ihr Herannahen kann man nur am leisen Schmatzen ihrer Galoschen wahrnehmen …

Sie gehen über den Waldweg, den zu passieren streng verboten ist; sie stehen vor dem Park, dessen Betreten allerstrengstens »verbotten« ist, mit zwei »t«. Sie betrachten die Bäume, von denen man keine Zweige abbrechen, das Gras, das man nicht ausreißen darf. Sie gehen zum Strand, wo eine graue Tafel das Baden nur »für Frauen« gestattet, obendrein mit Anführungszeichen. Sie werfen einen Blick auf die Bank, die »Unbefugten« verwehrt ist … und langsam biegen sie wieder auf den Waldweg ein, den zu passieren streng verboten ist. Die Kinder vornweg, die Alten hintendrein.

Der Datschnik ist prähistorischen oder allenfalls ahistorischen Ursprungs. Bei Ilowaiski kommt er jedenfalls nicht vor.

Einige volkstümliche Legenden erwähnen das Thema am Rande.

Ich werde sie nicht Wort für Wort wiedergeben, ebenso verzichte ich auf die Beibehaltung von Stil und Kolorit, dafür habe ich meine Gründe. Ich gebe nur das Wesentliche wieder.

Der erste Datschnik kam aus dem Westen. Beim Dorf Ukko-Kukka machte er halt, er sah sich um, sagte: »Bier trinken« und ließ sich nieder. An der Stelle, wo er sich niederließ, erschienen sogleich ein Krocketplatz ein Kartentisch und ein rotgesäumter Sonnenschutz aus Segeltuch. So verbrachte der erste Datschnik den ersten Sommer.

Im zweiten Sommer kam er wieder. Er brachte zwei Angeln mit und hatte vier Kinder auf dünnen Beinchen und mit weißem Käppi dabei. Ein kleiner grüner Zaun erschien, ein tragbarer Eisschrank und lockige Birken, die der Datschnik stutzte und mit Hilfe von deren abgeschnittenen Zweigen er seine Kinder erzog. So verbrachte der erste Datschnik den zweiten Sommer.

Im dritten Sommer kam er wieder, er brachte eine Hängematte mit und eine Fahne und hatte acht Kinder auf dünnen Beinchen und mit weißem Käppi dabei sowie einen Fahrradfahrer mit niedriger Stirn und großem Adamsapfel. Der Datscha-Knecht erschien und verlangte eine Aufenthaltsgenehmigung. Doch der erste Datschnik verstand ihn nicht. Da kam der Schutzpolizist, und als der erfuhr, daß der erste Datschnik kein Russisch konnte, besann er sich auf seine Fremdsprachen und sagte: »Gestatten Sie Ihre paysage.« Darauf verstanden sie einander, und der erste Datschnik schlug die ersten Wurzeln.

Ein Vorgarten erschien, ein Grammophon und fliegende Händler.

Und der erste Datschnik war fruchtbar und mehrte sich und erfüllte mit seinesgleichen Oserki, Lachta, Lesnoe, Udelnaja und ganz Pargolowo.

So war das.

Der Datscha-Knecht ist ein besonderes Wesen, das sich von einem gewöhnlichen Knecht unterscheidet.

Er hat ein rundes Gesicht mit einer unverbesserlichen, mutmaßlich angeborenen dümmlichen Miene.

Er existiert nur im Sommer. Wo er im Winter ist und was er dann treibt – das weiß bislang niemand. Vermutlich überwintert er dort, wo der Weihnachtsmann wohnt. Ich weiß, das ist eine etwas vage Beschreibung, aber ich muß zu meiner Schande gestehen, daß ich über die Residenz des Weihnachtsmanns bis heute nicht genau im Bilde bin. Es haben schon viele versprochen, das herauszufinden, aber ich glaube, noch keiner hat das Versprechen gehalten.

Wie dem auch sei, sobald »nach dem Frühling, der Zierde der Natur« der Sommer kommt und den Vorgarten der Datscha mit der Sonne wärmt, erglänzt das Antlitz des Datscha-Knechts, wie der Cherub der Sixtinischen Madonna auf beide Ellbogen gestüzt, am Zaun.

Der Tätigkeitsbereich des Knechts ist weit und mannigfaltig.

Er steht spätestens um fünf oder sechs Uhr auf und macht sich sofort an die Arbeit: Er schleppt irgendein altes Brett direkt vor das Fenster und hämmert Nägel hinein. Manchmal verfügt so ein Brett über Eisenbeschläge, und dann scheppert es sehr schön. Der Knecht hämmert so lange auf dem Brett herum, bis sich die wutentbrannt-zerzausten Köpfe der Datschniki unter wildem Gezeter aus dem Fenster lehnen. Dann geht der Knecht sich ausruhen. Bekanntlich aber ist der Morgenschlaf zuweilen tief, und wenn der Knecht ein rechtschaffener, fleißiger Arbeiter ist, plagt er sich mitunter nicht weniger als eine halbe Stunde, um das ersehnte Ziel zu erreichen.

Wenn er abgewartet hat, bis die wütenden Datschniki richtig wach, angekleidet und wieder besänftigt sind und sich gemächlich auf die Veranden und in die Vorgärten hinausbegeben, um den lauen Morgenwind zu genießen, greift der Knecht zum Besen und beginnt Staub aufzuwirbeln. Und zwar ausdauernd und systematisch. Wo der Boden hart geworden ist, streut er ein wenig trockenen Sand – er scheut keine Mühe. Und sobald die erschöpften Datschniki, nach Atem ringend und resigniert, auseinandergehen und sich in Feldern, Wäldern und Schluchten die Füße vertreten, geht er sich wieder ausruhen.

Bis zum Abend dann »hat er zu tun«. Er hockt in seinem Wärterhäuschen und späht mit einem Auge in die Spiegelscherbe, die an der Mauer befestigt ist.

Abends steht er am Gartentor und kratzt sich mit einem abgespreizten Finger der rechten Hand das linke Schulterblatt. Gleichzeitig versagt er sich nicht das Vergnügen, den Datschniki möglichst großen Schaden zuzufügen. Er behauptet ihren zu Besuch kommenden Freunden gegenüber, die Datscha stehe leer oder die Leute seien abgereist oder gar nicht angekommen oder auf die Straße gesetzt worden. Die Postboten schickt er in die falsche Richtung, hinter den Eisenbahndamm oder in den Wald, von wo sie dann nur schwer wieder zurückfinden. Telegramme nimmt er niemals entgegen, und wenn er nicht darum herumkommt, gibt er sie gar nicht oder bestenfalls nach drei Tagen weiter. Schneller auf gar keinen Fall.

Des Nachts schläft der Knecht nicht, sondern pfeift immerzu den Hunden, damit sie bellen und die Datschniki nicht schlafen lassen.

Etwa zweimal in der Woche stattet er den Mietern einen Besuch ab und erlaubt ihnen, ihrer Dankbarkeit mit Banknoten Ausdruck zu verleihen.

Auf der Datscha verläßt man sich nicht auf die Uhr. Man richtet sein Leben nach Zügen, nach Schiffen, nach dem Eismann und nach den Beamten. Manchmal führt das natürlich zu einigem Ungemach. Zum Beispiel sind Sie gewohnt, Ihre Mahlzeit nach dem rothaarigen Beamten mit der schiefen Kokarde zu richten. Wenn Sie sehen, daß er vom Bahnhof gelaufen kommt, ist es Zeit, zu Tisch zu gehen. Aber unversehens wird der Beamte beim Kartenspiel oder, schlimmer noch, bei einer Sitzung am Abend aufgehalten, die laut seiner eigenen Frau manchmal bis sechs Uhr morgens dauert!

Dann sitzen Sie ohne Essen da.

Oder Sie sind gewohnt, Ihren Tee nach dem Fünf-Uhr-Zug zu richten. Mit einem Mal sehen Sie zu Ihrem Schrekken, daß genau um halb fünf ein Zug vorbeibraust. Sie sind irritiert. Sie berufen eine Hausversammlung ein, bei der die einen erklären, das sei der verspätete Drei-Uhr-Zug, während die anderen behaupten, es sei der verfrühte Fünf-Uhr-Zug. Die einen raten, Tee zu trinken, die anderen beharren darauf, man müsse sich ein wenig gedulden. In der Familie herrscht Uneinigkeit. Der Tag ist hin.

Von den Schiffen will ich erst gar nicht reden. Die kann man leicht verpassen, und die verflixten Dorfjungen können so kunstvoll tuten wie ein Dampfschiff, daß ein Kollegienassessor, ein unverdorbener, vertrauensseliger Mann, vier Mal hintereinander frühstückte. Und teuer dafür bezahlte – beim Fleischer und beim Gemüsehändler.

Bei den Beamten, die tagtäglich zum Dienst in die Stadt fahren, verläßt sich ebenfalls der eine auf den anderen.

Eine lange Straße, die zum Bahnhof führt. Entlang der Straße zwei Reihen Datschen. Vor dem Neun-Uhr-Zug am Morgen erscheint in jeder Datscha ein aufgeregtes Gesicht am Fenster und späht hinaus. In der Ferne ist ein Staubwölkchen aufgetaucht …

»Wer ist es? Wer ist es?« klingt es über die ganze Straße.

»Ach, das ist erst der Oberst«, sagen die einen gelassen. Doch der rothaarige Beamte mit der schiefen Kokarde, der neben dem Oberst wohnt, stürmt los, schnappt seine Aktentasche und läuft zum Bahnhof.

Wenn er ihn sieht, gerät der dicke Akzisebeamte in Bewegung, er stopft zwei Butterbrote in die Manteltasche und schleppt sich hinaus auf die Straße.

Neben dem Akzisebeamten wohnen zwei Lehrer, daneben wohnt ein Dentist, neben dem Dentisten ein Bankbeamter, neben dem Bankbeamten ein Student, der Nachhilfe gibt, neben dem Studenten ein musikalisches Fräulein, neben dem Fräulein ein Kontorist in gelben Schuhen, neben dem Kontoristen der Untermieter der Doktorsfrau, neben dem Untermieter ein Herr mit zwei Möpsen.

Jeder kennt seinen Wegweiser ganz genau und richtet sich nur nach ihm. Allen voran geht immer der Oberst.

Einmal passierte eine Katastrophe: Der Oberst hatte verschlafen. Und die ganze lange Reihe der Datschniki, die einer neben dem anderen wohnen, kam zu spät zum Zug. Nur das musikalische Fräulein schlüpfte rechtzeitig hinaus, vergaß aber ihre Mappe mit der Aufschrift »Musique« und verlor den Verstand.

Die ersten Datschniki flanieren herum. Die Kinder vornweg, die Alten hintendrein. Sie flanieren von einem Pfosten mit einem Schild zum nächsten Pfosten mit einem Schild, und sie bleiben stehen und lesen, was zu tun ihnen verboten ist.

Der graue Himmel ... das graue Meer ...

Erstmals ins Deutsche übersetzt von Dorothea Trottenberg

DIE GROSSEN REISENDEN

von MICHAIL SOSTSCHENKO
Eine Erzählung für Kinder

Als ich sechs Jahre alt war, wußte ich noch nicht, daß die Erde die Form einer Kugel hat.

Aber Stjopka, ein Dorfjunge, dessen Eltern die Datscha gehörte, auf der wir wohnten, erklärte mir, wie die Erde beschaffen ist. Er sagte:

»Die Erde ist ein Kreis. Wenn man immer geradeaus geht, dann kann man um die ganze Erde herumlaufen, und man kommt an derselben Stelle wieder raus, an der man losgegangen ist.«

Als ich ihm das nicht glaubte, gab Stjopka mir eins hinter die Ohren und sagte:

»Ich nehme lieber deine Schwester Lelja mit auf Weltreise. Ich habe keine Lust, mit einem Dummkopf zu verreisen.«

Ich wollte aber verreisen und schenkte Stjopka ein Taschenmesser.

Stjopka gefiel das Messer, und er willigte ein, mich mitzunehmen auf die Weltreise.

Am Gemüsegarten hielt Stjopka eine Versammlung der Mitreisenden ab.

Er erklärte Lelja und mir:

»Morgen, wenn eure Eltern in die Stadt fahren und meine Mama zum Waschen an den Fluß geht, führen wir unseren Plan aus. Wir gehen immer geradeaus, über die Berge und durch die Wüste. Wir gehen so lange geradeaus, bis wir wieder hier ankommen, auch wenn wir ein ganzes Jahr dafür brauchen.«

Lelja sagte:

»Aber Stjopotschka, was ist, wenn wir Indianer treffen?«

»Was die Indianer angeht«, erwiderte Stjopka, »die nehmen wir gefangen.«

»Aber wenn die das nicht wollen?« erkundigte ich mich schüchtern.

»Wenn sie nicht wollen«, antwortete Stjopka, »dann nehmen wir sie eben nicht gefangen.«

Lelja sagte: »Ich hole drei Rubel aus meiner Spardose. Ich glaube, das reicht.«

Stjopa sagte:

»Drei Rubel reichen ganz bestimmt, Geld brauchen wir nämlich bloß für Sonnenblumenkerne und Bonbons. Zum Essen können wir unterwegs kleine Tiere töten, dann braten wir das zarte Fleisch über dem Lagerfeuer.«

Stjopka rannte zum Schuppen und holte einen großen Mehlsack. Da kam alles rein, was wir für die große Reise brauchten, Brot, Zucker und ein Stück Speck, dann allerlei Geschirr – Teller, Gläser, Gabeln und Messer. Wir überlegten und taten dann noch Buntstifte in den Sack, eine Zauberlaterne, einen Waschkrug aus Ton und ein Vergrößerungsglas, um Feuer zu machen. Außerdem stopften wir noch zwei Decken und ein Kissen von der Liege hinein.

Ich legte noch drei Steinschleudern zurecht, eine Angel und einen Kescher, um damit tropische Schmetterlinge zu fangen.

Am anderen Tag, als unsere Eltern in die Stadt gefahren waren und Stjopkas Mutter am Fluß die Wäsche wusch, verließen wir unser Dorf Peski.

Wir nahmen den Weg durch den Wald.

Vornweg lief Stjopkas kleiner Hund Tusik. Hinter ihm ging Stjopka, den riesigen Sack auf dem Kopf. Hinter Stjopka ging Lelja mit dem Springseil. Hinter Lelja ging ich mit den drei Steinschleudern, dem Kescher und der Angel.

Wir gingen ungefähr eine Stunde.

Schließlich sagte Stjopa:

»Der Sack ist teuflisch schwer. Alleine kann ich ihn nicht tragen. Wir müssen uns mal abwechseln.«

Da übernahm Lelja den Sack.

Sie hatte ihn noch gar nicht lange getragen, da war sie schon am Ende ihrer Kräfte.

Sie warf den Sack auf die Erde und sagte:

»Jetzt kann Minka ihn tragen.«

Als sie mir den Sack aufluden, ächzte ich ganz erstaunt, wie schwer er war.

Ich wunderte mich aber noch mehr, als ich mit dem Sack ein paar Schritte machte. Ich wurde zu Boden gedrückt und schwankte wie ein Pendel von einer Seite zur anderen, bis ich schließlich nach etwa zehn Schritten mit dem Sack in den Graben stürzte.

Ich stürzte übrigens ganz komisch: Zuerst fiel der Sack in den Graben, und ich purzelte hintendrein, direkt auf die Sachen. Und obwohl ich leicht war, schaffte ich es, alle Gläser, beinahe alle Teller und den Waschkrug zu zerschlagen.

Lelja und Stjopka lachten sich tot, als sie sahen, wie ich im Graben herumstrampelte. Deshalb waren sie mir auch nicht böse, als sie bemerkten, welchen Schaden ich durch meinen Sturz angerichtet hatte.

Stjopka pfiff seinem Hund und wollte ihn zum Lastentragen abrichten. Doch daraus wurde nichts, weil Tusik nicht kapierte, was wir von ihm wollten. Und wir hatten keine Ahnung, wie wir Tusik dazu bringen könnten.

Tusik nutzte unterdessen die Gelegenheit, knabberte den Sack an und hatte im Nu den ganzen Speck aufgefressen.

Da bestimmte Stjopka, wir würden alle zusammen tragen.

Wir packten die Ecken und trugen den Sack gemeinsam. Aber das war unbequem und schwer. Nichtsdestotrotz marschierten wir noch zwei Stunden. Schließlich kamen wir aus dem Wald heraus auf eine kleine Wiese.

Stjopka beschloß, hier eine Pause einzulegen. Er sagte:

»Jedes Mal, wenn wir uns ausruhen oder schlafen legen, strecke ich die Füße in die Richtung, in die wir gehen müssen. Alle großen Reisenden haben das so gemacht, deshalb haben sie sich nicht verirrt.«

Stjopka setzte sich an den Wegrand, die Füße nach vorn.

Wir banden den Sack auf und begannen zu essen.

Es gab Brot mit Zucker bestreut.

Plötzlich begannen die Wespen über uns zu kreisen. Eine, die offenbar meinen Zucker kosten wollte, stach mich in die Wange. Bald war meine Wange angeschwollen wie eine Pirogge. Auf Stjopkas Rat hin legte ich Moos, feuchte Erde und Blätter auf die Wange.

Bevor wir aufbrachen, warf Stjopka fast alles weg, was im Sack war, und wir liefen mit leichtem Gepäck weiter.

Ich ging ganz am Schluß, jammernd und nörgelnd. Meine Wange brannte und schmerzte. Auch Lelja war nicht mehr so glücklich über die Reise. Sie seufzte, träumte davon, wieder nach Hause zu gehen, und sagte, zu Hause sei es auch schön.

Aber Stjopka verbot uns jeden Gedanken daran. Er sagte:

»Wer nach Hause zurückwill, den binde ich an einen Baum und werfe ihn den Ameisen zum Fraß vor.«

Wir gingen schlecht gelaunt weiter.

Nur Tusik war einigermaßen guter Dinge.

Mit hocherhobenem Schwanz stürzte er hinter den Vögeln her und machte mit seinem Gebell unnötigen Krach.

Endlich wurde es langsam dunkel.

Stjopka warf den Sack auf den Boden. Wir beschlossen, hier zu übernachten.

Wir sammelten Reisig für ein Lagerfeuer. Stjopka holte das Vergößerungsglas aus dem Sack, um das Feuer anzuzünden.

Aber als er merkte, daß die Sonne nicht mehr am Himmel stand, ließ er den Kopf hängen. Auch wir waren ganz betrübt.

Wir aßen Brot und legten uns dann im Dunkeln hin.

Stjopka legte sich feierlich so hin, daß die Füße nach vorn gestreckt waren, und erklärte, nun wüßten wir am nächsten Morgen schon, in welche Richtung wir gehen müßten.

Stjopka fing an zu schnarchen. Auch Tusik fing an zu schnaufen. Lelja und ich aber konnten lange nicht einschlafen. Wir fürchteten uns vor dem dunklen Wald und dem Rauschen der Bäume. Einen trockenen Ast über ihrem Kopf hielt Lelja plötzlich für eine Schlange, und sie quiekte vor Angst.

Ein Tannenzapfen, der von einem Baum herunterfiel, jagte mir einen solchen Schreck ein, daß ich hochsprang wie ein Ball.

Endlich dösten wir ein.

Ich erwachte davon, daß Lelja mich an den Schultern zupfte. Es war früh am Morgen. Die Sonne war noch nicht aufgegangen.

Lelja flüsterte mir zu:

»Minka, komm, wir drehen Stjopkas Füße in die andere Richtung, solange er noch schläft. Sonst führt er uns noch wer weiß wohin.«

Wir schauten Stjopka an. Er schlief mit einem seligen Lächeln.

Lelja und ich packten seine Füße und drehten sie blitzschnell in die andere Richtung, so daß Stjopkas Kopf einen Halbkreis beschrieb.

Aber er wurde davon nicht wach.

Er stöhnte nur im Schlaf, fuchtelte mit den Händen und brummte: »He, hierher, zu mir ...«

Wahrscheinlich träumte er, die Indianer hätten ihn überfallen, und rief uns zu Hilfe.

Wir warteten, daß Stjopka aufwachen würde.

Er erwachte mit den ersten Sonnenstrahlen, blickte auf seine Füße und sagte:

»Wir wären schön dumm dran, wenn ich mich einfach irgendwie hingelegt hätte. Dann wüßten wir jetzt nämlich nicht, in welche Richtung wir gehen müssen. Aber dank meiner Füße wissen wir jetzt ganz genau, daß wir dahin gehen müssen.«

Stjopka wies mit der Hand in die Richtung, aus der wir gestern gekommen waren.

Wir aßen ein Stück Brot und machten uns auf den Weg.

Der Weg war vertraut. Auch Stjopka sperrte hin und wieder erstaunt den Mund auf. Trotzdem erklärte er:

»Eine Reise um die Welt unterscheidet sich eben dadurch von anderen Reisen, daß sich alles wiederholt, weil die Erde ein Kreis ist.«

Von hinten hörte man Räder knarren. Da kam ein Mann mit einem Pferdewagen gefahren.

Stjopka sagte:

»Damit wir schneller um die Erde kommen, wäre es nicht übel, auf diesem Pferdewagen mitzufahren.«

Wir baten den Mann, uns mitzunehmen. Der gutmütige Alte hielt den Wagen an und ließ uns mitfahren.

Es ging zügig voran. Wir fuhren kaum eine Stunde.

Plötzlich erschien weiter vorne unser Dorf Peski.

Stjopka sperrte verblüfft den Mund auf und sagte:

»Das Dorf da sieht genauso aus wie unser Peski. So was kommt vor auf einer Weltreise.«

Stjopkas Verblüffung wurde noch größer, als wir uns dem Anleger näherten.

Wir kletterten von dem Pferdewagen herunter.

Es gab keinen Zweifel – das war unser Anleger, und gerade eben war ein Schiff angekommen.

Stjopka flüsterte:

»Sind wir etwa schon einmal um die Erde herum?«

Lelja prustete los, und auch ich mußte lachen.

Da entdeckten wir unsere Eltern und unsere Oma auf dem Anleger – sie waren gerade eben von Bord gegangen.

Bei ihnen war auch unsere Njanja, die ihnen schluchzend etwas erzählte.

Wir rannten zu unseren Eltern.

Sie lachten vor Freude, als sie uns sahen.

Die Njanja sagte:

»Ach Kinder, und ich dachte, ihr seid gestern ertrunken.«

Lelja sagte:

»Wenn wir gestern ertrunken wären, dann hätten wir doch nicht auf Weltreise gehen können.«

Die Mutter rief aus:

»Was höre ich da! Sie müssen bestraft werden.«

Papa sagte:

»Ende gut, alles gut!«

Die Oma riß einen Zweig ab und sagte:

»Ich schlage vor, sie übers Knie zu legen. Bei Minka soll es die Mama machen. Und ich nehme mir Lelja vor.«

Papa sagte:

»Die Prügelstrafe ist eine veraltete Erziehungsmethode. Das nützt überhaupt nichts. Die Kinder wissen bestimmt auch ohne Prügel, was für einen Unsinn sie gemacht haben.«

Mama sagte seufzend:

»Was habe ich nur für dumme Kinder! Auf Weltreise gehen ohne Einmaleins und Geographie – hat man das schon mal gehört!«

Papa sagte:

»Das Einmaleins und Geographie sind nicht genug. Für eine Weltreise braucht man fünf Jahre Studium. Man muß alles wissen, was an der Universität gelehrt wird, auch Kosmographie. Wer sich ohne diese Kenntnisse auf die weite Reise begibt, kommt zu beklagenswerten Ergebnissen.«

Bei diesen Worten kamen wir zu Hause an. Wir setzten uns zum Mittagessen. Unsere Eltern lachten und staunten, als sie die Schilderung unserer gestrigen Abenteuer hörten.

Stjopka wurde von seiner Mama in der Banja eingesperrt, und dort verbrachte unser großer Reisender den ganzen Tag.

Am nächsten Tag ließ seine Mama ihn raus. Wir spielten wieder zusammen, als wäre nichts gewesen.

Bleibt nur noch, ein paar Worte über Tusik zu sagen.

Tusik war die ganze Stunde hinter dem Pferdewagen hergerannt und völlig überanstrengt. Als er nach Hause kam, verkroch er sich im Schuppen und schlief bis zum Abend.

Abends bekam er etwas zu fressen und schlief dann wieder ein. Was er geträumt hat, bleibt im Dunkel der Ungewißheit.

Ich jedenfalls habe von einem Tiger geträumt, den ich mit einem Schuß aus der Steinschleuder erlegt habe.

Erstmals ins Deutsche übersetzt von Dorothea Trottenberg

Der Tausch

von Jurij Trifonow

(Auszug)

Vor vierzig Jahren, als sich Dmitrijews Vater Georgij Alexejewitsch in der Siedlung der Roten Partisanen ein Haus baute,
galt Pawlinowo als ein Datschenort. Das war es auch schon
vor der Revolution, damals fuhr man von der Stadtgrenze mit
der Pferdebahn hierher. In den dreißiger Jahren kam der
Junge Witja, ein mittelmäßiger Schüler, aber fleißiger Rad-
fahrer, Angler, »Einundfünfzig«-Spieler, glühender Leser von
Sienkiewicz und Gustave Aimard, an Sommertagen in einem
quietschenden alten Omnibus angefahren, der alle Stunde
vom kopfsteingepflasterten Swenigorodskij-Platz abfuhr. Im
Omnibus war es immer stickig, die Fenster gingen nicht auf,
es roch nach groben Stoffen. Am Omnibusfenster vorüber zogen Ödflächen, Gemüsegärten, ein kleines Dorf, ein zweites,
ein Kühlhaus, das Rundfunkgelände, eine Schule mit weißer
Ziegelmauer, wieder ein Feld, Gemüsegärten, eine Kirche auf
einer Anhöhe, plötzlich öffnete sich die Deichsel des Wehrs
mit den schwarzen unbeweglichen Booten der Angler, und
das Herz des Jungen Witja krampfte sich zusammen. Der
Weg von der Omnibushaltestelle führte durch Kiefern, vorbei
an regengeschwärzten, seit Jahren nicht mehr gestrichenen
Zäunen, vorbei an Datschen, die hinter einem Dickicht aus
Flieder, Heckenrosen und Holunder versteckt waren und deren mit Sprossenfenstern verglaste Veranden durch das Grün

schimmerten. Diesen Weg ging man lange, der Asphalt hörte auf, dann kam eine staubige Landstraße, rechter Hand war auf einer Anhöhe ein Kiefernwäldchen mit einer größeren Lichtung – in den zwanziger Jahren war hier ein Flugzeug abgestürzt, das Wäldchen hatte gebrannt –, und links zogen die Zäune sich immer weiter hin. Hinter einem dieser Zäune ragte, durch junge Birken kaum getarnt, ein aus Balken gezimmertes, zweigeschossiges, unterkellertes Haus empor. Es sah überhaupt nicht wie eine Datscha aus, eher wie ein Handelsposten irgendwo in den kanadischen Wäldern oder wie eine Hacienda in der argentinischen Savanne.

Das Haus war von einer Kooperative gebaut worden, die den klangvollen Namen »Roter Partisan« führte. Georgij Alexejewitsch war kein roter Partisan gewesen, ihn hatte sein Bruder Wassilij Alexejewitsch, roter Partisan und Mitarbeiter der OGPU sowie Besitzer eines zweisitzigen »Opel«-Sportwagens, in die Kooperative geholt. Nicht weit weg lebte auf dem gleichen Grundstück in einer kleinen Datscha der dritte Bruder, Nikolaj Alexejewitsch, auch er roter Partisan, der im Außenhandelsamt angestellt war und monatelang mal in China, mal in Japan lebte. Aus China brachte Nikolaj Alexejewitsch ein Mah-Jongg-Spiel mit, in einer Mahagonischatulle fanden in vier herausziehbaren Fächern einhundertvierundvierzig Steine Platz, deren eine Seite aus Bambus und deren andere aus Elfenbein war. Das Mah-Jongg-Fieber packte zuerst die Erwachsenen, die um Geld spielten, später, als es den Erwachsenen langweilig wurde oder ihnen nicht mehr danach war, ging das Spiel in den Besitz der Kinder von Nikolaj Alexejewitsch sowie der ganzen Kinderkommune von Pawlinowo über. Nichts war übriggeblieben von jenen Abenden mit Grammophonmusik wie »Die ermattete Sonne nahm zärtlich

Abschied vom Meer«, mit dem lauten Gespräch zweier schwerhöriger Rotpartisanen, die sich im Obergeschoß unablässig über etwas stritten, mit dem Klopfen der chinesischen Spielsteinchen auf der kleinen Veranda von Nikolaj Alexejewitsch. Auf dieser Welt, so stellte sich heraus, verschwinden nicht Menschen, sondern ganze Nester, ganze Stämme mit ihrem Alltag, ihrer Umgangssprache, ihren Spielen, ihrer Musik. Sie verschwinden so vollständig, daß sich keine Spur mehr findet. Obwohl dort, in Pawlinowo, Lora wohnen geblieben war. Aber außer Lora – niemand, nicht ein einziger Mensch. Von den Brüdern war zuerst der älteste, Georgij Alexejewitsch, gestorben. Der jähe Tod durch Herzschlag – damals nannte man das apoplektischer Schlag – ereilte ihn an einem schwülen Tag auf offener Straße.

Dmitrijew konnte sich nur undeutlich und bruchstückhaft an seinen Vater erinnern. Er erinnerte sich an einen dunklen Schnurr- und Kinnbart, eine goldgeränderte Brille, ein sehr dünnes, weich anzufühlendes gelbliches Hemd aus chinesischer Rohseide mit Tabakkrümeln darauf, einen dicken Bauch unter dem Hemd und ein immerwährendes Lachen über alles und jeden. Georgij Alexejewitsch war Straßenbauingenieur, aber sein Leben lang träumte er davon, diese Arbeit aufzugeben und sich dem Schreiben humoristischer Erzählungen zuzuwenden. Er glaubte, das sei seine Berufung. Ständig lief er mit einem Notizbuch in der Tasche herum. Dmitrijew wußte noch, wie rasch und leicht sein Vater komische Geschichte erfand – einmal gingen sie abends in den Gemüsegarten Gurken begießen und sahen, wie sich Marja Petrowna, die Tante eines roten Partisanen, abmühte, den Ball ihres Enkels Petjka von einer Kiefer herunterzubekommen. Zuerst schleuderte sie einen Stock hoch, der Stock blieb in den Zweigen hängen, dann begann sie, ihren Schuh zu werfen, der Schuh blieb ebenfalls hängen. Bis sie zum Gemüsegarten kamen, erzählte Vater ein zwerchfellerschütterndes Märchen davon, wie Marja Petrowna ihren zweiten Schuh auf die Kiefer warf, dann das Jäckchen, den Gürtel, den Rock, all das hing an der Kiefer, und Marja Petrowna saß nackt darunter, dann kam Onkel Matwej gelaufen und begann seinerseits Schuhe und Hosen zu werfen. Und als der Vater einige Tage später aus der Stadt zurückkehrte, brachte er eine Zeitschrift mit, in der die Erzählung »Der Ball« abgedruckt war. Für seine Brüder hatte Georgij Alexejewitsch vorwiegend Spott übrig, er hielt sie für beschränkt, nannte sie im Spaß »die Äxte im Walde«. Er selber hatte ein abgeschlossenes Studium, während die Brüder nicht einmal das Gymnasium zu Ende besucht hatten: Der Bürgerkrieg brachte alles durcheinander, hatte den einen in den Kaukasus, den anderen in den Fernen Osten verschlagen. Manchmal wunderte sich der Vater im Gespräch mit der Mutter: »Wie kommt es bloß, daß man solche Leute ins Ausland schickt, die nicht eine Silbe in irgendeiner Fremdsprache können?« Dann warf er den Brüdern noch vor, sie seien gierig, hätten ein sattes Leben, machte sich über die chinesischen Steinchen lustig und über das allsonntägliche Getue mit dem Auto – er sprach von dem brüderlichen Opel nie anders als mit einem »sh« davor. Und in Koslowo litten ihre Tanten Hunger, starben einer nach der anderen, und die Neffen hatten kein Geld, um nach Moskau zu kommen. Nur Georgij Alexejewitsch half, so gut er konnte.

Zwischen den Brüdern gab es immer wieder fürchterlichen Streit – monatelang besuchte er sie nicht und sie ihn nicht. Mutter war der Ansicht, an den Streitereien und am späteren Unglück der Brüder seien deren Frauen Marjanka und Rajka schuld, denn die seien vom kleinbürgerlichen Spießertum angesteckt; aber später war es auch für sie, die Ärmsten, kein Zuckerschlecken mehr.

Insgesamt war Vater besser und klüger als seine Brüder, ein gar nicht schlechter Mensch. Allerdings ein Pechvogel. Er starb früh, ohne viel erreicht zu haben. Was war von seinen Notizbüchern geblieben, in denen so viel Lustiges und Schönes stand? Die Notizbücher waren verschwunden wie alles andere. Wie Rajka, die Frau Nikolaj Alexejewitschs, einst eine Schönheit und die modebewußteste Frau der Siedlung »Roter Partisan«. Wie der sandige Steilhang am Fluß, wo ganz früh morgens die Fische so gut anbissen. Nach acht Uhr schwammen die Fische fort – das Flußboot fing an, zwischen Anlegestelle und Dorf hin- und herzutuckern, Motorboote tauchten auf. Dann mußte man aufs andere Ufer hinüber, dort waren stille kleine Buchten, wo die Fische sich versteckten, aber bei praller Sonne war es dort nicht auszuhalten – es gab weder Baum noch Strauch, nur eine kahle Wiese mit hartem Gras.

Das erste Jahr wohnten Dmitrijew und Lena notgedrungen in Pawlinowo. Lora, damals noch ohne Felix, wohnte mit Xenia Fjodorowna in Moskau, die Datscha stand leer, und Dmitrijew und Lena wollten allein sein. Aber das sollte ihnen sowieso nicht gelingen. Die Datschenwohnung in Pawlinowo war seit langem ziemlich verfallen. Das Dach leckte, die Außentreppe war angefault. Die größten Sorgen bereitete die Versitzgrube – sie lief fortwährend über, besonders bei Regen, und verbreitete über die ganze Gegend einen unerträglichen Gestank, der sich mit dem Duft der Linden, des Flieders und des Phlox vermischte. Die Bewohner hatten sich mit dieser

Geruchsmischung längst abgefunden, die für sie zu einem unvermeidlichen Bestandteil des Datschenlebens geworden war, und auch mit dem Gedanken, daß die Reparatur der Grube hoffnungslos war, sie hätte ein Heidengeld gekostet, und das besaß niemand. Die ganze Siedlung war verarmt, die Bewohner waren nicht mehr, was sie gewesen waren – die früheren Besitzer waren gestorben oder in alle vier Winde entschwunden, und ihre Nachfolger, Witwen und Kinder hatten ein ziemlich schweres und keineswegs datschenmäßiges Leben. Petjka zum Beispiel, Enkel von Marja Petrowna und Sohn eines roten Professors, arbeitete als ungelernter Ladearbeiter in einem Bauholzlager. Und Valerka, Sohn von Wassilij Alexejewitsch und Vetter von Dmitrijew, hatte sich mit irgendwelchen Ganoven eingelassen, war zum Dieb geworden und irgendwo in den Lagern verschwunden. Andere Nachkommen, die die hohen Steuern für die Datscha leid waren und vorausblickten – die Stadt rückte näher –, verkauften ihre Anteile, und in der Siedlung tauchten gänzlich fremde Menschen auf, die zu den roten Partisanen von einst überhaupt keine Beziehung mehr hatten. Und nur die Birken und Linden, die Dmitrijews Vater, ein leidenschaftlicher Gärtner, vor vierzig Jahren gepflanzt hatte, waren zu einem mächtigen Wald herangewachsen, bildeten eine Mauer aus Blattwerk und verkündeten stolz den Vorübergehenden, die durch die Zäune blickten, daß in der Siedlung alles so blühte und gedieh, wie es sich gehörte.

Und auf einmal sagte Iwan Wassiljewitsch Lukjanov, Lenas Vater, der gekommen war, um nach den jungen Leuten zu sehen und einen Tag lang ihr Gast zu sein, daß Kalugin, der Klempnermeister, der seit dreißig Jahren die Wasser- und sonstigen Rohre in der Siedlung reparierte, ein Schwindler und Taugenichts sei und daß er im Verein mit den Latrinen-fuhrleuten, die regelmäßig zum Auspumpen der Gruben bestellt wurden, das Blut der roten Partisanen aussauge, wo doch eine Reparatur der Versitzgrube rasch und billig bewerkstelligt werden könne. Alle fielen aus den Wolken. Man sammelte Geld. Iwan Wassiljewitsch brachte die Arbeiter mit, und nach einer Woche war die Reparatur beendet. Die Nachkommen der roten Partisanen befürchteten sehr, daß Kalugin gekränkt ihre Siedlung verlassen und den Launen des Schicksals ausliefern würde, aber Iwan Wassiljewitsch verstand es so einzurichten, daß der alte Trunkenbold niemandem böse war, sondern sogar noch voll Respekt für Iwan Wassiljewitsch, und diesen mit »Wassilitsch« anzureden begann.

Lora mit ihrer Manier, alles ohne Umschweife auszusprechen, bemerkte damals, dies komme wahrscheinlich daher, daß Kalugin in Iwan Wassiljewitsch eine verwandte Seele spüre. Wo hatte er die Arbeiter herbekommen? Woher die Ziegelsteine? Den Zement? Natürlich hintenherum! Auf nicht geraden edlen Wegen. Da war nun freilich Mutter empört: »Woher willst du das wissen? Welch ein Recht hast du, so grob und ohne Beweise andere zu verleumden?« – »Schon gut, ich weiß nichts, ich weiß nichts, Mama. Vielleicht irre ich mich ja.« Lora lächelte geheimnisvoll. »Es ist nichts weiter als eine Vermutung. Wir werden sehen ...«

Iwan Wassiljewitsch war in der Tat ein mächtiger Mann. Seine Hauptstärke waren seine Beziehungen, seine langjährigen Bekanntschaften. Binnen eines halben Jahres hatte er der Datscha in Pawlinowo ein Telefon verschafft. Von Hause aus war Iwan Wassiljewitsch Gerber, er hatte irgendwann in der Stadt Kirssanowo bei einem Privatunternehmer angefangen, aber schon von 1926 an, als er zum Direktor einer Fabrik befördert wurde – einer schäbigen kleinen Fabrik in Marjina Rostscha, die man einem NEP-Mann weggenommen hatte –, machte er Karriere auf dem Gebiet der Administration. Als Dmitrijew ihn kennenlernte, war Iwan Wassiljewitsch schon recht alt, schwer, litt an Atemnot, hatte einen Infarkt hinter sich sowie alle möglichen Mißgeschicke und Stürme, als da waren: Entlassung, Parteiverfahren, Wiedereinsetzungen, Beförderungen, üble Nachrede und Verleumdungen durch diverse Schufte, die darauf aus waren, ihn zu erledigen, doch, wie er selber bekannte, »bezüglich dieser Momente rettete mich nur eins: ich war auf der Hut«.

Die Mutter nannte den frisch angeheirateten Verwandten den »gelehrten Nachbarn« – hinter seinem Rücken natürlich – und hielt ihn für einen ganz patenten, irgendwie sogar sympathischen, allerdings natürlich leider ganz und gar nicht gebildeten Mann. Er wie Vera Lasarewna gehörten einer anderen Rasse an – derjenigen, die »zu leben verstanden«. Nun, es war gar nicht so übel, mit Menschen einer anderen Rasse in verwandtschaftliche Beziehungen zu treten. Eine Blutauffrischung. Ein Ausnützen fremder Fähigkeiten. Wenn lebensfremde Menschen allzu lange zusammenleben, gehen sie auf die Dauer einander auf die Nerven – und zwar gerade mit ihrer edlen Lebensfremdheit, auf die sie insgeheim so stolz sind.

Deutsch von Alexander Kaempfe und Helen von Ssachno

DIE EROBERUNG VON ISMAIL

von MICHAIL SCHISCHKIN

(Auszug)

Aus irgendeinem Grund fiel mir ein, wie ich das letzte Mal nach Walentinowka auf die Datscha gefahren war, bevor sie niedergebrannt wurde.

Ich war den Winter über immer mal wieder hingefahren, um nach dem Rechten zu sehen. Häufig war jemand eingestiegen. Weniger um zu klauen – mitzunehmen gab es da nichts –, es waren vielmehr Jungs aus Übermut oder Obdachlose. Sie übernachteten dort, schlugen die Fensterscheiben ein und steckten sie schließlich an. Nicht mal mit Absicht, einfach aus Unachtsamkeit: Sie hatten wohl den Ofen nachlässig angezündet oder eine Kippe angesteckt, sich vollaufen lassen und waren eingeschlafen, oder sonst was. Auch vor jenem Winter war schon öfter jemand eingestiegen, aber es war immer gutgegangen.

Um die Wahrheit zu sagen, ich wollte einfach mal weg von zu Hause.

Ich bekam die Terrassentür kaum auf – auf der Vortreppe türmte sich eine große Schneewehe. In den Zimmern war alles überfroren und dämmrig. Als erstes machte ich mich am Ofen zu schaffen.

Schon hört man hinter der glühenden, rostigen Ofenklappe hitziges Feuergeprassel und das Zischen der Zweige, die ihren siedenden Saft verströmen. Die rauchige Seele der

Scheithölzer will nicht in den Himmel, sondern ins Zimmer entschweben. Alles ist feucht. Im nächsten Augenblick steigt Dampf auf vom Diwan, von den geflochtenen Korbstühlen, von dem Packen Zeitungen, die noch vom letzten Jahr hier liegen, von den Tapeten. Der Qualm des Ofens erfüllt den Raum, quillt gegen die Wände, die Decke, das alte Holz knarrt leise.

Vor dem Fenster der Jasmin mit weißen Mäuschen an den Zweigen. Auf dem Schnee babylonische Keilschrift. Auf dem benachbarten Schuppen so viel Schnee, daß er jeden Augenblick sachte zusammensackt.

Der Wagen der morgendlichen Vorortbahn war leer gewesen, durchgefroren. Es roch nach Skiwachs. Eine leere Flasche rollte unter den Bänken von einer Haltestelle zur anderen. Im Vorraum zündete sich jemand eine Zigarette an, und seine Hände waren hell angeleuchtet. Ein einsamer Skifahrer an einem Bahnübergang huschte vorbei, ein Streckenarbeiter in oranger Jacke streifte an der Scheibe entlang, langsam zogen in der Ferne Schornsteine vorüber, die den Qualm vergessen hatten. Bäume, Häuser, Zäune – alles unter Schnee. Auf dem Feld zwei dunkelblaue Skispuren wie ein Andreaskreuz. In Podlipki stieg ein Blinder mit seinem Hund zu, er setzte sich mir gegenüber auf die Bank und begann, dem Hund die Eisklumpen aus den Pfoten zu pulen. Der Hund beschnupperte mich die ganze Zeit.

In Walentinowka stieg ich als einziger aus. Verschneite Tannen, Schneewehen, die winterliche Ortschaft verlassen, die Datschen verrammelt, ausgekühlt, Stille, Trampelpfade anstelle der Wege. In der Stadt war der Schnee kaum zu sehen gewesen, aber hier war so viel gefallen, daß die Zäune, die im Sommer so hoch waren, jetzt nur bis zum Knie reichten.

Ich feuerte den Ofen an, setzte den Teekessel auf und ging einen schmalen Weg freischaufeln. Leichter, gefrorener Schnee, wenn man eine Schaufel voll nahm und in die Sträucher warf, stob er zu feinem Pulver auseinander.

Ich gehe hinaus, spaziere durch die Ortschaft, atme die schneidende Luft ein und sehe den Krähen zu, die frostiges Puder von den Zweigen rieseln lassen, betrachte die in einer Schneewehe versunkene Telefonzelle mit dem abgerissenen Hörer, die gelben Markierungen der Hunde an den Pfosten. An einem Apfelbaum hängen noch ein paar Winteräpfel. Unter den Füßen knistert und knirscht es. Es ist einsam und schön.

Ich erreiche die Bahnstrecke – da ist ein Güterzug mit Holz. In beißende Staubschwaden gehüllt. Die Schienen federn nach. Unter den Rädern der Waggons purzelt ein Schuhkarton herum. Er wird umhergewirbelt, umhergeschleudert, überschlägt sich noch einmal, bleibt dann aufrecht stehen, starr und steif, und blickt den davoneilenden Lichtern hinterher.

Ich hatte den Ofen kräftig gefeuert, aber gegen Morgen wurde es kalt, draußen zog ein nächtlicher Schneesturm auf, und der Wind kühlte das Zimmer völlig aus. Ich zog alles an, was ich nur konnte, deckte mich noch mit einem alten Mantel zu, mit einer Decke und irgendwelchen Tüchern. Trotzdem konnte ich einfach nicht einschlafen. Dann stürzte ich gleichsam in ein bodenloses finsteres Loch – und wieder träumte ich von Oleschka.

Ich sitze bei mir zu Hause am Tisch und schreibe etwas. Ich spüre, daß da hinter dem Vorhang jemand ist. Vielmehr, ich weiß, daß er es ist, mein Oleschek, und wir spielen Verstecken.

Ich gehe auf Zehenspitzen hin und umarme ihn.

Er kichert. Er kugelt sich in meinen Armen fast vor Lachen, aber hinter dem Vorhang.

Ich halte ihn ganz fest, traue mir selbst nicht, scheue mich, ihn aus dem Stoff zu wickeln. Ich fühle durch den Stoff seine Arme, seine Rippen.

Er kreischt:

»Papa, das kitzelt!«

Ich sage:

»Oleschenka, bist du denn nicht gestorben?«

Ich wickle ihn aus dem Stoff.

Er lacht:

»Nein, da bin ich doch! Du kitzelst mich doch!«

»Und woher kommt das Blut?«

»Welches Blut?«

»Na hier und hier.«

»Wo denn?«

Und tatsächlich, ich schaue genauer hin, und plötzlich ist kein Blut mehr da.

Ich erwache schweißüberströmt, glücklich. Mit den Fingern spüre ich noch immer seine Arme, seine Rippen.

Aber ringsum Winter, Nacht, verrammelte Datschen. Und im Schrank hängt sein Pelzmäntelchen, an den Schultern abgeschabt vom Schulranzen. Einige Sachen haben wir damals weggeworfen, aber das Pelzmäntelchen behielten wir und brachten es hierher, damit es keinen Platz wegnahm.

Sweta brachte ihn immer ins Bett, und beim Einschlafen hielt Oleschka sich an ihrem Ohr fest. Einmal, als Sweta weggegangen war, ich weiß nicht mehr, wohin, las ich ihm noch eine ganze Zeitlang Märchen vor, küßte ihn dann auf die Stirn und löschte das Licht, aber er fing natürlich an zu heulen. Ich legte mich neben ihn, wie Sweta es immer machte. Oleschkas Händchen tastete nach meinem Ohr. Ich dachte, jetzt würde er sich beruhigen und einschlafen, aber die kleinen Finger spürten, daß etwas nicht richtig war, spürten die Täuschung des Erwachsenen, und er fing von neuem an zu schluchzen, auf kindliche Art ungestüm und untröstlich.

Wieder klaubte ich in meiner Erinnerung nach Bruchstükken unseres Lebens mit Oleschka. Nach dem, was passiert war, konnte ich weder schreiben noch mit jemandem darüber sprechen. Doch es war eine Zeit vergangen, und nun war allein der Gedanke an unseren Sohn schon eine Freude. Der Mensch lebt nicht für sich allein, heißt es, wenn er irgendwo in dieser Nacht existiert, dann nur, weil jemand sich an ihn erinnert, an ihn denkt, ihn sieht. Und so versuchte ich erneut, zum wievielten Male, meinen Oleschka wieder zu beleben, ging in Gedanken irgendwelche Geschichten durch, Vorfälle, einfach Bilder.

Ich bringe ihm das Laufen bei, mit einem unter den Achseln durchgezogenen Handtuch. Er backt Sandkuchen bei uns im Hof auf dem Gospitalnyj Wal, und ich sitze am Rand des Sandkastens und tue so, als würde ich sie essen, ohne die Augen von der Zeitung zu wenden. Im Winter fahren wir sonntags mit der Straßenbahn in den Ismailowo-Park, da gibt es Figuren aus Eis, durchsichtig von der Sonne, smaragdgrün, glattpoliert vom vielen Anfassen. Dann setze ich ihn auf die Schaukel, und er plumpst in den Schnee.

Zum Geburtstag haben wir ihm einen hübschen Käfig mit kleinen Hamstern gekauft. Mit welcher Begeisterung Oleschka die neugeborenen Winzlinge betrachtet – doch plötzlich kommt er angelaufen und hat einen fürchterlichen kindlichen Weinkrampf.

»Was ist los, Oleschka? Was ist passiert?«

Er kann gar nicht reden vor lauter Schluchzen. Schließlich stößt er hervor:

»Sie hat ihm den Kopf abgebissen!«

Eine Zeitlang bestürmte er mich jeden Abend, ihm kleine Bälle auf die Ränder der Buchseiten zu zeichnen: Beim schnellen Blättern hüpft dann ein kleiner Ball über die Seite. Dann fing er selbst an zu malen. Egal welches Buch man jetzt zur Hand nimmt – in jedem sind lauter ungleichmäßige, unbeholfene kleine Bälle auf den Seitenrändern.

Einmal hatte er sich einen Splitter in den Fuß getreten, ich zog ihm mit einer Pinzette den Holzspleiß heraus. Blut, Geschrei, Tränen. Sweta geht mit ihm durchs Zimmer und spricht ihm besänftigend zu:

»Dem Häschen tut das Pfötchen weh, das Häschen hat einen Splitter im Pfötchen, das Pfötchen tut so weh, warum zieht das Häschen denn auch keine Pantöffelchen an?«

Dann begannen Oleschkas Krankheiten, die Krankenhäuser. Bei Kindern steigt das Fieber blitzschnell an – gerade eben noch hat er auf dem Teppich gespielt, und plötzlich – schwups, fällt er um und hat fast 40 Grad Fieber. Ich erinnere mich noch, wie Sweta ihm die Fersen mit Urin einrieb, um die Fieberhitze zu senken. Zu Anfang war ich hell entsetzt, doch sie versicherte mir, ihre Mutter hätte es mit ihr auch so gemacht, und überhaupt sei dies das beste Mittel.

Oleschka spielte nun immer Krankenhaus. Eine Zeitlang kurierte er mit Hingabe Fliegen. Auf dem Fensterbrett in seinem Krankenzimmer stand ein Teller mit Fliegenpapier. Er sammelte die Fliegen vom Teller, legte sie auf eine saubere Untertasse, benetzte sie mit Wasser, trocknete sie an der Sonne, benetzte sie wieder und trocknete sie, so lange,

bis die Fliegen sich wieder rührten und schließlich davon-
flogen.

Er schrieb einen Brief an den Weihnachtsmann, weil er
wußte, daß der alle Wünsche erfüllt, und bat, dem Nachbars-
sohn sollte der Arm nachwachsen, den er im Militärdienst in
Afghanistan verloren hatte.

Dabei aber konnte nichts unvermittelte Ausbrüche kind-
licher Grausamkeit verhindern. Einmal ertappte ich ihn, als
er einen Goldkäfer, den er von einem Fliederstrauch genommen hatte, mit der Nadel anstach und beobachtete, wie das
weißliche flüssige Innere nach außen quoll. Wortlos nahm ich
Oleschka bei der Hand und stach ihn mit derselben Nadel in
den Finger. Er heulte auf vor Schmerz und Kränkung, aber
ich sagte nur ganz ruhig: »Jetzt kannst du dir vorstellen, wie
weh es dem Käfer getan hat.«

Ich weiß noch, wie er einmal auf der Terrasse saß und
malte und die Sonne mit einem gelben Stift um eine Tasse
herum nachzeichnete, damit sie rund würde, aber es war
schon dämmrig, ich schaltete das Licht ein, und im Nu war
die Sonne von dem weißen Papier verschwunden.

Die ganze Zeit überlege ich, was ihm von seiner Kindheit
im Gedächtnis geblieben wäre? Was er sich für das ganze Leben bewahrt hätte? Ganz bestimmt hätte er aus jenen Jahren
etwas völlig anderes behalten, etwas, was ich nicht einmal begreifen, mir nicht vorstellen könnte, vielleicht eine alte Frau
in einer Schlange, die ihm ein klebriges Bonbon geschenkt
hat, oder die Kresse, die wir im Frühling unter einem ange-
laufenen Einmachglas in einem Blumentopf auf dem Fensterbrett züchteten – er mochte den Geruch dieser gekräuselten
Kräuter. Am ehesten wohl würde er Kränkungen behalten
haben, kindliche, grausame, nicht wiedergutzumachende. Als

Oleschka die Mandeln herausoperiert wurden, wartete er darauf, daß wir ihm Eis mitbringen würden – der andere Junge im Krankenzimmer hatte von seinen Eltern ein »Eskimo« bekommen, aber wir waren nicht mal auf die Idee gekommen. Für uns war es eine Lappalie – wir kaufen dir nächstes Mal ein »Eskimo« –, aber für ihn war es eine Tragödie. Er schmollte, wollte nicht einmal mit uns reden. Oder vielleicht hätte er sich sein Leben lang daran erinnert und darunter gelitten, dass die Schwester ihm, als er das erste Mal alleine im Krankenhaus war, kein Nachttöpfchen hinstellte und er sich nicht traute zu fragen, woraufhin er es nachts nicht mehr aushielt und ins Bett machte – wer weiß das heute?

Jeden Sommer kamen wir hierher, nach Walentinowka.

In der mit wilden Himbeeren überwucherten Ecke am Zaun war ein Ameisenhügel. Oleschka rief mich, ich sollte ihm helfen, kräftige Grashalme in die poröse Hülle zu bohren, die daran klebenden Ameisen abzustreifen, sie wegzupusten und die Grashalme abzulecken.

Es ist Morgen. Nach einer Woche Regen dringt die Sonne durch die Läden. Wir stehen träge auf, spät, nach Datscha-Manier, aber Oleschka ist schon irgendwo im Garten, wo die Apfelbäume mit ihren Stützen stehen, und spielt irgendein Spiel, das wir nicht verstehen, er hängt Bänder in die Bäume, steckt kleine Zweige in den Boden und baut seine eigene, für uns unsichtbare und unverständliche Welt.

Vom Regen ist alles ganz feucht geworden. In der Toilette ist das Papier in dem Satinbeutel klamm, auf der Wachstuchdecke des Gartentischs steht eine Pfütze. Das Dach der benachbarten Datscha, mit Schiefer gedeckt, dampft in der Sonne, in der Nacht hat es noch gegossen, und jetzt ist es schon brütend warm.

Frühstück unter dem Augusthimmel. Oleschka – mit weißem Kefirschnurrbart – fragt, ob es stimmt, daß Warzen sprießen, wenn man etwas Schlimmes getan hat. Kiefernzapfen fallen auf den Tisch und prallen laut klappernd wieder ab.

Sweta geht zum Bahnhof, Milch holen, und wir richten uns auf der Liege unter dem Fliederstrauch ein, ich lese ihm Robinson Crusoe vor und wundere mich, warum ich als Kind unbedingt irgendwo auf einer Insel sein wollte, ohne Essen, ohne Haus, ohne Bett, ohne »Arme Ritter« zum Frühstück, ohne diese Liege unter dem Fliederstrauch – dafür mit Menschenfressern und bedroht vom Hungertod. Wir lesen wie im Rausch. Ihm gefallen die Abenteuer mit den Wilden, und mir fällt plötzlich der Epilog ein, als Robinson, der arme Tropf, nach Hause kommt – ruhig, warm, behaglich, und alles liegt hinter ihm.

An unserem Zaun entlang verläuft der Weg zum Fluß. Hinter den Büschen ist ein ständiges Hin und Her, manchmal sieht man lange Angeln, sie biegen sich bei jedem Schritt.

Gegen Mittag kommt der Postbote mit der gestrigen *Abendzeitung.* Das Fahrrad holpert über den Kies, die Klingel scheppert. Der Postbote hat das eine Hosenbein mit einer Wäscheklammer zusammengehalten.

Zu Mittag gibt es Okroschka, Buletten und Kompott. Ständige Heulkrämpfe wegen der Suppe, überhaupt hat Oleschka nicht bei Tisch gegessen, sondern nachher andauernd Häppchen aus der Küche abgeschleppt.

Wir schickten ihn zum Spielen zu den Nachbarskindern – zwecklos, statt dessen verschlang er Bücher und lag mir immer mit Schach in den Ohren. Wir hatten Schachfiguren aus Tannenzapfen, vielleicht hat ihn auch das gereizt.

Gegen Abend, als die Hitze nachläßt, machen wir uns auf nach Sagorjanka an der Kljasma und fahren unterwegs die abgebrannte Datscha auf der Sadowaja anschauen. An der altersschiefen Umzäunung rötlicher, vor Rost abgeplatzter Stacheldraht. Auf dem ganzen Grundstück verstreut verkohlte schwarze Balken, und vom Fundament ist fast nichts mehr übrig – die Nachbarn haben die Backsteine geklaut. Ein kleiner Junge, die Schwimmflossen über der Schulter, zeigt mit dem Finger irgendwo nach oben:

»Seht bloß, was das für ein Feuer war!«

Und wirklich, an den geschwärzten Kiefern ringsum konnte man sehen, wie hoch die Flammen geschlagen waren.

Wir fahren weiter, da hat sich eine Akazie über einen Zaun gelegt, ich muß den Kopf einziehen. Wir halten an. Wir machen kleine Flöten aus den biegsamen, fettigen Schoten und pfeifen. Datschniki kommen uns entgegen, sie pfeifen auch und stoßen mit Stöcken die Brennesseln zur Seite.

An der Ecke Sirenjewa und Mitschurina ist der Schuttplatz. Ein rostiger Gasherd, Bruchglas. Ein ausgeschlachtetes Sofa – durch die Sprungfedern wächst Löwenzahn.

Der Abhang zur Kljasma hinunter ist steil, eine Verlockung für Fahrradfahrer, aber hinter einer Biegung kann man einer Kuh über den Weg laufen oder sonst eine Überraschung erleben. Unten der Datscha-Strand, übersät mit Bonbonpapier und Stöpseln von Bierflaschen. Datschniki, Hunde, Fahrräder, zwei Schwarze aus der Fliegerschule vom Militärflughafen Tschkalowsk. In einer Pfütze flattern Kaulquappen mit fächrigen Bewegungen.

Wir steigen ins Wasser, Oleschka kreischt, zappelt, ich nehme ihn auf die Arme, und wir tauchen hinab in die eisige

Trübe. Schlick saugt an der Ferse, leckt an der Fußsohle, quillt zwischen den Zehen durch.

Als er aus dem Wasser kommt, zittert er am ganzen Körper und rennt durch den Sand, um sich aufzuwärmen. Er kommt angelaufen, an den Füßen Söckchen aus Sand.

Die Abende im August sind schon kühl, den Tee trinken wir auf der Terrasse, mit den letzten, gekauften Erdbeeren – man gibt sie in die Tasse und zerdrückt sie mit einem Löffel. Wenn man im Juli gewöhnlichen Tee kocht, gibt es Jasmintee – der Tee duftet dann vom Jasminstrauch vor dem weit geöffneten Fenster.

Wir bringen ihn ins Bett – wieder eine ganze Zeremonie. Füße, Zähne, Pyjama. Tausenderlei Gründe, sich nicht hinzulegen, und wenn er endlich ins Bett klettert, geht es wieder los – reib mir Salbe auf die Mückenstiche, bring mir Wasser, kratz mir den Rücken, lies mir etwas vor, und dann das dauernde warum, warum, warum. Oleschka fragte mich ständig aus, über Gott und die Welt, in festem Glauben an meine Allwissenheit. Später fing er selbst an zu lesen und bat inständig, ihn nur noch eine Minute zu lassen. Die Minute zog sich hin, eine weitere Minute, bis ich ihm das Buch wegnahm – wieder Kränkung und Tränen.

Vor dem Schlafen ging ich immer zum Rauchen hinaus in den Garten. Ich laufe über den schmalen Weg, blicke auf die Sterne, die nächtlichen Sträucher, den Mond, rund, wie mit einer Tasse nachgezeichnet, ich horche auf einen fernen Zug, rieche den nächtlichen, frischen Duft des Phlox, denke an etwas, das morgen ansteht, dass ich zur Sparkasse muss, zur Post. Ich komme an seinem Fenster vorbei, und da ist ein seltsames Leuchten, ich begriff nicht sofort, woher es kam. Es war Oleschka, der mit einer Taschenlampe las, den Kopf unter das Bettuch gesteckt.

Siehst du, Oleschka, solange ich dieses Leuchten sehe, dieses leuchtende Bettuch, so lange bist du am Leben. Und nichts ist geschehen. Ich schaue dich einfach durchs Fenster an, aus dem nächtlichen Augustgarten, wo die Äpfel vom Baum fallen und es nach Phlox duftet, während du mit der Taschenlampe liest und dich vor mir versteckst.

Erstmals ins Deutsche übersetzt von Dorothea Trottenberg

»SASSEN AUF GOLDENEN STUFEN …«

von Tatjana Tolstaja

Meiner Schwester Schura

Saßen auf goldenen Stufen am Thron:
Zar, Zarensohn, König, Königssohn,
Schuster und Schneider.
Was bist du denn für einer?
Schnell, gib Antwort darauf
Und halt uns gute Leute nicht auf!

Kinderabzählvers

Im Anfang war der Garten. Die Kindheit war der Garten. Ohne Anfang und Ende, ohne Zaun und Grenze, ein Rauschen und Rascheln, golden in der Sonne, lichtgrün im Schatten, tausend Stockwerke hoch – vom Heidekraut bis zu den Kiefernwipfeln; im Süden der Brunnen mit den Kröten, im Norden weiße Rosen und Pilze, im Westen mückendurchsirrtes Himbeergestrüpp, im Osten Heidelbeeren, Hummeln, das Steilufer, der See, die Stege. Denk dir, wir haben frühmorgens am See einen *vollkommen* nackten Mann gesehen. Ehrenwort. Sag's nicht der Mama. Weißt du, wer das war? – Nein, unmöglich. – Bestimmt, ich sag dir's doch. Er dachte, kein Mensch wäre da. Und dabei saßen wir im Gebüsch. – Und was habt ihr gesehen? – *Alles.*

Das nennt man Glück! So etwas kommt in hundert Jahren nur einmal vor. Der einzige zur Ansicht freigegebene nackte

Mann – im Anatomiebuch – ist ja nicht echt. Er hat sich extra die Haut abgezogen, dieser unverschämte rotfleischige Typ, und gibt nun mit seinem Schlüsselbein-Brust-Brustwarzen-Muskel (lauter unanständige Wörter!) vor den Achtkläßlern an. Wenn wir eines Tages (in hundert Jahren) in die Achte kommen, zeigt er uns das alles auch.

Genauso rotes Fleisch füttert die alte Anna Iljinitschna ihrer Tigerkatze Memeka. Memeka ist erst nach dem Krieg geboren, ihr fehlt die Achtung vor dem Essen. Hoch, ganz hoch über der Erde, alle viere in den Kiefernstamm verkrallt, verharrt Memeka in regloser Verzweiflung.

»Memeka, Fleischi, Fleischi!«

Die Alte schüttelt das Blechschüsselchen mit den Lendenstücken, hebt es ein bißchen höher, damit die Katze mehr sehen kann.

»Schau doch, schönes Fleischi!«

Die Katze und die Alte sehen sich wehmütig an. Nimm es wieder mit, denkt Memeka.

»Fleischi, Memeka!«

Im schwülen Purpurdickicht des persischen Flieders reißt die Katze Spatzen. Einen fanden wir einmal. Sein Spielzeugköpfchen war skalpiert. Zarte blanke Schädelknochen wie bei einer Stachelbeere. Ein gemartertes Spatzengesichtchen. Wir machten ihm eine kleine Haube aus Spitzenresten, nähten ihm ein weißes Hemd und begruben ihn in einer Schokoladenschachtel. Das Leben ist ewig. Sterben tun nur die Vögel.

Vier sorglose Datschen ohne Zaun. Man kann überallhin. Die fünfte ist ein »Eigenheim«. Ein schwarzes Blockhaus. Längsseits arbeitet es sich unter dem feuchten Schirm von Ahorn und Lärchen vor, wird zu den sonnigen Veranden hin leichter und lichter, mit sich vermehrenden Fenstern, drückt die Kapuzinerkresse auseinander, schiebt die Fliederbüsche beiseite, weicht der hundertjährigen Fichte aus, schlägt lachend einen Haken nach Süden und hält inne über einem sanft abfallenden Erdbeer-Dahlien-Hang, der weit hinunter führt, weit, weit, bis dorthin, wo die warme Luft zittert und die Sonne an den zurückgeschlagenen Glasfenstern der Zauberkästen zersplittert, die voll sind von Gurkenjungen in orangefarbenen Rosetten.

Die Fensterläden der julidurchfluteten Veranda sind weit geöffnet, und vor dem Haus (was ist drinnen?) steht Veronika Wikentjewna, eine gewaltige weißhäutige Schönheit, und wiegt Erdbeeren ab: zur Konfitüre für sich selbst und zum Verkauf an die Nachbarn. Eine üppige, goldene Apfelschönheit! Weiße Hühner trippeln ihr um die schweren Beine, Truthähne recken aus Kletten ihre unanständigen Gesichter, der rotgrüne Hahn hat den Kopf schief gelegt und sieht uns an: Na, Mädchen, was wollt ihr? »Erdbeeren.« Die Finger der schönen Verkäuferin triefen von Beerenblut. Kletten, die Waage, der Korb.

Eine Königin! Die habgierigste Frau der Welt!

Wein aus fernen Landen füllt ihr Glas,
Und sie ißt verzierte Pfefferkuchen,
Ringsum steht die fürchterliche Wache …

Einmal war sie auch mit so roten Händen aus dem dunklen Schuppen gekommen und hatte gelächelt:

»Ich habe das Kälbchen geschlachtet …«

Drohend ihre Axt geschultert …

A-a-a! Nichts wie weg, bloß schnell, ein Alptraum, dieser widerliche kalte Geruch, der Schuppen, das Naß, der Tod ...

Und Onkel Pascha ist der Mann von dieser schrecklichen Frau. Onkel Pascha ist klein, schüchtern, ein geschlagener Mensch. Schon alt, fünfzig. Er arbeitet als Buchhalter in Leningrad. Um fünf Uhr früh steht er auf und hastet über Berg und Tal, um den Dampfzug zu erreichen. Sieben Kilometer im Laufschritt, anderthalb Stunden Schmalspurbahn, zehn Minuten Straßenbahn, dann die schwarzen Ärmelschoner übergezogen und sich auf den harten gelben Stuhl gesetzt. Wachstuchbeschlagene Türen, ein verqualmtes Souterrain, spärliches Licht, Safes, Fakturen – das ist Onkel Paschas Arbeit. Und wenn der fröhliche blaue Tag verklungen ist, steigt Onkel Pascha aus seinem Keller und eilt heimwärts: die scheppernde Nachkriegsstraßenbahn, der rauchgeschwängerte abendliche Bahnhof, der Geruch von Kohlenbrand, Zäune, Bettler, Körbe; der Wind jagt zerknülltes Papier über den leeren Bahnsteig. Sommers in Sandalen, winters in mit Sohlen verstärkten Filzstiefeln – so eilt Onkel Pascha in seinen Garten Eden, in sein Paradies, wo vom See die Abendstille herüberweht, in sein Haus, wo auf dem riesigen Bett mit den vier Glasfüßen die unumfaßlich voluminöse goldhaarige Königin sich räkelt. Die Glasfüße haben wir allerdings erst später gesehen. Veronika Wikentjewna war lange mit Mama zerstritten.

Und zwar hatte sie eines schönen Sommertags Mama ein Ei verkauft. Unter der Bedingung, das Ei sofort zu kochen und aufzuessen. Aber Mama, die Leichtsinnige, hatte das Ei unserer Datschenwirtin geschenkt. Das Vergehen wurde ruchbar. Die Folgen hätten ungeheuerlich sein können: Unsere Vermieterin hätte das Ei ihrer Henne unterlegen und diese hätte in ihrem Hühnerunverstand eine genauso einmalige Hühnerrasse ausbrüten können, wie sie im Garten von Veronika Wikentjewna herumlief. Ein Glück, daß alles gutging. Das Ei wurde gegessen. Doch Veronika Wikentjewna konnte Mama ihre Niedertracht nicht verzeihen. Sie verkaufte uns keine Erdbeeren mehr und auch keine Milch, und wenn Onkel Pascha an uns vorbeieilte, lächelte er schuldbewußt. Die Nachbarn igelten sich ein: Sie befestigten Maschendraht an Eisenpfosten, streuten an strategisch wichtigen Punkten Glasscherben, spannten ein stählernes Drahtseil und schafften sich einen furchterregenden gelben Hund an. Aber damit war es natürlich noch nicht genug.

Mama hätte ja in tiefer Nacht über den Zaun springen, den Hund erschlagen, mit vom Stacheldraht aufgerissenem blutenden Leib über die Glasscherben robben und im letzten Moment mit ermattenden Händen die Ranke einer speziellen Erdbeersorte ausreißen können, um sie ihren eigenen mickrigen Erdbeeren aufzupfropfen; wäre schließlich mit ihrer Beute zum Zaun gelaufen – ja, das wäre sie – und hätte sie keuchend und stöhnend mit letzter Kraft Papa zugeworfen, der versteckt im Gebüsch lag, wo das Mondlicht in seinen runden Brillengläsern funkelte.

Von Mai bis September geht Veronika Wikentjewna, von Schlaflosigkeit gepeinigt, Nacht für Nacht in den Garten, steht dort lange in ihrem weiten weißen Hemd, die Heugabel in der Hand wie Gott Neptun, lauscht den Nachtvögeln und atmet den Jasmin. In letzter Zeit hat ihr Gehör sich geschärft: Sie hört genau, wie auf unserer Datsche, in dreihundert Meter Entfernung, Papa und Mama unter der Kamelhaardecke flüsternd bereden, wie sie Veronika Wikentjewna übertölpeln können, etwa indem sie einen unterirdischen Gang zum Treibkasten mit der Frühpetersilie graben.

Die Nacht schreitet voran, hinter Veronika ragt reglos und schwarz das Haus. In seiner warmen Dunkelheit, irgendwo in seinem Herzinnern, liegt mäuschenstill, ganz verloren in den Tiefen der riesigen Lagerstatt, der kleine Onkel Pascha. Hoch über seinem Kopf segelt die Eichendecke dahin, und darüber die Mansarde – Truhen mit den in Naphthalin schlummernden feinen schwarzen Mänteln –, und noch weiter oben der Dachboden mit Heu- und Mistgabeln, Heubündeln, alten Zeitschriften, und dort oben segeln Dach, gehörnter Schornstein, Wetterfahne, Mond, segeln durch Garten und Traum, segeln schaukelnd dahin, tragen Onkel Pascha fort ins Land der verlorenen Jugend, ins Land der unerfüllten Hoffnungen, und dann kommt Veronika Wikentjewna durchfroren wieder, weiß und schwer, und quetscht ihm die warmen dünnen Beine ein.

He, wach doch auf, Onkel Pascha! Denn deine Veronika, die stirbt bald.

Da irrst du gedankenleer durch das verödete Haus, faßt schließlich neuen Lebensmut, blühst wieder auf, blickst um dich, besinnst dich, verjagst die Erinnerungen, begehrst von neuem und holst dir – zur Hilfe im Haushalt – Veronikas jüngere Schwester Margarita, sie ist genauso weißhäutig, kräftig und schön. Nun wird sie es sein, die im Juni im hellen Fenster lacht, sich über die Regentonne beugt, am sonnigen See zwischen den Ahornzweigen aufschimmert.

Ach, an der Neige unsrer Jahre …

Und wir hatten nichts gemerkt, hatten Veronika vergessen, wir hatten Winter, Winter, Winter, Mumps und Masern, Hochwasser und Warzen, einen mandarinengleißenden Tannenbaum, ich bekam eine Pelzjacke genäht, und eine Tante vom Hof faßte sie an und sagte: »*Mouton!*«

In dem Winter klebten die Hausmeister goldene Sterne an den Himmel, bestreuten die Durchgangshöfe auf der Petrograder Seite mit zerstoßenen Brillanten, stiegen auf luftigen Frostleitern zum Fenster hinauf und bereiteten uns eine Morgenüberraschung: Mit feinen Strichen hatten sie den Silberschweif des Feuervogels hingepinselt.

Und als alle den Winter satt hatten, schafften sie ihn auf Lastwagen zur Stadt hinaus, zwängten erschöpfte Schneewehen in vergitterte unterirdische Gelasse und verrieben auf den Grünanlagen einen duftenden schwarzen Brei mit aufkeimenden gelben Blümchen. Und tagelang war die Stadt rosa, steinern und dröhnend.

Und von dort, vom fernen Horizont her, kam schon lärmend und lachend, die bunte Fahne schwenkend, der grüne Sommer gelaufen mit Ameisen und Kamillenblüten.

Onkel Pascha räumte den gelben Hund weg – er legte ihn in eine Truhe und bestreute ihn mit Naphthalin; in die Mansarde nahm er Sommergäste auf, eine fremde schwarzbraune Großmutter und ihre dicke Enkelin; lud sich Kinder zu Besuch und bewirtete sie mit Konfitüre.

Wir hingen am Zaun und sahen zu, wie die fremde Großmutter alle Stunde das bunte Mansardenfenster aufstieß und im Widerschein der Harlekinrauten der alten Scheiben hinunterrief:

»Willst du Brot und Milch?«

»Will nicht.«

»Mußt du Pipi-Kaka?«

»Muß nicht.«

Wir hüpften auf einem Bein, heilten Schrammen mit Spucke, vergruben Schätze, zerteilen Regenwürmer mit dem Messer, beobachteten heimlich, wie die alte Frau im See rosa

Unterhosen wusch, und fanden unter dem Büfett unserer Wirtin das Foto einer erstaunlich großohrigen Familie mit der Aufschrift: Zur langen, langen Erinnerung. 1908.

Komm, wir gehen zu Onkel Pascha. Aber du mußt als erste gehen. Nein, du. Vorsicht, die Schwelle. Es ist so dunkel, ich sehe nichts. Halt dich hinter mir. Ob er uns das *Zimmer* zeigt? Bestimmt, bloß müssen wir erst Tee trinken.

Löffelchen mit gedrehtem Stiel, gedrehte Füßchen an den Vasen. Kirschkonfitüre. Im orangenen Schatten des Lampenschirms lacht die leichtsinnige Margarita. Trink doch schneller aus! Onkel Pascha weiß schon, wartet, hat die verheißungsvolle Tür zu Aladins Höhle schon aufgemacht. O Zimmer! O Kinderträume! O Onkel Pascha, du König Salomo! Du hältst ein Füllhorn in deinen mächtigen Händen! Eine Kamelkarawane ist mit Geisterschritten durch dein Haus gezogen und hat im Sommerzwielicht ihre Bagdadfracht verloren. Wasserfälle von Samt, Straußenfedern von Spitze, Ergüsse von Porzellan, schwere goldene Rahmen, kostbare Tischchen auf krummen Beinen, verschlossene Glasvitrinen in Säulenform, wo schwarze Trauben sich um zarte gelbe Becher winden, wo, finster wie die Nacht, Neger in goldenen Röckchen blinken, etwas silbern Durchsichtiges sich windet … Sieh doch nur, eine kostbare Uhr mit ausländischen Ziffern und Schlangenzeigern! Und die da mit Vergißmeinnicht! Oh, und die da, schau doch hin! Auf dem Zifferblatt ist ein gläsernes Kämmerlein, und darin sitzt ein goldener Kavalier im Kaftan an einem goldenen Tischchen und hält ein goldenes Butterbrot in der Hand. Und neben ihm eine goldene Dame mit einem goldenen Kelch, und wenn die Uhr schlägt, pocht sie mit dem Kelch auf das Tischchen – sechs, sieben, acht … Der Flieder schaut verstohlen zum Fenster herein und wird ganz neidisch. Onkel Pascha setzt sich an den Flügel und spielt die Mondscheinsonate. Wer bist du, Onkel Pascha?

Das steht es ja, das Bett mit den Glasfüßen! Fast durchsichtig im Dämmer, unsichtbar-mächtig heben sie das Gewirr von Spitze, den babylonischen Kissenturm, den Mondfliederduft der göttlichen Musik zur Decke empor. Onkel Pascha spielt, den aristokratischen weißen Kopf zurückgelegt, das Lächeln der Gioconda auf den Lippen; ein Giocondalächeln leuchtet auch im goldenen Gesicht Margaritas, die lautlos in die Tür getreten ist; sanft wogen die Spitzengardinen, der Flieder, das Dahlienmeer den Hang hinab bis zum Horizont, bis zum abendlichen See und seiner Mondscheinsäule.

Spiel weiter, Onkel Pascha! Kalif für eine Stunde, verwunschener Prinz, Sternenjüngling, wer hat dir diese Zaubermacht über uns gegeben, wer dir die weißen Flügel an deinem Rücken geschenkt, wer hat deinen Silberkopf in den Abendhimmel erhoben, ihn mit Rosen bekränzt, in himmlisches Licht getaucht, mit Mondwind umfächelt?

Milchstraße, lichtester Gefährte
Der milchnen Ströme Kanaans,
So ziehen wir durch Sternenmeere
Zu fernen Nebeln, wo vereint
Die Leiber Liebender sich wiegen!

… Schluß jetzt. Schnell nach Hause. Es wäre unpassend, zu Onkel Pascha schlicht »danke« zu sagen, man muß sich gewählter ausdrücken: »Wir möchten uns bei Ihnen bedanken.«

»Nicht der Rede wert.«

»Hast du gemerkt, sie haben im ganzen Haus nur ein Bett.« »Und wo schläft dann Margarita? Auf dem Dachboden?« »Kann sein. Aber da sind doch eigentlich die Sommergäste.« »Dann wahrscheinlich in der Diele auf der Bank.« »Und wenn sie beide im Glasbett schlafen, einer mit dem Kopf oben, der andere mit dem Kopf am Fußende?« »Sei nicht blöd. Sie sind doch Fremde.« »Selber blöd. Und wenn sie nun ein Liebespaar sind?« »Aber Liebespaare gibt es doch nur in Frankreich.« Natürlich. Das hatte ich nicht bedacht.

Immer hastiger wechselte das Leben die Glasbilder in der Laterna magica. Mit Mamas Hilfe gelangten wir in das Spiegelkabinett eines Maßateliers für Erwachsene, wo uns ein glatzköpfiger, langbehoster Schneiderling lauter peinliche Maße nahm und dabei murmelte: »Gestatten Sie bitte«, wir beneideten die Mädchen mit Perlonstrümpfen und durchstochenen Ohrläppchen, in den Schulbüchern malten wir Puschkin mit Brille, Majakowski einen Schnurrbart und Tschechow, den die Natur mit alledem versehen hatte, einen großen weißen Busen. Und das defekte Aktmodell aus dem Anatomieunterricht stürzte in freudigem Wiedererkennen auf uns zu, konnte es kaum erwarten, uns großzügig seine numerierten Innereien darzubieten, aber der arme Kerl regte uns schon längst nicht mehr auf. Und eines Tages blickten wir uns um, betasteten mit unschlüssigen Fingern die beschlagene Scheibe, hinter der uns unser Garten, bevor er im Talgrund versank, ein letztes Mal mit dem Tuch zuwinkte. Aber wir hatten den Verlust noch nicht begriffen.

Der Herbst kam zu Onkel Pascha und schlug ihn ins Gesicht. Herbst, was soll das? Hör auf, das ist doch nicht dein Ernst? … Die Blätter fielen ab, die Tage wurden dunkler, Margarita wurde immer buckliger. Die weißen Hühner legten sich in die Erde, die Truthähne flogen fort in warme Länder, der gelbe Hund kam aus der Truhe hervor und lauschte, Onkel Pascha umarmend, dem abendlichen Heulen des Nordwinds. Kinder, eine von euch ist bitte so nett und bringt Onkel Pascha indischen Tee! Wie groß wir geworden sind. Du hast aber ziemlich abgebaut, Onkel Pascha! Deine Hände sind geschwollen, deine Knie krumm. Warum pfeift dein Atem so? Ich weiß, ich rate es: Du hörst – tagsüber unklar, aber nachts ganz deutlich – das Schlagen der eisernen Ofenklappen. Die Kette scheuert sich durch.

Warum wirst du so unruhig? Du willst mir deine Schätze zeigen? Meinetwegen, fünf Minuten habe ich noch Zeit. Wie lange ich nicht mehr da war. Wie alt ich schon bin. Was, *das* hier hat uns so fasziniert? Dieser ganze Krempel und Plunder, die abgestoßenen bemalten Kommödchen, plumpen Wachstuchbildchen, wackeligen Blumenständer, der abgewetzte Plüsch, gestopfte Tüll, die groben Jahrmarktschnitzereien, dieser billige Glasnippes? Und all das hat damals gesungen und geschillert, geflammt und gelockt? Leben, was machst du für dumme Scherze. Staub, Asche, Moder. Vom Zaubergrund der Kindheit, aus warmen, leuchtenden Tiefen sind wir emporgetaucht, öffnen im kalten Wind die klamme Faust – was, außer einer Handvoll feuchten Sands, haben wir mitgebracht? Doch Onkel Pascha zieht – so als wäre nicht inzwischen ein Vierteljahrhundert vergangen – mit zitternden Händen die goldene Uhr auf. Da geht ein Schauer durch die Bewohner des gläsernen Kämmerleins auf dem Zifferblatt, die Dame und den Kavalier, die Herren der Zeit. Die Dame pocht mit dem Kelch auf den Tisch, und der feine Ton müht sich, die harte Schale der Jahrzehnte zu durchpicken. Acht, neune, zehn. Nein. Verzeih, Onkel Pascha. Ich muß gehen.

Onkel Pascha erfror auf der Vortreppe. Er hatte nach dem eisernen Türring fassen wollen und war vornüber in den

Schnee geschlagen. Zwischen seinen erstarrten Fingern wuchsen winzige Eismargeriten. Der gelbe Hund drückte ihm still die Augen zu, lief hinaus in den Graupelschnee, die Sternenleiter hinauf in schwarze Höhen und trug das flackernde Lebenslichtlein davon.

Die neue Hausherrin, Margaritas ältliche Tochter, schüttete Onkel Paschas Asche in eine Blechbüchse und stellte sie auf ein Bord im leeren Hühnerstall. Beerdigen? Zu lästig.

Von den Jahren so tief gebeugt, daß ihr Gesicht nur noch zu Boden schaut, schlurft Margarita durch den erkalteten, zugigen Garten, als suche sie auf den verstummten Pfaden nach verlassenen Spuren.

»Diese Herzlosigkeit! Begrab ihn endlich!«

Doch die Tochter raucht gleichgültig auf der Vortreppe. Die Nächte sind kalt. Früher als sonst machen wir Feuer. Und die goldene Dame der Zeit leert den Kelch des Lebens bis zum Grund, dann schlägt sie auf dem Tisch für Onkel Pascha die letzte Mitternacht.

Deutsch von Sylvia List

ANHANG

Anmerkungen

10, 29	1 Saschen = 2,134 Meter
54, 28	*Gamburtschicha:* gemeint ist L. W. Gamburzewa.
59, 3	1 Desjatine = 1,0925 Hektar (2400 Quadrat-Saschen)
104, 16	1 Sotka = 100 Quadratmeter (Gilt nur für Grundstücke)
131, 16	Gambs' bekannte und vor allem für ihre Stühle und Sessel berühmte Möbelwerkstatt in Petersburg, gegründet von Heinrich Gambs, der 1789 nach Rußland kam und seit 1810 Möbellieferant am Zarenhof war.
132, 27	*Antony:* Theaterstück von Alexandre Dumas
132, 29	*La Physiologie du Mariage:* Essay von Honoré de Balzac
154, 17	*Herodot und Xenophon:* griechische Geschichtsschreiber, 5. bzw. 4. Jahrhundert v. u. Z.
157, 5	*Nicolas:* im Original französisch geschrieben.
161, 22	»dem Tage der Sonnenfinsternis«: am 6. August (alten Stils) 1887 war eine totale Sonnenfinsternis zu beobachten und warf ihre Schatten voraus.
161, 26	Sonnenkorona: von latein. »corona«, die Krone, Strahlenkrone der Sonne, ihrer geringen Helligkeit wegen nur bei totaler Sonnenfinsternis zu beobachten, erscheint als weißlicher, unregelmäßig geformter Strahlenkranz, der seine Gestalt ständig ändert.
162, 10	Ekliptik: griech. die scheinbare Bahn, die die Sonne im Lauf des Jahres unter den Sternen am Himmel beschreibt.
163, 5	Akzisebeamter: älterer Ausdruck für Steuerbeamter, Steuereinnehmer.
166, 1	»über die Ehe bei den Indern …«: »In den Ländern der Buddhareligion, in Hinterindien, China und Japan verbietet das Gesetz die Vielweiberei, erlaubt aber Beischläferinnen. Dagegen huldigten die Assyrer und Babylonier der Polygamie; gleichem Luxus ergaben sich die höhern Stän-

de Ägyptens, doch war eine Frau die bevorzugte, und die Priester, Vorbilder der Enthaltsamkeit, mußten sich überhaupt monogamisch beschränken.« (Brockhaus, Band V, L. 1901.)

167, 12   »die Bande Hymens«: griech. *Hymen, Hymenaios*, der Gott der Vermählung, war der Geliebte Apollons und Freund und Begleiter des Eros.

168, 12   *Vychodcev*: russ. »vychodit'« = aus-, hinausgehen

170, 4   ephemerisch: franz. »vergänglich«

170, 23   Turnüre: franz. Wulst zum Aufbauschen des Kleides nach hinten.

176, 24   »die ägyptische Kleopatra«: meint die Darstellungen im schwülstigen Stil der Gründerzeit, der russischen Pendants etwa zur »Gartenlaube«.

176, 26   *Ščulpacev*: russ. »scupat'«: fühlen, befühlen, betasten

178, 2   »Balzac-Alter«: Anspielung auf den berühmten Roman *La femme de trente ans (Die Frau von dreißig Jahren)* von Honoré de Balzac, 1834/35.

227, 25   *Ilowaiski*: Dmitri Iwanowitsch Ilowaiski, russischer Historiker und Publizist

228, 7   »Bier trinken«: im Original deutsch (mit kyrillischen Buchstaben)

229, 18   *»nach dem Frühling, der Zierde der Natur«*: eine Zeile aus dem Poem *Die Zigeuner (Tsygany)* von Alexander Puschkin.

246, 24   *Shopel* klingt wie *Shopa* = Arsch

259, 24   *Okroschka:* kalte russische Suppe mit Kwas

QUELLENANGABEN

ANTON TSCHECHOW: »An P. G. Rosanow«. Deutsch von Dorothea Trottenberg. Originalausgabe: »Pisma W. G. Rosanowu, 13. fewralja 1885 g«. In: *Polnoe sobranie sotschinenij i pisem w tridzati tomach. Pisma w dwenadzati tomach. Pirma, tom perwy* 1875–1886. Moskwa: Isd. Nauka 1974. S. 142–143

ALEXANDER PUSCHKIN: »Wir verbrachten den Abend auf der Datscha. …«. Auszug aus den Skizzen. Deutsch von Dorothea Trottenberg. Originalausgabe: »My prowodili wetscher na datsche …«. In: *Polnoe sobranie sotschinnenij w desjati tomach. Isd. tschetwjortoe. Tom 6: Chwdoschestwennaja prosa.* Leningrad: Isd. Nauka 1978. S. 404–410

FJODOR DOSTOJEWSKI, Auszug aus: »Weiße Nächte«. Deutsch von Georg Schwarz. In: F. D.: *Gesammelte Werke in zwanzig Bänden.* Hrsg. Gerhard Dudek, Michael Wegner, Aufbau-Verlag 1980 ff. Band: *Weiße Nächte. Frühe Prosa II.* Hrsg. u. Nachw. Michael Wegner, A. d. Russ. v. Wilhelm Plackmeyer, Georg Schwarz. © Aufbau-Verlag GmbH & Co. KG, Berlin 1981. S. 166–179

ANTON ČECHOV: »Aus den Notizen eines Jähzornigen«. Deutsch von Georg Schwarz. (Originalausgabe: »Iz zapisok vspyl' čivogo čeloveka«. Erstveröffentlichung: *Budilnik,* 5. Juli 1887. Enthalten in: *Sobranie Sočnenij I* [Gesammelte Werke Band I]. Spb. [A. F. Marks] 1899 ff. Band I erschien 1899.) In: *Die Steppe.* Erzählungen 1887–1888. Herausgegeben und mit Anmerkungen von Peter Urban. Diogenes Verlag. Zürich 1976. S. 141–151

ANTON ČECHOV: »Rendezvous in der Sommerfrische«. Deutsch von Ada Knipper und Gerhard Dick. (Originalausgabe: »Na dače«. Erstveröffentlichung: *Budilnik,* 20.Mai 1886. Nicht enthalten in den Gesammelten Werken.) In: *Gespräch eines Betrun-*

kenen mit einem nüchternen Teufel. Erzählungen 1886. Herausgegeben und mit Anmerkungen von Peter Urban. Diogenes Verlag, Zürich 1976. S. 163–168

ANTON ČECHOV: »Zeitvertreib«. Deutsch von Wolf Düwel. (Originalausgabe: »Ot nečego delat'«. Erstveröffentlichung: *Peterburgskaja gazeta,* 26. Mai 1886. Nicht enthalten in den Gesammelten Werken.) In: *Gespräch eines Betrunkenen mit einem nüchternen Teufel.* Erzählungen 1886. Herausgegeben und mit Anmerkungen von Peter Urban. Diogenes Verlag, Zürich 1976. S. 169–174

LEW TOLSTOJ: »Die Beeren«. Deutsch von Erich Boehme. In: *Herr und Knecht.* Erzählungen. Diogenes Verlag, Zürich 1985. S. 401–416

LEONID ANDREJEW: »Kläffi«. Deutsch von Dorothea Trottenberg. Originalausgabe: »Kusaka«. In: *»Moi sobatschi mysli«. Rasskasy russkich pisatelej o sobakach.* Moskwa: Detskaja literatura 1994. S. 77–85

ARKADI AWERTSCHENKO: »Die Gastgeberin«. Deutsch von Dorothea Trottenberg. Originalausgabe: *Antologija mirowoj detskoj literatury.* T. 1. Moskwa: Isd. Awanta 2001. S. 12–21

NADESCHDA TEFFI: »Die Datscha«. Deutsch von Dorothea Trottenberg. Originalausgabe: »Datscha«. In: *Isbrannye proiswedenija. Tom 1: I stalo tak …* Moskwa: Lakom 1998. S. 70–75

MICHAIL SOSTSCHENKO: »Die großen Reisenden«. Deutsch von Dorothea Trottenberg. Originalausgabe: »Welikije puteschestwenniki«. In: *Isbrannoe w dwuch tomach. Tom 1: Rasskasy i feljetony, powesti.* Leningrad: Chudoschestwennaja literatura 1982. S. 305–310

JURIJ TRIFONOW: »Der Tausch«. Auszug. Deutsch von Alexander Kaempfe und Helen von Ssachno. In: *Moskauer Novellen. Der Tausch. Zwischenbilanz. Langer Abschied.* Sammlung Luchterhand 1980. S. 33–37, 39–41, 42. (R. Piper & Co. Verlag, München 1974)

MICHAIL SCHISCHKIN: *Die Eroberung von Ismail.* Auszug. Deutsch von Dorothea Trottenberg. Originalausgabe: *Wsjatie Ismaila.* Moskwa: Wagrius 2007. S. 230–237. Mit freundlicher Genehmigung des Autors

TATJANA TOLSTAJA: »Saßen auf goldenen Stufen …«. Deutsch von Sylvia List. In: T. T.: *Stelldichein mit einem Vogel.* Erzählungen. © 1991 Luchterhand Literaturverlag, München, in der Verlagsgruppe Random House GmbH. S. 7–22

Über die Autoren

Leonid Andrejew, geboren 1871 in Orjol, arbeitete nach seinem Jurastudium unter anderem als Anwalt und Journalist. Sein wohl bekanntestes literarisches Werk war das Drama *Das Leben des Menschen* (1906/07). 1917 wanderte Andrejew nach Finnland aus. Kurz nachdem er einen flammenden Aufruf gegen den Bolschewismus veröffentlicht hatte, starb er 1919 in Berlin.

Arkadi Awertschenko, geboren 1884 in Sewastopol, veröffentlichte Kurzgeschichten in seiner eigenen erfolgreichen Zeitschrift *Satirikon* und entwickelte sich zum führenden Satiriker der letzten Zarenzeit. 1920 emigrierte er über Konstantinopel nach Prag und trat in diversen europäischen Städten als Komiker auf der Bühne auf. Awertschenko starb 1925 in Prag.

Fjodor Dostojewski, geboren 1821 in Moskau, arbeitete als freier Schriftsteller. 1849 wurde er wegen seiner Teilnahme an Zusammenkünften eines sozialistischen Kreises zu vierjähriger Zwangsarbeit in Sibirien verurteilt. Er starb 1881 in St. Petersburg. Dostojewskis Gabe, die innersten Bereiche der menschlichen Seele darzustellen, machte ihn zum Inbegriff des russischen Romanciers.

Alexander Puschkin, geboren 1799 in Moskau, stand während seiner Arbeit im Außenministerium in St. Petersburg im Mittelpunkt des literarischen und mondänen Lebens der Hauptstadt und ihrer liberalen Zirkel. Aufgrund seiner satirischen, gegen den Zaren gerichteten Gedichte wurde er zeitweilig in den Süden Russlands verbannt. Puschkin gilt als Schöpfer der russischen Literatursprache. 1837 starb er an den Folgen eines Duells mit einem Verehrer seiner Frau.

MICHAIL SCHISCHKIN, geboren 1961 in Moskau, arbeitete nach dem Abschluss seines Linguistikstudiums als Deutschlehrer, danach als Journalist einer Literaturzeitschrift. 1995 emigrierte er in die Schweiz. Für seine literarischen Veröffentlichungen hat Michail Schischkin bislang zahlreiche Auszeichnungen erhalten, darunter im Jahr 2000 den russischen Booker-Preis für seinen Roman *Die Eroberung von Ismail,* aus dem der vorliegende Text stammt. Er lebt in Zürich.

MICHAIL SOSTSCHENKO, geboren 1895 in Poltava, arbeitete schon während seines Jurastudiums als freier Schriftsteller und avancierte bald zu einem der meistgelesenen Autoren des Landes. Als Satiriker geriet er ins Kreuzfeuer der staatlichen Kritik und wurde 1946 aus dem Schriftstellerverband ausgeschlossen. Sostschenko starb 1958 in Leningrad (St. Petersburg).

NADESCHDA TEFFI, eigentlich Nadeschda Butschinskaja, Mädchenname Lochwizkaja, geboren 1872 in Sankt Petersburg, verfasste Beiträge für Arkadi Awertschenkos Zeitschrift *Satirikon.* Nach der Oktoberrevolution war sie gezwungen, ins Exil zu gehen. In Südfrankreich gehörte sie zu dem Kreis von Autoren um Iwan Bunin. Teffi starb 1952 in Paris.

TATJANA TOLSTAJA, geboren 1951 in Leningrad (St. Petersburg), studierte Altphilologie. Schon ihre erste Sammlung von Erzählungen, 1987 veröffentlicht, war ein großer literarischer Erfolg, der sie über Nacht zu der bekanntesten Schriftstellerin der Sowjetunion machte. Die Urgroßnichte von Lew Tolstoj arbeitet heute als Schriftstellerin, Essayistin und Fernsehmoderatorin. Sie lebt in Moskau, New York und St. Petersburg.

LEW TOLSTOJ, geboren 1828 in Jasnaja Poljana, war einer der berühmtesten Schriftsteller seiner Zeit. Zu den Höhepunkten seines Schaffens zählen die großen Romane der Weltliteratur *Krieg und Frieden* sowie *Anna Karenina.* Tolstoj starb 1910 in Astapowo.

JURIJ TRIFONOW, geboren 1925 in Moskau, studierte am Gorki-Literaturinstitut in Moskau und war ein führender Vertreter der sowjetischen »Neuen Prosa«, die u. a. durch die psychologisch komplexen Werke Anton Tschechows inspiriert wurde. Trifonow starb 1981 in Moskau.

ANTON TSCHECHOW (Čechov), geboren 1860 in Tanganrog, betätigte sich nach seinem Medizinstudium in Moskau als Arzt und schrieb Beiträge für humoristische Journale und populäre Zeitungen. Bereits in jungen Jahren erkrankte er an Tuberkulose, der er 1904 während seines Kuraufenthalts in Badenweiler erlag. Tschechow gilt als unübertroffener Meister der Kurzgeschichte. Seine Werke erhielten nach ihrer Übersetzung internationale Resonanz.

Inhalt

Auf der Datscha
Eine kleine Kulturgeschichte

Auf der Datscha
Ein Lesebuch

Anhang

Bildlegenden

stand mitten im Garten und schaute irgendwie naiv hinter
dem Grün der Bäume heraus.«
Iwan Turgenjew, Frühlingswogen.
Eine Datscha aus der zweiten Hälfte des 19. Jahrhunderts
bei Petersburg, 2007.

Alle Fotos von Marina Rumjanzewa,
mit Ausnahme von Nummer 3: Olga Schurawljowa.